SH.-V-72

Studien zur
Wirtschafts- und Sozialgeschichte
Schleswig-Holsteins

Herausgeber:
Arbeitskreis für Wirtschafts- und Sozialgeschichte
Schleswig-Holsteins
und
Gesellschaft für Schleswig-Holsteinische Geschichte

Band 10

Die Entstehung des Sparkassenwesens in Schleswig-Holstein 1790–1864

Von Marlis Lippik

Karl Wachholtz Verlag Neumünster 1987

Ich danke Herrn Professor Dr. *Peter Wulf* (Historisches Seminar der Universität Kiel) für die Betreuung dieser Arbeit, dem *Arbeitskreis für Wirtschafts- und Sozialgeschichte Schleswig-Holsteins* für die Aufnahme in diese Schriftenreihe und besonders dem *Sparkassen- und Giroverband für Schleswig-Holstein* für die Übernahme eines Teils der Druckkosten.

Marlis Lippik

CIP-Kurztitelaufnahme der Deutschen Bibliothek:

Lippik, Marlis
Die Entstehung des Sparkassenwesens
in Schleswig-Holstein 1790–1864
Neumünster: Wachholtz, 1987
      (Studien zur Wirtschafts- und Sozialgeschichte
      Schleswig-Holsteins, Bd. 10)
      ISBN 3-529-02910-6

Die Abbildung auf dem Schutzumschlag wurde entnommen aus:
Geschichte der Kieler Spar- und Leihkasse 1796–1936,
bearb. von Bruno Pfeffer, Quellenband, Kiel 1941, S. 88

ISSN 0-172-9152

ISBN 3-529-02910-6

Karl Wachholtz Verlag 1987

Inhaltsverzeichnis

1 Einleitung

Im Brockhaus von 1973 wird die Sparkasse oder Sparbank ganz allgemein definiert als

ein Kreditinstitut, dessen Hauptaufgabe die Annahme und Verwaltung von Spargeldern ist. Die dt. S. (=Sparkassen) betreiben außerdem Bankgeschäfte aller Art . . . Die bei weitem überwiegenden kommunalen S. sind gemeinnützige Anstalten des öffentl. Rechts . . . Zur Förderung von Spartätigkeit unterhalten die S. ein dichtes Netz von S.-Haupt- und Zweigstellen. Die S. pflegen bes. auch das Kleinsparen in seinen mannigfaltigsten Formen, z. B. das Schul-, Betriebs-, Vereins- und Klubsparen[1].

Die erwähnten Bankgeschäfte machen die Sparkassen zu einem bedeutenden Faktor des Kapitalmarktes, da sie sowohl Kredite an die Wirtschaft als auch an Privatleute vergeben, Girokonten führen und mit Wertpapieren handeln. Alle diese Tätigkeiten sowie die Führung von Sparkonten haben Sparkassen und Banken heute gemeinsam, so daß die Unterscheidung dieser Institutionen für den Laien schwierig ist.

Vergleicht man die moderne Auffassung der Sparkasse mit derjenigen, die der Brockhaus von 1830 vertritt, so kann man an fast jedem Kriterium ablesen, welchen Wandel die Sparkassen seit Beginn ihrer Ausbreitung Anfang des 19. Jahrhunderts durchgemacht haben:

Sparbanken, Sparkassen sind Anstalten, errichtet zum Vortheil kleiner Münzcapitalisten und bestimmt zur Aufbewahrung und nützlichen Verwendung ihrer geringen Münzvorräthe. Während es der wohlhabendern Classe der Staatsbürger nur selten an Gelegenheit fehlen kann zur sichern Aufbewahrung und vortheilhaften Benutzung ihrer Münzvorräthe, geräth die ärmere Classe, wie z. B. Dienstboten, Tagelöhner etc., in dieser Hinsicht fast immer in Verlegenheit . . .
. . . aber nicht minder wichtig sind die Vortheile, welche aus ihnen [den Sparkassen – d. Verf.] mittelbar der Nation erwachsen, indem dadurch bei dem ärmern Theile der Bürger ein Geist der Sparsamkeit erweckt und lebendig erhalten wird, welcher das wirksamste Mittel zur Erhöhung des Gewerbfleißes und zugleich die kräftigste Schutzwehr gegen Verarmung ist . . . Den in Deutschland errichteten Anstalten dieser Art kann man den Namen der Banken nicht wohl beilegen . . . Sie gedeihen am besten, wenn sie von freien, aus wohlwollenden und einsichtsvollen Bürgern bestehenden Vereinen gebildet und administrirt werden[2].

Wie aus dem ersten Zitat zu ersehen ist, wird das Sparen heute so allgemein definiert, daß es nicht auf eine spezielle Bevölkerungsgruppe oder Größe des eingezahlten Geldes ausgerichtet ist, obwohl das Zurücklegen kleiner Beträge, gefördert durch besondere Maßnahmen, noch als eine neben anderen wichtige

---

1 Brockhaus–Enzyklopädie in zwanzig Bänden, Bd. 17, 17. völlig neubearbeitete Aufl., Wiesbaden 1973, S. 687.
2 Brockhaus' Allgemeine deutsche Real-Encyclopädie für die gebildeten Stände in 12 Bänden, Bd. 10, Leipzig 1830, S. 470–471.

Aufgabe bezeichnet wird. Ganz anders im Text von 1830, wo gleich im ersten Satz die kleinen Sparer[3] mit „geringen Münzvorräthen" als ausdrückliche Zielgruppe angesprochen werden, die dann im weiteren näher sozial klassifiziert und gegen die Vermögenden abgesetzt wird. Im Unterschied zur modernen Sparkasse, die nur im allgemeinen Sinne gesellschaftspolitische Ziele verfolgt, wird den ältesten Einrichtungen dieser Art noch eine erzieherische Funktion, die zur Produktivitätssteigerung führen soll, beigemessen, ja, ihnen wird sogar die Fähigkeit zugesprochen, drängende soziale Probleme, zum Beispiel das Abgleiten in die Armut, beseitigen zu helfen. Nicht unwesentlich ist auch der Unterschied in der Trägerschaft der Sparkassen. Die 1830 ausdrücklich unterstützten Privatsparkassen, getragen vom engagierten Bürgertum, sind heute den kommunalen Sparkassen gewichen.

Anknüpfend an die oben für ganz Deutschland skizzierten Veränderungen im Sparkassenwesen soll in der vorliegenden Arbeit die Entwicklung in den Herzogtümern Schleswig, Holstein und Lauenburg[4], soweit sie den heute deutschsprachigen Raum umfassen[5], näher beleuchtet werden. Dabei handelt es sich um ein Gebiet, das zwar in der Reformära Bernstorff und auch in der Zeit danach größere politische Freiheiten genoß, die es im übrigen Deutschland kaum gab, dafür aber wirtschaftlich relativ rückständig war. Trotz dieser Rückständigkeit haben die Sparkassen[6] hier schon sehr früh eine ungewöhnlich große Verbreitung gefunden. Das schleswig-holsteinische Sparkassenwesen stand im 19. Jahrhundert im Vergleich zu anderen deutschen Staaten an der Spitze, was die Anzahl der Sparkassen sowohl absolut als auch pro Quadratmeile, die Zahl der Sparbücher wie die Höhe der Sparguthaben pro Kopf der Bevölkerung anbetraf[7].

3 Das Wort „Capitalisten" ist von unserem heutigen Verständnis her hier irreführend. Gemeint sind eindeutig, wie aus dem Folgenden hervorgeht, die unteren Sozial- und Einkommensschichten.

4 Im folgenden meist unter dem Begriff Schleswig-Holstein zusammengefaßt.

5 Das heißt, daß zwar Altona und Wandsbek berücksichtigt werden müssen, nicht aber Lübeck und das dänisch-sprachige Nordschleswig. Für Nordschleswig kann herangezogen werden Gottlieb C. H. Japsen: De nordslesvigske Sparekasser indtil 1864. Uds. af Sparekassen for Aabenraa By og Amt i anledning af 150 års jubilæet 27. nov. 1968, Aabenraa 1968; ders.: De nordslesvigske sparekassers historie, Kopenhagen 1970 (= Skrifter udg. af Historisk Samfund for Sønderjylland Bd. 41).

6 Fast allen Sparkassen in Schleswig-Holstein war eine Leihkasse angeschlossen. Wenn im folgenden verkürzend von Sparkassen die Rede ist, so ist damit die spezifische Form der Spar- und Leihkassen gemeint, die sich beispielsweise von der später entstandenen genossenschaftlichen Form der Spar- und Dahrlehnskassen abhebt.

7 Vgl. dazu P. Chr. Hansen: Das Sparkassenwesen, in: ders. (Hrsg.): Schleswig-Holstein, seine Wohlfahrtsbestrebungen und gemeinnützigen Einrichtungen, Kiel 1882, S. 523–539, hier S. 532–534. Die Würdigungen mehrerer Autoren zur herausragenden Stellung des schleswig-holsteinischen Sparkassenwesens finden sich bei Helmut Sievers: Die Geschichte des Sparkassen- und Giroverbandes für Schleswig-Holstein unter Einbeziehung der wichtigsten Phasen der Entwicklung der schleswig-holsteinischen Sparkassen, Kiel 1977, S. 85.

Der *zeitliche Rahmen* der Arbeit reicht von der Entstehung der ersten schleswig-holsteinischen Sparkasse im letzten Jahrzehnt des 18. Jahrhunderts bis zum Ende der dänischen Herrschaft in den Herzogtümern im Jahre 1864. Die Eingrenzung auf 1864 – bis dahin waren in Schleswig-Holstein 163 Sparkassengründungen in allen Städten und vielen ländlichen Orten zu verzeichnen – erschien nicht nur zweckmäßig, weil die Gründungsphase der Sparkassen zu diesem Zeitpunkt bereits als abgeschlossen gelten kann, sondern auch weil Preußen, zu dem Schleswig-Holstein ab 1867 gehörte, in seinem Sparkassenwesen eine andere Struktur besaß als die Herzogtümer. Gegenüber anderen deutschen Regionen hatte der Norden nämlich einen eigenständigen Weg auf dem Gebiet der Sparkassengründungen eingeschlagen, der sich hauptsächlich im völligen Fehlen einer Sparkassengesetzgebung zeigt.

Der *Schwerpunkt* der Untersuchung soll weniger auf Fragen der Sparkassenorganisation und den Funktionen von Verwaltungsorganen liegen, wie sie schon in unzähligen wirtschaftswissenschaftlichen Abhandlungen hinreichend geklärt worden sind und die deshalb nur kurz dargestellt zu werden brauchen. Vielmehr ist beabsichtigt, den sozialgeschichtlichen Aspekt in den Vordergrund zu stellen und den wirtschaftlichen und geistesgeschichtlichen Bedingungen nachzugehen, unter denen die Sparkassengründungen in Schleswig-Holstein erfolgten.

Neben den Motiven und Zielsetzungen, die die jeweiligen Initiatoren zur Errichtung neuer Sparinstitute bewogen, ist die Herkunft der Gründer und der von ihnen zu unterscheidenden Garantieleistenden ebenso darzustellen wie ihre weiteren gesellschaftlichen Aktivitäten. Schwieriger sind Aussagen über die soziale Zusammensetzung der Sparer sowie über die Sparleistungen einzelner Gruppen zu machen. Sie sollen aber – soweit das vorhandene Quellenmaterial es zuläßt – berücksichtigt werden, um zu überprüfen, inwieweit der Anspruch der Sparkassengründer, mit dieser Einrichtung eine Art von früher Sozialversicherung zu schaffen, mit der Wirklichkeit übereinstimmt.

Die im Zusammenhang mit einem zu beobachtenden Wandel in der Zielsetzung und dem Benutzerkreis der Sparkassen interessante Frage nach dem Aktivgeschäft, das die überwiegende Zahl der Sparkassen in Form von angeschlossenen Leihkassen betrieb, und den daran beteiligten Gesellschaftsschichten kann dagegen wegen des fast völligen Fehlens von Quellen nur ganz kurz gestreift werden. Abschließend wird noch auf das Verhältnis zwischen Staat und Sparkassen einzugehen sein, durch das sich das schleswig-holsteinische Sparkassenwesen von der Entwicklung im übrigen Deutschland abhebt.

Die *Quellenlage* ist für die zu behandelnden Themenkomplexe unterschiedlich gut. Am besten zu erfassen sind die Bereiche von Verwaltung und Organisation sowie die Intentionen der Sparkassengründer. Hierzu liegen zahlreiche Satzungen, Bekanntmachungen und Ankündigungen der neu eingerichteten Sparinstitute vor, die meist kostenlos verteilt oder in lokalen Zeitungen veröffentlicht wurden. Darüber hinaus lassen sich die Ansichten der entscheidend am Aufbau der Sparkassen beteiligten Personen oder Vereinigungen aus Zeitschriftenbeiträgen erschließen, die hauptsächlich in den „Schleswig-Holstein-

Lauenburgischen Provinzialberichten"[8] und dem „Staatsbürgerlichen Magazin"[9] abgedruckt wurden.

Aufschluß über die soziale Zusammensetzung der Sparer geben, wenn auch nur in grober Form, die Jahresbilanzen einiger Sparkassen, die in den regionalen Zeitungen erschienen und deren Angaben auch für die Tabellen über die Höhe der gesparten Summen verwendet werden konnten. Ausgewertet wurden, soweit zugänglich, das „Itzehoer Wochenblatt", die „Dithmarscher Zeitung" und die „Provinzialberichte". Vollständigkeit konnte hier schon deshalb nicht erreicht werden, weil selbst die Berichte der wenigen Sparkassen, die darüber überhaupt Angaben machen, lückenhaft sind.

Die inzwischen unübersehbare *Literatur* über Sparkassen hat eine sehr lange Tradition, die in ihrer ganz überwiegenden Zahl von wirtschaftlichen und rechtlichen Fragen ausgeht und bis zu Malchus[10] zurückführt, der nach Ländern geordnete, kurze Angaben über den Inhalt der jeweiligen Sparkassensatzungen macht, die sich meist auf Einlagenbegrenzungen, Zinssätze und Bestimmungen über die Verwaltung beschränken. Am umfassendsten hat Trende über die „Geschichte der deutschen Sparkassen bis zum Anfang des 20. Jahrhunderts" geschrieben[11]. Seine Ausführungen konnten aber im Zusammenhang mit der vorliegenden Arbeit kaum genutzt werden, da er sich – wie die meiste Forschungsliteratur – auf den ganzen deutschen Raum bezieht bzw. die großen Territorien Preußen und Bayern in den Vordergrund rückt.

Daß die Herzogtümer recht wenig Beachtung in der Sparkassenliteratur gefunden haben, erscheint besonders unverständlich, wenn man die bereits angedeutete Bedeutung des schleswig-holsteinischen Sparkassenwesens im vorigen Jahrhundert betrachtet. Als erster hat sich Albert Hansen[12] in seiner Dissertation von 1922 ausschließlich den schleswig-holsteinischen Spareinrichtungen gewidmet und dabei vor allem die Form der Privatsparkassen berücksichtigt, die fast allen Sparkassen in den Herzogtümern zugrunde liegt. Sievers wendet sich in seiner „Geschichte des Sparkassen- und Giroverbandes für Schleswig-Holstein"[13] neben der Verbandsbildung stärker der wirtschaftlichen Bedeutung

---

8 Sie erschienen unter wechselnden Titeln und Herausgebern. Vgl. dazu Kap. 3.2.2 und das Literaturverzeichnis.

9 (Neues) Staatsbürgerliches Magazin, mit besonderer Rücksicht auf die Herzogthümer Schleswig, Holstein und Lauenburg, hrsg. v. C. F. Carstens und N. Falck, Schleswig 1821–1841.

10 C. A. Frhr. v. Malchus: Die Sparkassen in Europa, Heidelberg und Leipzig 1838. Zu den Sparkassen in Holstein vgl. S. 179–184. Das Herzogtum Schleswig als nichtdeutscher Staat wird erst auf S. 305–310 behandelt.

11 Adolf Trende: Geschichte der deutschen Sparkassen bis zum Anfang des 20. Jahrhunderts, Stuttgart 1957.

12 Albert Hansen: Die Privatsparkassen in Schleswig-Holstein, Diss. Kiel 1922 (Nachdruck masch. Plön 1966).

13 Helmut Sievers: Die Geschichte des Sparkassen- und Giroverbandes für Schleswig-Holstein unter Einbeziehung der wichtigsten Phasen der Entwicklung der schleswig-holsteinischen Sparkassen, Kiel 1977.

der Sparkassen anhand von umfangreichem Zahlenmaterial zu und betrachtet dabei hauptsächlich die Entwicklung nach 1866.

Der soziale und gesellschaftspolitische Aspekt der Sparkassen hat erst in letzter Zeit das Interesse der Forschung gefunden, und die Untersuchungen auf diesem Gebiet können noch nicht als abgeschlossen betrachtet werden. Erste Ansätze dazu lieferte zwar schon 1935 Albrecht Sommer[14], der sich vor allem mit den Ansichten und Vorstellungen der Sparkassengründer befaßte, aber erst in Wysockis grundlegenden „Untersuchungen zur Wirtschafts- und Sozialgeschichte der deutschen Sparkassen"[15] werden auch die Sparer, ihre Lebensumstände und ihr Sparverhalten in den Mittelpunkt gerückt. In jüngster Zeit ist es die neue Reihe „Sparkassen in der Geschichte"[16], die den geistesgeschichtlichen Hintergrund des Sparkassenwesens beleuchtet und dabei auch Schleswig-Holstein in mehreren Beiträgen miteinbezieht.

Um Informationen über einzelne Sparkassen zu erhalten, sind im wesentlichen die überwiegend von den Vorständen der Sparkassen herausgegebenen Festschriften heranzuziehen. Wenn auch nicht verkannt werden soll, daß die Intention dieser Rückblicke anläßlich eines 100- oder 150jährigen Jubiläums in der Regel darin besteht, die Sparkasse und deren Entwicklung in ihrem günstigsten Licht darzustellen[17], so sind sie doch ein unverzichtbares Hilfsmittel, was die ursprünglichen Sparkassensatzungen betrifft. Diese sind nur noch in Einzelfällen in öffentlichen Bibliotheken zu finden, werden aber in den meisten Festschriften vollständig abgedruckt. Hervorzuheben sind die bereits in den 40er Jahren vom Vorstand der Kieler Spar- und Leihkasse herausgegebene Festschrift[18], deren Wert vor allem im beigegebenen Quellenband besteht, und die sehr ausführliche, auf Archivmaterial gestützte Arbeit von Franz Stern über die erst am Ende des Untersuchungszeitraumes entstandenen Sparkassen in Norderdithmarschen[19].

14 Albrecht Sommer: Geistesgeschichte der deutschen Sparkassen, Berlin 1935.
15 Josef Wysocki: Untersuchungen zur Wirtschafts- und Sozialgeschichte der deutschen Sparkassen im 19. Jahrhundert, Stuttgart 1980 (= Forschungsberichte 11).
16 Manfred Pix/Josef Wysocki (Hrsg.): Sparkassen in der Geschichte. Dokumente, Beiträge und Diskussionen zur Sparkassengeschichte, Neustadt an der Aisch 1983 ff.
17 Dagegen findet man teilweise auch kritische Anmerkungen bei Horst Tschentscher: 150 Jahre Sparkassengeschichte in Stadt und Kreis Segeberg, 1827–1977, Bad Segeberg 1977.
18 Geschichte der Kieler Spar- und Leihkasse 1796–1936. Mit einem Quellenband, hrsg. v. Vorstand der Kieler Spar- und Leihkasse, Kiel 1942.
19 Franz Stern: „Beschlossen und vollzogen". 125 Jahre Sparkassenarbeit in der Norderdithmarscher Geest 1857–1982, Hennstedt/Dithm. (1983).

2 Der frühe Sparkassengedanke

2.1 Definition des Sparens

Allgemein bedeutet Sparen Ansammeln von Gegenständen oder Geld unter Verzicht auf sofortigen Konsum[1]. Aus der Sicht des 19. Jahrhunderts definiert Domela-Nieuvenhuis die Bedeutung des Sparens so:

Sparen ist die unmittelbare Ursache von der Kapitalvermehrung, die wirksam wird in Folge der Zügelung der Begierde nach augenblicklichem Genuß. Sparen ist die unerläßliche Bedingung zur Sicherung der Kultur und zur Begründung des Wohlstands[2].

Dieser Definition ist noch anzumerken, daß mit dem Sparen mehr als nur die wirtschaftliche Funktion für den Einzelnen verbunden wurde: es war ebenso als moralische Qualität zu verstehen, mit der man seine Selbstbeherrschung beweisen konnte, und damit sogar als kultur- und gesellschaftserhaltendes Moment[3].

Um sparen zu können, sind einige Voraussetzungen zu erfüllen: der Sparer muß nicht nur seinen gegenwärtigen Geld- und Warenkonsum so einstellen, daß er nicht alles verbraucht, sondern er muß auch vorausdenken und sich vorstellen können, wozu sich das Ersparte in der Zukunft nutzen läßt. Wichtigste Prämisse ist jedoch, daß die Einkünfte über dem Existenzminimum liegen, denn wer nicht einmal genug zum Überleben hat, kann natürlich nichts zurücklegen[4].

Wenn der sogenannte kleine Mann vor dem 19. Jahrhundert wirtschaftlich überhaupt in der Lage war zu sparen[5] und noch dazu die nötige Sparmentalität besaß, so blieb ihm in den meisten Fällen nur die Form des berühmten Sparstrumpfs, das heißt die Geldstücke wurden mehr schlecht als recht im Haus aufbewahrt, wo sie keineswegs vor Diebstahl durch Fremde oder andere Mitbewohner geschützt waren. So wird in einer in Schleswig-Holstein kostenlos verteilten Schrift „Ueber Sparbanken" 1819 geklagt:

Man muß es zur Entschuldigung der Verarmten in den unteren Classen gestehn: das Ersparen wird ihnen zu sehr erschwert. Während hundert zuvorkommende Hände bereit

---

1 Vgl. auch Heinz Haller, Art. „Sparen", in: Handwörterbuch der Sozialwissenschaften, Bd. 9, Stuttgart, Tübingen 1956, S. 661: „Sparen ist teilweise Verzicht auf die konsumtive Nutzung des in einer Zeitperiode unter Aufrechterhaltung des Produktionsmittelbestandes erzeugten Gütervolumens in der Absicht, die Versorgung späterer Perioden günstiger zu gestalten, als sie ohne das Sparen möglich wäre."
2 Aadrian Jacobus Domela-Nieuvenhuis: Das Sparen, ein ökonomischer und sozialer Grundsatz, Halle/Saale 1889, S. 110.
3 Zur heutigen nüchternen Auffassung vgl. die Definition in Anm. 1.
4 Vgl. Wilfried Esser: Die Entwicklung des Sparkassenwesens in Preußen bis zum Beginn des 20. Jahrhunderts, Bonn 1979, S. 6.
5 Vgl. Kap. 3.

sind, den Ueberfluß des Reichen in Empfang zu nehmen, und fruchtbringend für ihn zu verwalten, wird der Sparpfennig des Armen verschmäht, der die Mühe der Verwaltung nicht lohnt. In seinen schlecht verwahrten Häusern und Kasten ist er zu oft den Dieben preis gegeben; oder, wenn er diesen entgeht, läßt sich sein Besitzer manchen Schilling von der Zudringlichkeit abschwatzen, von unredlichen Verwandten und Nachbarn abborgen; nirgends ist dafür gesorgt, ihm die Tugend der Sparsamkeit zu erleichtern; dagegen fordert alles zum Leichtsinn auf[6].

Neben der Diebstahlsgefahr zeigte diese Methode noch andere Nachteile, die das Sparen wenig attraktiv erscheinen ließen. Die Versuchung, die Ersparnisse einfach wieder auszugeben, ohne daß eine zwingende Notlage dazu bestand und ohne daß der ursprünglich beabsichtigte Zweck damit erreicht wurde (zum Beispiel eine größere Anschaffung oder Existenzgründung) war recht groß. Aber fast noch schwerer wog die Tatsache, daß das auf diese Weise verwahrte Geld – banktechnisch ausgedrückt – nicht arbeitete, das heißt keine Zinsen trug und sich nicht aus sich selbst vermehrte, sondern im Gegenteil durch Inflation an Wert verlor.

2.2 Die Entwicklung der Sparkassenidee

Für die Kapitalien der Wohlhabenden gab es seit dem Aufkommen der Geldwirtschaft Ende des 15. Jahrhunderts Privatbanken in den großen Handelszentren, die aber nur größere Summen annahmen, die für sich selbst anlagefähig waren. In den nur kleinen bis mittelgroßen Städten der drei Herzogtümer gab es dagegen bis Mitte des 19. Jahrhunderts keine Privatbanken. Die meisten privaten Geldgeschäfte wie Hypotheken- und Pachtverträge wurden einmal im Jahr Anfang Januar auf dem Kieler Umschlag getätigt, während größere Firmen auf Hamburger Banken zurückgreifen mußten und ihrerseits diese Funktion für die kleineren Betriebe übernahmen. Kiel erhielt sein erstes selbständiges Bankhaus erst 1852 durch Wilhelm Ahlmann[7].

Der Gedanke, auch die kleinen Beträge der unteren Einkommensschichten in einer Institution zu sammeln und zu verzinsen, ist zuerst bei dem Franzosen Hugues Delestre in seinem 1611 erschienenen Werk „Le premier plant du Mont de Piété François, consacré à Dieu" nachzuweisen. In seinem sehr umfangreichen Buch entwickelt er einen Forderungskatalog, der fast alle gesellschaftlichen Bereiche berücksichtigt, aber utopischen Charakter hat[8]. Seine darin ent-

---

6 Ueber Sparbanken. Ein Vortrag, gehalten in der Central-Administration der Schleswig-Holsteinischen Patriotischen Gesellschaft, in ihrer Sitzung vom 30. Nov. 1818, Altona 1819, S. VI. (Verfasser ist wahrscheinlich P. Poel, s. Seite 74.)
7 Vgl. dazu Sievers, Geschichte des Sparkassenverbandes, S. 75–76.
8 Josef Wysocki: Eine utopische Sparkassenidee aus dem Zeitalter des frühen Absolutismus, in: Sparkassen in der Geschichte, hrsg. v. Manfred Pix/Josef Wysocki, H. 2: Historische Marktanalyse, frühe Sparkassenidee. Utopie und Realität, Neustadt a. d. Aisch 1984, S. 95–117, hier S. 98–100.

haltenen Überlegungen für eine Sparkasse jedoch klingen recht realistisch und zeigen einige Parallelen zu den ersten verwirklichten Sparkassenprojekten Ende des 18. Jahrhunderts in Deutschland. So stimmen Einzelheiten mit dem Einlageverfahren der Hamburger Sparkasse von 1778 überein, und die „Ankündigung" der Gesellschaft freiwilliger Armenfreunde, mit der 1796 die Gründung der Kieler Spar- und Leihkasse bekannt gegeben wurde, „läßt gesellschaftspolitische Ambitionen erkennen, die zwar hinter Delestre zurückstehen, aber dennoch weitreichende Ziele sozialer Natur enthalten[9]."

Delestres Plan sah für die Ersparnisse von Stiftungen, ehelichen und unehelichen Kindern und anderen Personen unterschiedliche Bedingungen und Zinssätze vor. Dienstboten, Gesinde und Lohnarbeiter, die auch bei späteren Sparkassen die Hauptzielgruppe stellen, wurden von ihm bevorzugt behandelt mit dem recht hohen Zinssatz von 5,9 % für jede beliebig hohe Sparsumme[10]. Anders als bei den von der Aufklärung beeinflußten späteren Sparkassengründern war für ihn das Sparen noch nicht als Tugend von Bedeutung, sondern sein Hauptanliegen bestand in der möglichst sicheren Aufbewahrung der Spargelder[11].

Die Sparkassenidee ist zwar gedanklich nach heutigem Kenntnisstand zuerst bei Delestre nachweisbar, aber sie war nach Wysocki keine einmalige „Invention" eines einzigen Erfinders, sondern breitete sich in einer Reihe von „Innovationen" aus, nachdem die sozialen und wirtschaftlichen Voraussetzungen dafür vorhanden waren[12]. Zur Zeit Delestres bestand zwar schon ein Bedarf an Spareinrichtungen für die ärmeren Schichten, aber trotzdem geriet sein Projekt völlig in Vergessenheit und hat trotz einiger struktureller Ähnlichkeiten auf die Hamburger oder die schleswig-holsteinischen Sparkassengründungen keinen Einfluß gehabt, weil man sein Buch, das nur in wenigen Exemplaren in Frankreich verbreitet war, wahrscheinlich gar nicht kannte[13]. Neben einem fehlenden Kommunikationsnetz und einer reformfeindlichen Regierung nach der Ermordung Heinrichs IV. im Jahre 1610 führt Wysocki als möglichen Grund für das Scheitern von Delestres Plänen vor allem die mangelnde Unterstützung durch das städtische Bürgertum an[14].

Wichtigstes Kriterium der Sparkassen in der Gründungsepoche vom Ende des 18. Jahrhunderts bis zur Mitte des 19. Jahrhunderts ist die „Sammlung und Verzinsung kleiner, nicht verbrauchter Einkommensteile"[15]. Ein anderes, in der

9 Ebd., S. 101.
10 Ebd., S. 102.
11 Ebd., S. 112.
12 Josef Wysocki, Eine utopische Sparkassenidee aus dem Zeitalter des frühen Absolutismus, S. 96–97.
13 Ebd., S. 95 und 107.
14 Ebd., S. 110–111.
15 Hans Poeschel: Die Statuten der Banken, Sparkassen und Kreditgenossenschaften in Hamburg und Altona von 1710 bis 1889, Frankfurt/Main, Bern, Las Vegas 1978 (= Rechtshistorische Reihe Bd. 2), S. 9; vgl. auch Sommer, Geistesgeschichte der deutschen Sparkassen, S. 9.

Literatur häufig genanntes Merkmal, die Begrenzung der Einlegerschaft auf bestimmte Bevölkerungskreise, wird von Wysocki[16] als unabdingbares Kennzeichen der Sparkassen abgelehnt. Anhand seiner „Typologie der deutschen Sparkassen um 1825" weist er nach, daß es sich dabei um eine 'Kann'-, aber nicht um eine 'Muß'-Bestimmung handelt, wie im Lauf der Arbeit auch für die Herzogtümer gezeigt werden soll.

Wysockis auf die 1825 existierenden Sparkassen in ganz Deutschland bezogene Definition des Begriffs, wie er im folgenden verstanden werden soll, lautet:

Das einzige wirklich (so gut wie) generelle Kriterium ist die Einlagenbegrenzung, die Ausrichtung auf Ansammlung „kleiner Kapitalsummen" und damit implizierte soziale Aufgabe . . . Ebenso muß man eine weitere Gegebenheit als erforderlich ansehen müssen . . ., nämlich die Verfügbarkeit des Guthabens unabhängig von irgendeiner Ereignisvoraussetzung, so daß alle versicherungsartigen Anstalten eliminiert werden können . . . Mit dieser Zielsetzung waren die Sparkassen damals einzig, denn keine andere Institution des Kreditgewerbes kannte ihre normative und faktische Beschränkung auf Einlagen in der Größenordnung „Kleiner Kapitalsummen"[17].

2.3 Abgrenzung der Sparkassen gegen andere Institutionen

Den Versuch, wirtschaftlich gefährdeten Bevölkerungskreisen nicht nur durch Almosen und Armenunterstützung zu helfen, sondern auch Eigenleistungen zu fordern, hat man seit dem Mittelalter immer wieder unternommen. Doch ging es dabei meist nicht um die spezifisch kleinen Beträge, die in den Sparkassen gesammelt wurden. So etwa bei den seit Anfang des 17. Jahrhunderts verbreiteten Witwen- und Waisenkassen, bei denen die zur Versorgung dieser sozialen Gruppen bestimmten Gelder verzinslich angelegt werden konnten. Gerade in Süd- und Westdeutschland, wo diese Kassen hauptsächlich anzutreffen waren, bildeten sie Vorläufer für Sparkassen und wurden später häufig in solche umgewandelt.

Während bei Waisen- und Sparkassen Vorsorge das leitende Prinzip war und die Gelder von den späteren Nutznießern selbst oder von deren Verwandten eingezahlt wurden, sollten die im Mittelalter bestehenden „montes pietatis" der Franziskaner helfen, wenn bereits eine Notlage entstanden war, indem man gegen Faustpfand günstige Darlehen gab. Gegründet wurden diese kirchlichen Einrichtungen, um die Hilfsbedürftigen vor den Wucherzinsen der meist jüdischen Geldverleiher zu schützen. Das war auch das Hauptanliegen der später entstandenen Leihhäuser, die ihre Kredite nicht wie die Leihkassen aus dem Passivgeschäft der Sparkassen bezogen, sondern aus städtischen Mitteln, Stiftungen oder Mündelgeldern[18]. Allerdings wurde nicht an Ehefrauen, Kinder, Studenten und Soldaten, die jedoch zur Zielgruppe der Sparkassen gehörten,

---

16 Wysocki, Wirtschafts- und Sozialgeschichte, S. 39–40.
17 Wysocki, Wirtschafts- und Sozialgeschichte, S. 40.
18 Vgl. Sievers, Geschichte des Sparkassenverbandes, S. 10–11.

verliehen[19]. Ein solcher sogenannter Lombard bestand auch in den Herzogtümern in mehreren Städten, zum Beispiel in Itzehoe seit 1741, in Rendsburg seit 1742.

In der zitierten Sparkassendefiniton von Wysocki wurden die Versicherungen bereits kurz genannt. Besonders in Schleswig-Holstein waren die versicherungsähnlichen Gilden weit verbreitet, zum Beispiel als Brand- oder Knochenbruchgilden[20]. Im Unterschied zu den Sparkassen mußten bei Versicherungen in regelmäßigen Abständen festgelegte Beträge eingezahlt werden. Das war zwar ein wirksames Instrument zur Disziplinierung der Mitglieder, wie sie sich auch viele Sparkassengründer für die von ihnen angesprochenen Dienstboten und Tagelöhner wünschten. Aber es konnte bei der unsicheren Lage der Unterschichten leicht passieren, daß die Einkünfte längere Zeit nicht einmal für das Existenzminimum reichten, die Beiträge nicht gezahlt werden konnten und damit auch kein Versicherungsschutz mehr bestand. Demgegenüber hatten die Sparkassen den Vorteil, gerade in solchen Situationen ihren Einlegern mit dem von ihnen selbst angesammelten Kapital, das keiner Zweckbindung unterlag, helfen zu können. Denn das war der entscheidende Nachteil der Gilden: die eingezahlten Gelder trugen keine Zinsen und verfielen sogar ganz, wenn der Versicherungsfall nicht eintrat[21]. Kam es aber doch zu einem Unglücksfall, der unter die Versicherungsbedingungen fiel, konnte der Betroffene allerdings durch das Genossenschaftsprinzip der solidarischen Haftung mehr zurückerhalten, als er eingesetzt hatte.

2.4 Die erste Sparkasse: die „Ersparungs-Classe" in Hamburg

Hamburg gilt heute unbestritten als die Stadt, die die erste Sparkasse aufzuweisen hat. Ihr folgten bald andere Orte vor allem in Norddeutschland und der Schweiz, bevor die Sparkassengründungen in allen Gebieten zahlreicher wurden. Die Hamburger „Ersparungs-Classe" wurde als 9. Klasse der von der Patriotischen Gesellschaft ins Leben gerufenen Allgemeinen Versorgungsanstalt 1778 errichtet. Sie stellte damit im Gegensatz zu den später in Schleswig-Hol-

---

19 Ernst Erichsen: Das Bettel- und Armenwesen in Schleswig-Holstein während der ersten Hälfte des 19. Jahrhunderts, in: ZSHG 79 (1955), S. 217–256 und ZSHG 80 (1956), S. 93–148, hier Bd. 80, S. 112.
20 Die aufgeklärten Sozialreformer, die sich so sehr für die Sparkassen einsetzten, lehnten diese Gilden ab. Vgl. dazu Kai Detlev Sievers: Volkskultur und Aufklärung im Spiegel der Schleswig-Holsteinischen Provinzialberichte, Neumünster 1970 (= QuFGSH Bd. 58), S. 190.
21 Die Nachteile der Versicherungen werden schon am Beispiel Englands in der Schrift „Ueber Sparbanken", ebd., S. 2–3, aufgeführt. Es wird auch beklagt, daß das Einzahlen einer Summe, die man in guten Zeiten über den eigentlichen Versicherungsbeitrag hinaus ansparen konnte, nicht möglich war. Meist wird jedoch eher der umgekehrte Fall eingetreten sein.

stein entstandenen Sparkassen kein eigenständiges Institut dar, sondern wurde zusammen mit den anderen neun Klassen verwaltet, die verschiedene Formen von Leibrenten, Witwen- und Waisen- sowie eine Beerdigungsklasse umfaßten.

Die 1765 entstandene Hamburgische Gesellschaft zur Beförderung der Künste und nützlichen Gewerbe mit dem Beinamen Patriotische Gesellschaft propagierte umfassende Reformen im Sinne der Aufklärung und unterhielt ein weitgespanntes Kommunikationsnetz zu vielen anderen deutschen und europäischen Gesellschaften gleichen Charakters, so daß es zu gegenseitiger Befruchtung kam, die sich auch auf den Sparkassengedanken auswirkte[22]. Die Versorgungsanstalt und damit die Anregung zur Ersparungsklasse geht wesentlich zurück auf den Mathematikprofessor und Vorsteher der Handelsakademie Johann Georg Büsch und den Oldenburger Landvogt Georg Christian Oeder, der sich unter anderem im Armen- und Versicherungswesen gut auskannte[23].

In den Statuten heißt es über den Zweck der Sparkasse:

Die Ersparungs-Classe dieser Versorgungs-Anstalt ist zum Nutzen geringer fleißiger Personen heyderley Geschlechts, als Dienstboten, Tageloehner, Handarbeiter, Seeleute, etc. errichtet, um ihnen Gelegenheit zu geben, auch bey Kleinigkeiten etwas zurueckzulegen, und ihren sauer erworbenen Noth- oder Brautpfennig sicher zu einigen Zinsen belegen zu koennen, wobey man hoffet, daß sie diese ihnen verschaffte Bequemlichkeit sich zur Aufmunterung gereichen lassen moegen, um durch Fleiß und Sparsamkeit dem Staate nuetzlich und wichtig zu werden[24].

Die Gründer sprechen als Zielgruppe diejenigen aus den unteren sozialen Schichten an, die schon von sich aus die Notwendigkeit der Vorsorge für die Zukunft erkannt haben und durch entsprechende Arbeitsamkeit Mittel für diesen Zweck sparen. Dabei wird von den durchweg aus dem gehobenen Bürgertum stammenden Gründern ausdrücklich anerkannt, wie schwer dieses Geld verdient werden muß und daß es leicht völlig wieder ausgegeben werden kann. Durch die sicher und verzinslich angelegten Gelder bei der Sparkasse soll ein Anreiz geschaffen werden, auf diesem Weg fortzufahren. Aber Endzweck ist dabei nicht explizit – wie in den Statuten vieler Sparkassen in den Herzogtümern – der Schutz des Einzelnen vor Wucher und Verarmung, sondern der Beitrag, den er zur Wohlfahrt des Staates durch seinen Fleiß und seine Sparsamkeit leistet. In der Auffassung des aufgeklärten Bürgertums ist auch der Tagelöhner nicht mehr nur Untertan, sondern ein wichtiges Glied des Staates.

Den Grundgedanken für die Ersparungsklasse bildete die schon erwähnte Überlegung, daß die ärmere Bevölkerung regelmäßige Beiträge wie in den Versicherungsklassen nicht aufbringen konnte und deshalb je nach Gelegenheit

22 Vgl. dazu Franklin Kopitzsch: Sparkassenrealität und Sozietätsbewegung im Zeitalter der Aufklärung, in: Sparkassen in der Geschichte, H. 2, S. 123–156, hier: S. 124 bis 127; vgl. auch Kap. 4.1.

23 Ebd., S. 129–130.

24 Statut der Allgemeinen Versorgungsanstalt, § 94, in: Poeschel, Statuten der Banken und Sparkassen, S. 147.

verschieden große Einlagen gegen 3 % Zinsen einzahlen sollte. Jedoch lag die Mindestsumme mit 15 Mark Banco noch sehr hoch[25], wenn man bedenkt, daß um 1788 ein Zimmergeselle in Hamburg jährlich 469 Mark nach Hause bringen konnte, also einen durchschnittlichen Monatslohn von 39 Mark hatte. Aber ein Tagelöhner auf dem Bau mit 210 Mark Jahreslohn verdiente nicht einmal die Hälfte und konnte mit einem Monatslohn von 17,5 Mark nur knapp den Lebensunterhalt von zwei Personen bestreiten[26], vorausgesetzt er hatte immer Arbeit. Da die kleinste einzahlbare Summe fast einen Monatslohn des ausdrücklich angesprochenen Einlegerkreises betrug, fühlt man sich doch eher an eine Versicherung als an eine Sparkasse erinnert und fragt sich, ob die genannten Gruppen überhaupt auf diese Weise sparen konnten. Möglich wurde dies erst, wenn mehrere Familienmitglieder, auch die Kinder, zum Lebensunterhalt beitrugen, wie es in jener Zeit aber durchaus selbstverständlich war. Eine fünfköpfige Tagelöhnerfamilie konnte so jährlich 500 Mark verdienen bei minimalen Lebenshaltungskosten von 310 Mark[27].

Trotz der eben geäußerten Bedenken war die Beteiligung von Dienstboten und Handarbeitern an der Sparkasse einem Bericht aus dem Jahr 1791 zufolge zufriedenstellend, denn monatlich wurden über 100 Einzahlungen durch diese Gruppen registriert[28]. 1810 erreichte die Ersparungsklasse mit mehr als 1 Million Mark Spargeldern ihren Höhepunkt, um gleich danach in den Strudel der politischen Ereignisse gerissen zu werden. Die französische Besetzung Hamburgs ließ die Bevölkerung so unsicher werden, daß alle Spareinlagen gekündigt wurden. Die Kasse konnte natürlich nicht die gesamte Summe auf einen Schlag zurückzahlen, da das meiste Geld sicher bei der Stadtkämmerei angelegt war. So zog sich die 1814 beschlossene Liquidation bis 1823 hin, konnte aber alle Ansprüche einschließlich der Zinsen erfüllen[29].

25 Poeschel, Statuten der Banken und Sparkassen, S. 11–12. Mark Banco wurde in Hamburg hauptsächlich als Rechnungseinheit gebraucht.
26 Antje Kraus: Die Unterschichten Hamburgs in der ersten Hälfte des 19. Jahrhunderts. Entstehung, Struktur und Lebensverhältnisse – eine historisch-statistische Untersuchung, Stuttgart 1965 (= Sozialwissenschaftliche Studien Bd. 9), S. 56.
27 Antje Kraus, Die Unterschichten Hamburgs in der ersten Hälfte des 19. Jahrhunderts, S. 53.
28 Kopitzsch, Sparkassenrealität und Sozietätsbewegung, S. 131.
29 Poeschel, Statuten der Banken und Sparkassen, S. 13; vgl. auch Trende, Geschichte der deutschen Sparkassen, S. 33.

3 Bedingungen für die Sparkassengründungen in Schleswig-Holstein

3.1 Die wirtschaftliche Lage in der ersten Hälfte des 19. Jahrhunderts

3.1.1 Die Auswirkungen der Napoleonischen Kriege

Die Gründung der ersten Sparkassen in Schleswig-Holstein fällt in eine recht aufgewühlte Periode. Dänemarks Bündnis mit Napoleon zeigte auch auf wirtschaftlichem Gebiet seine negativen Auswirkungen; die Kontinentalsperre gegen England schädigte Schleswig-Holsteins Seehandel, worunter besonders Altona und Flensburg zu leiden hatten, ebenso wie die Einquartierungen und die Besetzung durch deutsche, russische und schwedische Truppen die Bevölkerung stark belasteten. Infolge des dänischen Staatsbankrotts 1813[1] wurde der schleswig-holsteinische Silberschatz in Altona beschlagnahmt und auf die Festung Rendsburg gebracht sowie eine sechsprozentige Bankhaft über alle Immobilien verhängt, eine sehr drückende Maßnahme, die in den Herzogtümern wesentlich später aufgehoben wurde als in Dänemark. Trotz dieser erheblichen Belastungen ließ die loyale Haltung der Schleswig-Holsteiner gegenüber der dänischen Krone erst in den dreißiger und vierziger Jahren nach.

Die napoleonischen Wirren versetzten den Herzogtümern einen Rückschlag gerade zu einer Zeit, als die Landwirtschaft aufgrund der vorausgegangenen langen Friedensperiode, Ausdehnung der Anbauflächen besonders an der Ostküste und Ertragssteigerung durch Bemergeln mit kalkhaltigem Lehm einen Aufschwung erlebte[2]. Außerdem wirkte sich auch der englische Einfuhrzoll für Getreide, der von 1815 bis 1846 erhoben wurde, nachteilig aus. Umgekehrt führte aber nach der Aufhebung der Kontinentalsperre die Überschwemmung mit englischen Industrieprodukten, zusammen mit einer Hungersnot 1816/17, zu einer Wirtschaftskrise in ganz Deutschland.

3.1.2 Die Anfänge der Industrialisierung

Schleswig-Holstein war bis weit ins 19. Jahrhundert überwiegend ein Agrarland, das den größten Teil seiner Einkünfte seit 1825 aus dem Export von Getreide, Vieh und veredelten Milchprodukten wie Butter und Käse bezog und mit den so erzielten Überschüssen Industrieprodukte einführte. Damit war aber eine große Abhängigkeit von den internationalen Märkten und guten Ern-

---

1 Vgl. auch Kap. 3.1.3.
2 Vgl. Sievers, Volkskultur und Aufklärung, S. 181–189.

ten im eigenen Land verbunden[3]. Das vorhandene vorindustrielle Gewerbe konzentrierte sich meist in Form des Verlagswesens auf dem Lande und trug ebensowenig zur Förderung der Industrialisierung bei wie die fehlenden Bodenschätze und die nur langsam wachsende Bevölkerung, während die Handelsüberschüsse, die die Herzogtümer in ihrer Funktion als Brücke zwischen Hamburg und Skandinavien erzielten, das Entstehen der ersten Industrieunternehmen begünstigten[4]. Nachdem die Napoleonischen Kriege viele Betriebe in den Konkurs getrieben hatten, war bis 1830 hauptsächlich die Textilindustrie mit ihrem Zentrum Neumünster bedeutend. Dort wurde auch 1824 von den Gebrüdern Renck die erste Dampfmaschine in Schleswig-Holstein aufgestellt[5].

Wesentlichen Auftrieb bekam die Industrialisierung, wenn auch gegenüber anderen deutschen Gebieten um 30 bis 50 Jahre verspätet, durch den Ausbau des Verkehrsnetzes. Erst 1830 erhielt das Land seine erste Chaussee zwischen Altona und Kiel. Den wichtigsten Impuls bildete aber der Bau der ersten Eisenbahnstrecke im dänischen Gesamtstaat zwischen Altona und Kiel 1844. Sie bedeutete nicht nur für die inzwischen zahlreich entstandenen eisenverarbeitenden Betriebe[6], deren wichtigster die 1827 in Rendsburg gegründete Carlshütte war, einen wichtigen Absatzmarkt, sondern trug auch zu weiteren Firmengründungen, besonders im Bereich der Textil-, Maschinen- und Apparatebauindustrie, bei. Sie alle konnten die Eisenbahn als bequemes Transportmittel nutzen[7].

Die Frühindustrialisierung in Schleswig-Holstein zwischen 1830 und 1867, die sich auf die größeren Städte Altona, Kiel, Flensburg, Neumünster sowie auf das Umland von Hamburg konzentrierte, sollte hauptsächlich den Bedarf im eigenen Land decken, um entsprechend der spätmerkantilistischen Wirtschaftsauffassung des dänischen Staates von teuren Importen unabhängig zu werden. Aber die einflußreichen Gutsbesitzer wollten die Herzogtümer als Agrarland erhalten und versuchten, in diesem Sinne auf den Staat einzuwirken[8]. So mußten sich die Unternehmer, die sich wie der Gründer der Carlshütte, Holler, für Fortschritt und Wohlergehen des gesamten Staatsgebildes verantwortlich fühlten[9], jedes Zugeständnis des Staates mit viel Eigeninitiative erkämpfen[10]. Einer-

---

3 Jürgen Brockstedt: Frühindustrialisierung in den Herzogtümern Schleswig und Holstein. Ein Überblick, in: ders. (Hrsg.): Frühindustrialisierung in Schleswig-Holstein, anderen norddeutschen Ländern und Dänemark, Neumünster 1983 (= Studien zur Wirtschafts- und Sozialgeschichte Schleswig-Holsteins Bd. 5), S. 20–77, hier S. 26.

4 Ebd., S. 27.

5 Vgl. dazu ebd., S. 44–45.

6 Brockstedt, Frühindustrialisierung – Überblick, S. 33–37.

7 Vgl. dazu ebd., S. 48–50.

8 Ebd., S. 59. Das trifft auch für Deutschland allgemein zu: Richard H. Tilly: Kapital, Staat und sozialer Protest in der deutschen Industrialisierung, Göttingen 1980 (= Kritische Studien zur Geschichtswissenschaft Bd. 41), S. 10.

9 Wirtschaftlicher Erfolg des einzelnen fördert auch Handel und Gewerbe insgesamt. Peter Wulf: Marcus Hartwig Holler und die Anfänge der Carlshütte, in: Brockstedt, Frühindustrialisierung in Schleswig-Holstein, S. 227–275, hier S. 237.

10 Brockstedt, Frühindustrialisierung – Überblick. S. 59. Dieses bürgerliche Selbstbewußtsein finden wir auch bei den Sparkassengründern wieder.

seits hatte Kopenhagen Interesse daran, durch neue Betriebe Arbeitsplätze zu schaffen und das Steueraufkommen zu erhöhen[11], auf der anderen Seite fühlte die Regierung sich auch für die vielen kleinen Gewerbebetriebe, Heimarbeiter und Handwerker verantwortlich, die durch den Aufbau größerer Fabriken ihre ohnehin schon gefährdete Existenzgrundlage verlieren konnten.

Der Staat hatte zwar den Zunftzwang gelockert, aber erst 1867 unter preußischer Herrschaft wurde in Schleswig-Holstein als einem der letzten Gebiete in Deutschland die Gewerbefreiheit verkündet. Die dänische Gewerbepolitik war mehr auf den Abbau von Privilegien angelegt, indem sie an Handwerker auf dem Land Konzessionen vergab, als auf eine direkte Förderung. Da die Regierung auf das Handwerk als einen wichtigen Faktor zur Stabilisierung der gesellschaftlichen Ordnung Rücksicht nehmen mußte, vollzog sich der Wandel zu einem liberal geprägten Wirtschaftssystem[12], wie ihn das Handels- und Wirtschaftsbürgertum forderte, sehr langsam.

So blieben die Herzogtümer zunächst von den großen strukturellen Umwälzungen, die die Industrialisierung mit sich brachte, weitgehend unberührt. Einerseits boten die neuen Fabriken finanziell schlecht abgesicherten Unterschichten, wie beispielsweise den Tagelöhnern, Beschäftigungsmöglichkeiten, und auch verarmte Meister und Gesellen ohne Aufstiegschancen verdienten dort mehr als in ihrem eigentlichen Gewerbe. Aber die Entlastung des ländlichen Arbeitsmarktes setzte erst nach 1845 ein und konnte nicht alle von der Verarmung Bedrohten erfassen[13]. Andererseits mußten Fachkräfte aus anderen deutschen Gebieten und sogar aus dem Ausland nach Schleswig-Holstein geholt werden, die nach und nach ihre Spezialkenntnisse an einheimische Lehrlinge weitergaben[14].

Die monotone, vierzehnstündige Arbeit in einer Fabrik, die bis zu einer Stunde Fußweg von der Wohnung der Arbeiter entfernt lag, brachte aber auch neue soziale Probleme. Vielen, die vom Land in die Städte gezogen waren, fehlte die enge dörfliche Gemeinschaft. Niedrige Löhne machten auch hier die Mitarbeit von Frau und Kindern erforderlich, da die lange Arbeitszeit den auf dem Lande üblichen Nebenerwerb ausschloß. Vorsorgeeinrichtungen gegen Krankheit, Invalidität und Alter gab es im allgemeinen nicht[15], und der Zustand der meisten Arbeiterwohnungen war denkbar schlecht, so daß die Arbeiter sich angesichts dieser trostlosen Lebensumstände häufig in den Alkohol flüchteten.

---

11 Wulf, Holler und die Anfänge der Carlshütte, S. 230.
12 Brockstedt, Frühindustrialisierung – Überblick, S. 71.
13 Zwischen 1845 und 1865 nahm die Zahl der Industriebetriebe um 39 % zu, die der dort Beschäftigten aber um 89 %. Ebd., S. 53.
14 Brockstedt, Frühindustrialisierung – Überblick, S. 65–66.
15 Eine Ausnahme bildet der Unternehmer Holler in Rendsburg, der die sozialen Brüche der Industrialisierung erkannte und als Maßnahme u. a. eine Krankenversicherung, eine Pensionskasse und auch eine Leihkasse einrichtete. Zu Hollers nicht ganz uneigennützigen Motiven vgl. Wulf, Holler und die Anfänge der Carlshütte, S. 267–270. Vgl. auch Kap. 4.

3.1.3 Währung, Lebenshaltungskosten und Löhne

Die politische und wirtschaftliche Zersplitterung Deutschlands wirkte sich auch auf das Münzwesen aus, das heißt fast jedes Territorium besaß eine eigene Währung, die meist in einigen anderen Ländern als Zahlungsmittel angenommen wurde. In Schleswig-Holstein machte sich die Personalunion mit Dänemark auch beim Währungssystem bemerkbar, wie aus den Angaben von Pfeiffer[16] zu entnehmen ist.

Seit 1788 besaßen die Herzogtümer innerhalb des Gesamtstaates als Schutz vor der dänischen Inflation eine eigene Silberwährung, basierend auf den Courant-Währungen von Hamburg und Lübeck und bezeichnet als „Schleswig-Holsteinisch Courant". Sie wurde in der 1771 errichteten königlichen Münze in Altona geprägt und von der Altonaer Speciesbank ausgegeben. Eingeteilt wurde sie in:

	1	Reichstaler Schleswig-Holstein. Courant (Rtlr.Crt.)
=	3	Mark Courant (Mk. Crt.) zu je 16 Schillingen Crt.
=	48	Schillinge Courant (ß Crt.) zu je 12 Pfennigen Crt.
=	192	Pfennige Courant (Pf. Crt.)[17]

Als Folge des Bündnisses mit Napoleon erklärte Dänemark 1813 den Staatsbankrott, der sich darin äußerte, daß das ausgegebene, ungedeckte Papiergeld täglich im Kurs schwankte, Münzen von Privatleuten gehortet[18] und alle Banken aufgelöst wurden[19]. Zur Sanierung des Staatshaushalts versuchte Dänemark, für den Gesamtstaat einheitlich den neuen Rigsbankdaler zu 96 ß Dänisch Crt. einzuführen, dem 30 ß Schleswig-Holstein. Crt.[20] entsprechen sollten. Das neue Zahlungsmittel mußte zwar bei amtlichen Vorgängen verwendet werden, konnte sich in Schleswig-Holstein aber im privaten Geschäftsverkehr nicht durchsetzen[21], so daß das Verbot für die alten schleswig-holsteinischen Münzen bald wieder aufgehoben wurde.

---

16 Wenn nicht anders angegeben, bezieht sich das Folgende auf Werner Pfeiffer: Geschichte des Geldes in Schleswig-Holstein, Heide/Holst. 1977, S. 66–72. Er stützt sich auf die ausführlichen Untersuchungen von Emil Waschinski: Währung, Preisentwicklung und Kaufkraft des Geldes in Schleswig-Holstein von 1226–1864, Neumünster 1952 (= QuFGSH Bd. 26).

17 Die im folgenden verwendeten Abkürzungen sind in Klammern angegeben. Gedeckt waren die Couranttaler durch Speciestaler (deshalb „Speciesbank"), die einen Wert von 60 ß Crt. besaßen, also um 25 % höher bewertet wurden als die Couranttaler.

18 Waschinski, Währung und Preisentwicklung, S. 52.

19 Ebd., S. 53.

20 1 Rigsbankdaler = 1/2 Speciestaler. Vgl. Anm. 2.

21 Man mißtraute dem dänischen Geld „aus Überlieferung" (Pfeiffer, Geschichte des Geldes, S. 69). Außerdem verursachte die Umrechnung auf die alten Zahlungsmittel komplizierte Brüche, zum Beispiel 1 Rigsbankschilling = 5/16 ß Schleswig-Holstein. Crt.

Nach Niederwerfung der schleswig-holsteinischen Erhebung versuchte die dänische Krone ihre Vorherrschaft unter anderem dadurch zu unterstreichen, daß sie die Courant-Währung 1854 endgültig aus dem Verkehr zog und der nun für Schleswig-Holstein alleingültige Rigsbankdaler in Rigsmont (= Reichsmünze) umbenannt wurde, ohne daß sich der Münzfuß änderte.

Wegen des Handels mit den angrenzenden deutschen Gebieten war in den Herzogtümern auch der preußische Taler gebräuchlich in der Umrechnung von

2 Tlr. Preuß. = 80 ß Crt. = 5 Mk. Crt.[22]

Die Kaufkraft des schleswig-holsteinischen Geldes vom Ende des 18. bis Mitte des 19. Jahrhunderts zeigt keine durchgängig einheitliche Tendenz, sondern sie war abhängig sowohl von politischen Ereignissen als auch von den landwirtschaftlichen Erträgen. Zeigte die Friedensperiode 1776–1793 eine mäßige Preisentwicklung, so brachte die nachfolgende napoleonische Zeit bis 1818, in der auch das Hungerjahr 1817 lag, eine erste Preisspitze. Bis 1829 gingen die Preise aber wegen einer Reihe guter Ernten sehr stark zurück und begannen erst wieder von 1839 bis 1853 langsam zu steigen. In der Schlußphase der dänischen Herrschaft über Schleswig-Holstein ist dann von 1854 bis 1863 eine zweite, noch größere Preisspitze zu beobachten. In diese Periode fällt außerdem die internationale Wirtschaftskrise von 1857[23].

Als Anhaltspunkt für die Kaufkraft in den einzelnen Perioden kann Waschinskis mühselig aus vielen Einzelpreisen ermittelter Vergleich zur Reichsmark (RM), bezogen auf 1937–1939, herangezogen werden[24]:

1776–1793:	1 Rtlr. Crt. =	16,00 RM =	100,0 %
1794–1818:	1 Rtlr. Crt. =	11,25 RM =	70,3 %
1819–1838:	1 Rtlr. Crt. =	13,40 RM =	83,7 %
1839–1853:	1 Rtlr. Crt. =	10,00 RM =	62,5 %
1854–1863:	1 Rtlr. Crt. =	6,00 RM =	37,5 %

Die Preise für einzelne landwirtschaftliche Produkte entwickelten sich, abgesehen von den regionalen Schwankungen zwischen dem billigeren Schleswig und dem etwas teureren Südholstein, recht unterschiedlich. So zahlte man zwischen 1794 und 1863 für[25]:

1 Tonne Weizen (= 110 kg)	10 Mk.	5 ß –	19 Mk.	2 ß
1 Arbeitspferd	41 Rtlr.	–	122 Rtlr.	
1 Milchkuh	13 Rtlr.	46 ß –	41 Rtlr.	20 ß
1 Schwein	17 Mk.	–	57 Mk.	
1 Huhn		5 ß –		8 1/2 ß

22 Waschinski, Währung und Preisentwicklung, S. 58.
23 Waschinski, Währung und Preisentwicklung, S. 117.
24 Ebd., S. 199. Die Prozentzahlen sind aus diesen Angaben von der Verfasserin berechnet. Zur Kritik an Waschinskis Kaufkraftvergleich s. Stern, Beschlossen und vollzogen, S. 73–74.
25 Waschinski, Währung und Preisentwicklung, Anhang B, Tabelle 8–11.

20 Eier		6 ß –	11 ß
1 Pfund Butter		5 1/2 ß –	9 1/2 ß
1 Paar Schuhe	3 Mk.	–	6 Mk.

Die niedrigsten Preise galten in fast allen Fällen für den Zeitraum 1819 bis 1853. Auffallend ist der Preisverfall bei Weizen um 50 % von 19 Mk. 2 ß in der Periode 1794–1818 auf 10 Mk. 5 ß im Abschnitt 1819–1838. Für die Bauern hatte das katastrophale Folgen, die auch auf den ländlichen Arbeitsmarkt ausstrahlten[26], weil die Bauern versuchten, den Gesindelohn zu senken oder sogar Arbeitskräfte einzusparen, indem zum Beispiel Neu- oder Umbauprojekte nicht mehr realisiert wurden. Die Stadtbevölkerung jedoch profitierte von den niedrigen Kornpreisen. Sie bekam 1822 für 2 ß ein Brot von 2560 g, während man im Katastrophenjahr 1813 für den gleichen Betrag nur 460 g Brot erstehen konnte[27].

Nach Waschinski[28] verbrauchte eine vier- bis fünfköpfige Familie in normalen Zeiten täglich für:

4 kg Brot	6 ß –	8 ß
2 l Milch	1 1/2 ß –	2 ß
1 kg Rindfleisch	4 ß –	6 ß
	11 1/2 ß –	16 ß

Damit war der durchschnittliche Tageslohn bereits für die Nahrung verbraucht; 4 ß für Wohnung, Heizung und Kleidung mußten durch einen Nebenerwerb oder die Mitarbeit der Familienmitglieder erwirtschaftet werden[29].

Seit Mitte des 18. Jahrhunderts ist ein Rückgang der Realeinkommen wegen der langfristigen, kontinuierlichen Lebensmittelverteuerung zu beobachten, mit der die Löhne in vielen Berufsgruppen nicht Schritt halten konnten[30]. So stiegen die Preise im Zeitraum von 1776–1815 insgesamt um ca. 43 % und von

26 Silke Göttsch: Beiträge zum Gesindewesen in Schleswig-Holstein zwischen 1740 und 1840, Neumünster 1978 (= Studien zur Volkskunde und Kulturgeschichte Schleswig-Holsteins Bd. 3), S. 69.
27 Waschinski, Währung und Preisentwicklung, S. 154.
28 Ebd., S. 155.
29 Es sind Zweifel angebracht, ob sich eine Durchschnittsfamilie häufig oder sogar täglich Fleisch in derartiger Menge leisten konnte, denn in teureren Zeiten reichte der Lohn eines alleinverdienenden Handwerksgesellen nicht einmal für die angegebenen Lebensmittel, so daß der Fehlbetrag durch Bearbeiten eines Gartens oder Mitarbeit der Frau und der Kinder ausgeglichen werden mußte. Für gutsituierte Bauern in Angeln geben zeitgenössische Berichte zwei- bis dreimal wöchentlich den Verzehr von Fleisch an, als Hauptnahrungsmittel sei die Kartoffel anzusehen. Nikolaus Falck: Staatsbürgerliches Magazin Bd. III, 1823, S. 431.
30 Wysocki, Wirtschafts- und Sozialgeschichte, S. 46.

1816–1864 noch einmal um 63 %. Nach Angaben von Waschinski[31] blieb der Lohn einer Gutshaushälterin in der ersten Periode trotz des Preisanstiegs unverändert bei 50 Rtlr. pro Jahr, sank Anfang der dreißiger Jahre sogar zeitweise auf 40 Rtlr. und betrug dann bis 1864 60 Rtlr., konnte aber die Teuerung nicht ausgleichen.

Dagegen entsprachen die Lohnerhöhungen von Knechten und Hirten auf demselben Gut zwischen 1776 und 1815 mit 40 % ungefähr der Inflationsrate in diesem Zeitraum. Es muß allerdings berücksichtigt werden, daß der Lohn der Knechte trotz der Erhöhung von ca. 17 Rtlr. im Jahr 1776 auf 24 Rtlr. für 1810 nur einen Bruchteil dessen ausmachte, was die Haushälterin verdiente. Einen realen Einkommenszuwachs von beträchtlicher Größe erlebten die Dienstmädchen und die Köchin, deren Lohn sich von 7 Rtlr. im Jahr 1776 um 129 % auf 16 Rtlr. 1815 erhöhte und damit die Teuerung von 43 % weit übertraf.

Das angeführte Beispiel zeigt, daß der Lohn der unteren Einkommensschichten prozentual wesentlich stärker stieg als die von Anfang an besser bezahlten Tätigkeiten. Jedoch läßt sich aus der Lohnentwicklung auf den Gütern nicht auf eine allgemeine wirtschaftliche Verbesserung bei den einfachen Leuten im ganzen Land schließen, denn die Lohnzulagen richteten sich hier weniger nach der Preissteigerungsrate, sondern waren abhängig vom persönlichen, noch stark patriarchalisch geprägten Verhältnis zwischen Herrschaft und Dienstboten[32]. Das Personal auf den Gütern war im allgemeinen besser gestellt als das übrige Gesinde und die Handwerker, deren Lohn bis Mitte des 19. Jahrhunderts fast unverändert blieb und die wegen der erwähnten Teuerung eine finanzielle und soziale Verschlechterung ihrer Lage hinnehmen mußten[33].

Die billigsten Arbeitskräfte waren Frauen, die sich in der Landwirtschaft verdingten und für einen 12stündigen Arbeitstag zwischen 1800 und 1854 gleichbleibend 9 ß erhielten[34]. Die Tagelöhner verdienten Anfang des 19. Jahrhunderts genauso viel, mußten sich aber von 1820–1830 mit einem Tageslohn von nur 6–8 ß begnügen. Danach stieg ihr Verdienst auf 10–12 ß pro Tag[35]. Der durchschnittliche Lohn von Maurer-, Tischler- und Böttchergesellen betrug vom Ende des 18. bis Mitte des 19. Jahrhunderts 16–18 ß für 12 Stunden Arbeit, während ein Meister in diesen Berufen 24 ß verdiente[36].

---

31 Die folgenden Lohnangaben nach den Tabellen bei Waschinski, Währung und Preisentwicklung, S. 143–145. Er bezieht sich auf die Löhne des Gutshofs Salzau, die nicht ohne weiteres mit denen von Gesinde, das bei Bauern arbeitete, vergleichbar sind.
32 Waschinski, Währung und Preisentwicklung, S. 156.
33 Zur Frage der Sparfähigkeit vgl. Kap. 6.3.
34 Waschinski, Währung und Preisentwicklung, S. 147–148.
35 Ebd., S. 150.
36 Ebd., S. 151–154. Vgl. auch die Lohnangaben für Hamburg in Kap. 2.4.

3.2.1 Die Sozialstruktur der schleswig-holsteinischen Bevölkerung

Während in anderen Teilen Deutschlands im 19. Jahrhundert die Bevölkerung rasch zunahm, wuchs die Einwohnerzahl in den drei Herzogtümern mit weniger als 1 % im Jahr recht langsam. Sie betrug nach der Zählung von 1803 rund 586 000 und 1840 849 000, bis sie 1867 bei 1 031 000 lag[37]. Das Wachstum der wenigen größeren Städte war ebenfalls sehr gering, und als das Verhältnis zwischen Stadt- und Landbewohnern in anderen Gebieten bereits 1:3 betrug, belief es sich in Schleswig-Holstein noch fast auf 1:5[38].

Haupterwerbszweig blieb im angegebenen Zeitraum die Landwirtschaft, von der 1840 einschließlich Forst- und Fischereiwirtschaft 52 % der Beschäftigten lebten. Darunter waren viele Bauern mit mittelgroßen Höfen, aber die überwiegende Zahl gehörte zu den Insten, Tagelöhnern und dem Gesinde. Ein großer Nachteil der in der Landwirtschaft abhängig Beschäftigten lag darin, daß es sich meist um Saisonarbeit handelte und die im Winter anfallenden Tätigkeiten wie Füttern und Spinnen schlechter bezahlt wurden als die intensivere Sommerarbeit[39]. Die Gesindeverträge wurden fast immer nur auf sechs Monate abgeschlossen[40], und wer für das Winterhalbjahr, das sowieso nur 1/3 des Lohnes der Sommermonate einbrachte, keinen festen Vertrag bekam, versuchte sich als Wanderarbeiter in der Marsch und verdingte sich dort als Tagelöhner zum Dreschen[41]. Im Sommer dagegen wurden gerade in der Marsch so viele Arbeitskräfte gebraucht, daß sogar Wanderarbeiter aus Jütland und Mecklenburg kamen[42]. Wer aber im Winter nicht genug zum Lebensunterhalt verdienen konnte, mußte bereits in den guten Sommermonaten Vorsorge treffen und sparen, also ein guter Ansatzpunkt, um für die Sparkassen zu werben.

1840 lebten 22 % der schleswig-holsteinischen Bevölkerung vom produzierenden Gewerbe. Aber viele handwerkliche Berufe, besonders die Schuster und Schneider, waren übersetzt. Zusätzlich machte sich hier der Gegensatz von Stadt und Land bemerkbar, da die vom Staat konzessionierten Landhandwerker billiger leben und produzieren konnten als ihre städtischen Kollegen[43], die noch dem Zunftzwang unterlagen. Auf die Situation der zahlenmäßig geringen Arbeiterschaft wurde bereits kurz hingewiesen[44]. Von Handel und Verkehr er-

---

37 Beiträge zur historischen Statistik Schleswig-Holsteins, hrsg. v. Statistischen Landesamt, Kiel 1967, S. 81. Die im folgenden für 1840 angegebenen Zahlen über die Erwerbszweige beziehen sich hierauf. Sie schließen die Familienmitglieder ohne eigenen Hauptberuf mit ein und bleiben bis 1867 fast unverändert.
38 Erichsen, Das Bettel- und Armenwesen, Bd. 79, S. 226. Die größte Stadt war Altona, gefolgt von Flensburg, Schleswig und Kiel.
39 Göttsch, Gesindewesen in Schleswig-Holstein, S. 42.
40 Ebd., S. 28.
41 Ebd., S. 43–44.
42 Vgl. ebd., S. 32–33 und Brockstedt, Frühindustrialisierung – Überblick, S. 29.
43 Erichsen, Das Bettel- und Armenwesen, Bd. 80, S. 97; vgl. auch Kap. 3.1.2.
44 Vgl. Kap. 3.1.2. Die Carlshütte hatte 1830 als einer der größten Betriebe 100 Arbeiter. Wulf, Holler und die Anfänge der Carlshütte, S. 264.

nährten sich 6 %, 12 % waren dem Dienstleistungsbereich zuzurechnen, und 8 % lebten von eigenem Vermögen oder einer Unterstützung.

1803 wurden offiziell zwar nur ca. 3 % der Einwohner von den Armenkassen unterhalten, aber zu den wirtschaftlich Gefährdeten müssen auch die Tagelöhner (12 %), die Dienstboten (12 %) und Kätner ohne Land (4 %) gerechnet werden[45], so daß knapp 1/3 der schleswig-holsteinischen Bevölkerung von der Armut bedroht war. Die Gründer der Sparkassen sprachen in erster Linie diesen Kreis als Benutzer für das Passivgeschäft an, während für viele Handwerker, denen es wegen des Konkurrenzdrucks wirtschaftlich ebenfalls nicht gut ging, auch das Aktivgeschäft bei der Leihkasse von Interesse war.

3.2.2 Die Auswirkungen der Aufklärung

Die seit Mitte des 18. Jahrhunderts in unterschiedlichen Ausprägungen sich verbreitende Aufklärung fand insbesondere Eingang in das Bürgertum. In stark vereinfachter Form griff das gehobene Bürgertum vor allem einige Grundprinzipien auf, wie die absolute Vorrangstellung der Vernunft, den Ordnungsgedanken, Fortschrittsglauben und Verpflichtung zur „Tugend".

Diese Programmpunkte sollten nicht nur Theorie bleiben, sondern es bildeten sich überall gemeinnützige Vereinigungen mit dem Titel Patriotische Gesellschaft, Lesegesellschaften, Freimaurerlogen und Fachvereine verschiedener akademischer Berufe, die nach den genannten Grundsätzen leben und diese auch in die unteren Volksklassen hineintragen wollten[46]. Durch erzieherische Maßnahmen sowohl bei Kindern als auch bei Erwachsenen und geleitet von einem umfassenden Wohltätigkeitsbegriff hofften sie, die mannigfaltigen sozialen Mißstände beseitigen zu können.

Kopitzsch stellt als besondere Leistung dieser sozialreformerischen Aufklärer ihr umfassendes, über Grenzen reichendes Kommunikationssystem heraus, das die Mitglieder durch Reisen, Briefe, Lektüre und gemeinsames Studium miteinander verband[47]. Im Zuge der Herausbildung der öffentlichen Meinung sind vor allem die von den Volksaufklärern herausgegebenen Zeitschriften von Bedeutung[48], in denen sie ihre Gedanken zu den aktuellen sozialen Problemen austauschten, ihre Lösungsvorschläge diskutierten[49] und so nach Kopitzsch halfen, die sozialen Spannungen wenigstens zu mildern[50].

---

45 Erichsen, Das Bettel- und Armenwesen, Bd. 79, S. 225–226.
46 Sie erstrebten als Gegenstück zur „Aufklärung von oben" des Aufgeklärten Absolutismus, im Gesamtstaat besonders vertreten von A. P. Bernstorff, eine Reformbewegung „von unten". Franklin Kopitzsch: Die Aufklärung in Flensburg, in: Grenzfriedenshefte 3/4 (1984), S. 215–227, hier S. 215.
47 Kopitzsch, Sparkassenrealität und Sozietätsbewegung, S. 125.
48 Kopitzsch, Die Aufklärung in Flensburg, S. 216.
49 Diese wurden teilweise verwirklicht wie die Sparkassen. Zu anderen Projekten vgl. 3.2.4.
50 Kopitzsch, Sparkassenrealität und Sozietätsbewegung, S. 128.

Für Schleswig-Holstein sind neben dem „Staatsbürgerlichen Magazin" von Falck vor allem die „Provinzialberichte" seit 1787 als Publikationsorgan der Sozialreformer von Bedeutung. Gegründet wurden die „Schleswig-Holsteinischen Provinzialberichte"[51] von August Chr. Heinr. Niemann, der in Göttingen Staatenkunde, Polizeiwissenschaften und Kameralistik bei seinem großen Vorbild August Ludwig Schlözer studiert hatte und seit 1794 selbst Professor der Kameralwissenschaft in Kiel war. Wie andere bürgerliche Intellektuelle und Kaufleute seiner Zeit sah er für sich eine wesentliche Aufgabe darin, die Unterschichten aufzuklären, also durch umfassende Information aus ihrer Unwissenheit zu befreien und so Armut und Verelendung zu beseitigen. Niemann wirkte als Gründungsmitglied der Gesellschaft freiwilliger Armenfreunde an der Neuordnung des Kieler Armenwesens mit[52] und gab in den „Provinzialberichten" immer wieder Aufsätze und Stellungnahmen zu verschiedenen Aspekten der Armenversorgung heraus.

Fortgeführt wurde die Zeitschrift[53] nach einigen Jahren Unterbrechung 1811–1834 von den Pastoren Georg Peter Petersen und Hartwig Peters, die nicht mehr den optimistischen Schwung und absoluten Fortschrittsglauben hatten wie Niemann in der vornapoleonischen Zeit, sondern verstärkt zum Moralisieren neigten. Viele Mitarbeiter der „Provinzialberichte" waren rationalistisch beeinflußte Geistliche, die an der Kieler Universität – neben Altona Zentrum der Aufklärung in den Herzogtümern – ausgebildet worden waren[54].

So umfassend, wie Niemann die Kameralistik als Landeserforschung aufgrund statistischen Materials verstand[55], so groß ist auch die Bandbreite der in den „Provinzialberichten" behandelten Themen, die von Problemen der Landwirtschaft und Industrie über die Ablehnung von Volksbrauchtum und Aberglauben bis zu Vorschlägen für den Hausbau reichten. Das völlig unzureichende Schulwesen und der daraus folgende Mangel an Sittlichkeit und vernünftigem Handeln wurden immer wieder als wesentliche Ursachen der zunehmenden Verarmung kritisiert, ebenso wie wachsender Kleiderluxus und der Konsum von Genußmitteln wie Kaffee, Tabak und Branntwein, die teuer importiert werden mußten. Häufig wurden Beispiele einfacher, mustergültiger Lebensführung gegeben, die von den ärmeren Schichten nachgeahmt werden sollten.

Allerdings erreichten die „Provinzialberichte" nicht auf direktem Weg die eigentlichen Adressaten ihrer moralischen Appelle, in denen wiederholt zum Sparen aufgerufen wurde, sondern nur eine kleine Schicht des gebildeten Bürgertums. Dieses versuchte schon aus eigenem Interesse auf Dienstboten und

51 Von 1799–1803 erschienen sie unter dem Titel „(Schleswig-Holsteinische) Blätter für Polizei und Kultur".
52 Vgl. Kai Detlev Sievers: Professor Niemann und der Spargedanke, in: Sparkassen in der Geschichte, H. 2, S. 157–171.
53 Titel: „(Neue) Schleswig-Holstein-Lauenburgische Provinzialberichte".
54 Sievers, Volkskultur und Aufklärung, S. 33–41.
55 Vgl. ebd., S. 24–25.

Arbeiter im Sinne der Aufklärung Einfluß zu nehmen[56], da sich die Ideale der „Provinzialberichte" weitgehend mit ihrem sich entwickelnden bürgerlichen Selbstbewußtsein, gerade auf wirtschaftlichem Gebiet, deckten[57]. Weil aber das einfache Volk nicht zu den Lesern dieser Zeitschrift gehörte, ist auch nicht bekannt, wie es auf die hier verbreiteten Ideen reagierte[58].

Mit der Ausbreitung der Aufklärung änderte sich auch das Bild von Individuum und Staat. Zwar konnte der einzelne jetzt selbstverantwortlich durch geeignete Vorsorge und entsprechenden Lebenswandel versuchen, sich aus seiner Notlage zu befreien, doch sah man zugleich Bedürftigkeit als soziales Übel an, für das der Staat und die Wirtschaftsordnung verantwortlich waren. Ein „unschuldig" Verarmter sollte nicht mehr auf Gedeih und Verderb den wohlwollenden Almosen seiner glücklicheren Mitbürger vertrauen müssen, deren freiwillige Gaben dann auch immer spärlicher flossen. Er hatte nun ein gesetzliches Anrecht darauf, von der Gesellschaft, die seine Lage zumindest zum Teil mitverschuldet hatte, versorgt zu werden, wenn er selbst dazu wegen Gebrechlichkeit oder Alter nicht in der Lage war.

So kam es in Schleswig-Holstein zu den ersten Armenordnungen, in denen der König den Kommunen diese Aufgabe zuwies. Die Bürger wurden nun zu Armenbeiträgen in festgesetzter Höhe verpflichtet, statt wie bisher freiwillig nach eigenem Ermessen zu spenden. Umstritten war bereits seit der ersten Armenverordnung von 1736, welche Gemeinde im Verarmungsfall zuständig war. Seit 1808 mußte der Geburtsort immer dann einspringen, wenn der Bedürftige in keiner anderen Gemeinde eine ununterbrochene Aufenthaltsdauer von drei Jahren nachweisen konnte.

Dieses sogenannte „Heimatrecht" führte dazu, daß man nach 2 1/2 Jahren versuchte, potentielle Verarmungskandidaten in andere Orte abzuschieben, um der finanziellen Belastung für die eigene Gemeinde zu entgehen. Die Aufenthaltsfrist wurde zwar 1829 wegen der vielen Proteste gerade auch von seiten der Sozialreformer auf 15 Jahre verlängert, löste aber im Kern nicht das Problem, daß nämlich eine ständig steigende Zahl von Menschen ruhelos von einem Ort zum nächsten ziehen mußte und kaum die Chance bekam, sich eine gesicherte Existenz aufzubauen.

3.2.3 Die neue Auffassung vom Individuum und die Aufhebung der Leibeigenschaft

Die Aufklärung setzt eine veränderte Auffassung vom Individuum durch. Der Mensch soll nicht mehr in einer angeblich gottgewollten, unveränderlichen Rolle, in die er hineingeboren wird, sein Leben lang verharren müssen, sondern

---

56 Sievers, Volkskultur und Aufklärung, S. 151–154.
57 Zur Verbindung von Sparkassen und aufklärerischen Sozialreformern vgl. Kap. 4.1.
58 Sievers, Volkskultur und Aufklärung S. 16.

er ist selbst seines Glückes Schmied. Es liegt in seiner Hand, das Beste aus seinen von der Natur gegebenen Fähigkeiten zu machen und sich so Ansehen und Wohlstand in der Gesellschaft zu erwerben.

Er ist nicht mehr Untertan, kein blind ergebenes Objekt für obrigkeitliche Willkür, sondern hat als Staatsbürger[59] das Recht, in der freien Entfaltung seiner Möglichkeiten, besonders auf wirtschaftlichem Gebiet, nicht durch starre Geburtsschranken behindert zu werden. Der so durch Eigeninitiative erreichte Erfolg des Individuums kommt auch der Allgemeinheit zugute, indem er die wirtschaftliche Kraft seines Landes stärkt. Die Hindernisse auf dem Weg zur „Glückseligkeit" im Diesseits, die die Aufklärer für alle erstreben, zu beseitigen ist Aufgabe der Gesellschaft und des Staates, der beispielsweise jedem eine ausreichende Schulbildung zu gewährleisten hat.

Auf der anderen Seite bedeutet die dem einzelnen zugestandene Freiheit, wie sie in der Folgezeit vehement vom Liberalismus vertreten wird, daß jeder auch selbst die Verantwortung für sein Scheitern trägt. Kann sich jemand aus der Verarmung nicht lösen, liegt es daran, daß er nach Meinung der gutbürgerlichen Sozialreformer zuviel Alkohol trinkt oder sein Geld bei Tanzfesten und der – immerhin staatlichen – Lotterie vergeudet. Als Instrument gegen die Gefahr der Verarmung entwickeln sie das Prinzip der Selbsthilfe und Vorsorge, zum Beispiel durch rechtzeitiges Sparen. Die Initiatoren der Sparkassen haben erkannt, daß eine wirtschaftlich gesicherte Existenz Voraussetzung für die freie Entwicklung der Persönlichkeit ist. Sich dabei nur auf die Hilfe des Staates oder der Gesellschaft zu verlassen, widerspricht der von ihnen propagierten Selbstverantwortlichkeit.

Alle Bürger sollten zwar vereint für den Fortschritt und die Beseitigung von Mißständen arbeiten, es wäre aber falsch anzunehmen, daß Zeitschriften wie die „Provinzialberichte" eine ständelose Gesellschaft anstrebten[60]. Nur die Leibeigenschaft, die dem Individuum von vornherein die Chance zur Selbstverantwortlichkeit nahm, durfte auf keinen Fall weiter bestehen. In den Herzogtümern waren es 1 000 000 Hörige hauptsächlich auf holsteinischen Gütern, also 1/6 der Bevölkerung[61], die mit einem lange vorbereiteten Gesetz zum 1. Januar 1805 frei wurden[62]. Die schleswig-holsteinische Ritterschaft hatte über diese Angelegenheit jahrelang beraten, um die befürchteten sozialen Folgeerscheinungen verhindern zu können, die dann aber doch eintraten. Da einige Gutsbesitzer das Land ihren Freigelassenen nicht in Erbpacht, sondern nur auf Zeit gegen hohe Pachtzinsen überließen, gerieten viele der ehemaligen Leibeigenen in Schulden[63]. Aufgrund der schlechten Verhältnisse auf dem freien Ar-

59 Vgl. Sievers, Volkskultur und Aufklärung, S. 233.
60 Vgl. Sievers, Volkskultur und Aufklärung, S. 22.
61 Ebd., S. 174.
62 Vgl. dazu und zu den Reaktionen in den „Provinzialberichten" ebd., S. 155–174. In Dänemark wurde die Schollengebundenheit bereits 1788 abgeschafft, in Preußen allerdings erst 1807.
63 Ebd., S. 158.

beitsmarkt, wo sich der Lohn nach Angebot und Nachfrage richtete, wurde es für diese Gruppe zunehmend schwerer, sich einen ausreichenden Lebensunterhalt zu verdienen.

Andererseits war mit dem Verfügungsrecht des Gutsherrn über seine Hörigen, das bis zur Heiratserlaubnis gehen konnte, auch seine Fürsorgepflicht bei Krankheit und Not entfallen. So bestand für einen großen Teil der freigewordenen Insten ständig die Gefahr, die Unterstützung der Armenkasse in Anspruch nehmen zu müssen.

3.2.4 Das Armenproblem und die Armenversorgung

Wie in den bisherigen Ausführungen schon angedeutet wurde, bilden die Armen und ihre Versorgung das Hauptproblem für die Gemeinden in der ersten Hälfte des 19. Jahrhunderts. So ist es nicht verwunderlich, daß das sozialreformerisch-aufgeklärte Bürgertum, das in den Gemeinde- und Stadtverwaltungen die entscheidenden Positionen besetzte, immer wieder in den „Provinzialberichten" sowie in vielen Einzelschriften Ursachen und Lösungsvorschläge dieses Problems diskutierte[64] und dabei besonders die Tugend des Sparens als Präventivmaßnahme empfahl.

Arme und Bettler hatte es natürlich immer gegeben, aber erst seit Mitte des 18. Jahrhunderts wurden sie zu einem Problem, mit dem sich die Öffentlichkeit und der Staat auseinandersetzen mußten, einerseits weil die Armut dann Anfang des 19. Jahrhunderts in ungeahnter Weise anstieg, zum anderen weil die aus alter Zeit hergebrachten Versorgungsarten unwirksam wurden[65].

Bis dahin hatte man Armut, Gebrechlichkeit und Krankheit als unvermeidliche Schicksalsschläge betrachtet, denen mit Almosen und christlicher Nächstenliebe zu begegnen war. Fürsorge für die Armen war deshalb im wesentlichen eine Angelegenheit der Kirche gewesen, die mit dem Klingelbeutel in den Gottesdiensten ausreichende Beträge für diesen Zweck zu sammeln vermochte. Daneben gab es Stiftungen und Legate von reichen Adligen und Bürgern zugunsten der Armen.

Da die Höhe der gezahlten Armenversorgung vom Reichtum der jeweiligen Gemeinde abhing, sammelten sich in Orten mit guter Armenunterstützung besonders viele Bedürftige und vor allem Bettler, deren Zahl ebenfalls stark angestiegen war[66]. Das galt hauptsächlich für die Städte, in denen alles viel anony-

---

64 Vgl. dazu ausführlich Ilse Büxenstein: Vorschläge zeitgenössischer Publizisten zur Verbesserung der Armenversorgung in den Herzogtümern Schleswig und Holstein 1815–1842, Magisterarbeit masch., Kiel 1983, S. 38–97.

65 Das Folgende nach Erichsen, Das Bettel- und Armenwesen.

66 1787 zogen durch Großflintbek bei Kiel pro Monat ca. 100 Bettler, meist reisende Handwerksgesellen, entlassene Soldaten, sozial Gescheiterte und arbeitslose Dorfbewohner. Sievers, Volkskultur und Aufklärung, S. 202.

mer ablief und wo meist mehr Bargeld an die Verarmten gezahlt wurde als auf dem Land, die Lebensumstände aber auch wegen fehlender Arbeitsmöglichkeiten härter waren. Im Herzogtum Schleswig erhielt ein Armer durchschnittlich 12 1/2 Rtlr. im Jahr und in Holstein 18 Rtlr. aus der Armenkasse, wobei die Bandbreite von 2 1/3 Rtlr. bis zu 50 Rtlr. schwankte[67].

Als Ursache für die zunehmenden Armen- und Bettlerzahlen ist die wachsende Bevölkerung anzusehen, für die keine ausreichenden Arbeitsplätze zur Verfügung stand, da die Landwirtschaft nicht jeden aufnehmen konnte und neue Erwerbszweige, zum Beispiel in der noch jungen Industrie, erst mit einiger zeitlicher Verschiebung Bedeutung erlangten. Immer wieder werden in zeitgenössischen Berichten die zu frühen Eheschließungen beklagt, ohne daß die materielle Versorgung einer kinderreichen Familie, die meist die Folge war, gesichert war. Hinzu kamen die wirtschaftlichen Auswirkungen der Napoleonischen Kriege und die Preissteigerung. Selbst im reichen Dithmarschen mußten viele Bauern ihre Höfe zum Verkauf anbieten oder Gesinde und Tagelöhner entlassen[68].

Einige der Publizisten, die ausführlich Arbeits- und Zuchthäuser für „arbeitsunwillige" Arme, Armenhäuser und Heiratsbeschränkungen für diese soziale Gruppe erörterten, versuchten, ihre Ideen auch in die Praxis umzusetzen. Nach dem Konzept der „produktiven Armenfürsorge"[69] sollte den Armen Gelegenheit gegeben werden, sich durch eigenständige Arbeit von den Zahlungen aus der Armenkasse möglichst unabhängig zu machen. In Schleswig ließ im Jahre 1821 der Statthalter der Herzogtümer, der Landgraf Carl zu Hessen, unter Mitwirkung des Justizrates Friedrich Otte Armengärten anlegen, die den bedürftigen Familien in den ersten Jahren pachtfrei zur Nutzung überlassen wurden, eine Anregung, die auch in anderen schleswig-holsteinischen Städten aufgegriffen wurde und die Idee der Schrebergärten vorwegnahm[70]. Nach englischem und holländischem Vorbild errichtete der auch im Zusammenhang mit den Sparkassen noch zu erwähnende Konferenzrat Johann Daniel Lawätz im gleichen Jahr die Armenkolonie Friedrichsgabe bei Quickborn, die noch stärker auf dem Selbstversorgungsgedanken basierte als die Armengärten[71].

Die hier kurz angesprochenen Projekte stellen Versuche dar, die Armut als das Hauptproblem des beginnenden 19. Jahrhunderts in den Griff zu bekommen, ohne die Armen zu reinen Unterstützungsempfängern zu machen und damit – auch das sollte betont werden – die Allgemeinheit übermäßig finanziell zu belasten. Im Zuge dieser Bestrebungen sind auch die Sparkassen entstanden.

---

67 Erichsen, Das Bettel- und Armenwesen, Bd. 80, S. 103.
68 Sievers, Volkskultur und Aufklärung, S. 199–200.
69 Erichsen, Das Bettel- und Armenwesen, Bd. 80, S. 119.
70 Vgl. ausführlich ebd., S. 119–124.
71 Ebd., S. 124–129.

3.3 Zusammenfassung

Wenn wir uns noch einmal kurz an die Punkte erinnern, die Wysocki für das Scheitern von Delestres Sparkassenplan angeführt hat[72], so finden wir alle Faktoren, welche die Sparkassen begünstigen konnten, Ende des 18. / Anfang des 19. Jahrhunderts in Schleswig-Holstein vor. Ein Großteil der Bevölkerung schwebte in der ständigen Gefahr, nicht mehr selbst für sich aufkommen zu können, weil die Landwirtschaft im Winter häufig keine Verdienstmöglichkeiten bot, andererseits aber die Industrialisierung noch so sehr in den Anfängen steckte, daß sie nicht als Auffangbecken dienen konnte.

Ein Anreiz, in Zeiten mit relativ hohem Verdienst etwas für vorübergehende Arbeitslosigkeit zurückzulegen, bestand nicht, da keine Institution diese Spargroschen annahm, ja, es in den Herzogtümern nicht einmal private Banken gab. Die Sparkassen stießen also zumindest mit dem Passivgeschäft in eine Marktlücke vor, in der sie keine Konkurrenz zu fürchten brauchten. Hinzu kam, daß durch die Einführung der eigenen schleswig-holsteinischen Währung und nach Überwindung des dänischen Staatsbankrotts das Vertrauen in die Stabilität des Geldes so weit gewachsen war, daß Geld wieder zum Wertmesser wurde und es gespart werden konnte, ohne daß man seine Entwertung in kürzester Zeit fürchten mußte[73].

Auch die Regierung in Kopenhagen förderte indirekt die Ausbreitung der Sparkassen, indem sie diese keinerlei einengenden Bestimmungen unterwarf[74]. Und es gab vor allem ein gehobenes Bürgertum, das sich für die Unterschichten verantwortlich fühlte und sowohl in gemeinnützigen Vereinen als auch über Zeitschriften einen regen Gedankenaustausch pflegte, so daß sich Nachrichten von erfolgreichen Sparkassen über das ganze Land verbreiten konnten.

---

72 Vgl. Kap. 2.2.
73 Geschichte der Kieler Spar- und Leihkasse, S. 24–25.
74 Vgl. Kap. 8.

4 Die Sparkassengründer

Wenn im folgenden von Sparkassengründern die Rede ist, so sollen darunter nur die Initiatoren verstanden werden, die den Anstoß zur Gründung gaben, nicht aber der meist recht zahlreiche Kreis von sogenannten Interessenten oder Aktionären, die die Sicherheitsleistung für die Spargelder übernahmen. Grundsätzlich lassen sich in Schleswig-Holstein drei Gruppen von Sparkassengründern unterscheiden. Begegnen wir einerseits Sparkassengründungen, die von bereits bestehenden, karitativ oder gemeinnützig ausgerichteten Gesellschaften vorgenommen wurden, so muß andererseits festgestellt werden, daß die Masse der schleswig-holsteinischen Sparkassen ihre Entstehung eigens dazu ins Leben gerufenen Vereinen verdankt.

Daneben gab es eine kleine Gruppe von Instituten, deren Errichtung als auch Sicherheitsleistung in der Hand einer einzelnen Person lagen. Aber diese Sparkassen, von denen fast alle zu den Guts- oder Fabriksparkassen gehörten[1], erlangten keine größere Bedeutung und sind in den Jahren nach der Reichsgründung, also unter veränderten politischen und wirtschaftlichen Verhältnissen, meist wieder aufgelöst worden. Dazu zählt die Gutssparkasse *Dobersdorf*, die als erste nachweisbare Sparkasse in den Herzogtümern 1795 von dem Königlichen Kammerherrn und Landadeligen aus alter holsteinischer Familie, Christoph von Blome, für die Gutsangehörigen von Dobersdorf bei Plön gegründet wurde. Blome (1741–1811)[2] hatte schon früh die drei Güter seines Vaters übernehmen und deshalb auf Studium und Kavaliersreise verzichten müssen. Er war sich der Vorrechte seines Standes zwar bewußt, nahm aber auch die damit verbundenen Pflichten ernst, so daß der Gedanke der Ersparnisbildung von – immerhin noch hörigen – Gutsarbeitern sich bei ihm durchaus auf eine patriarchalische Haltung zurückführen läßt. Andererseits ist er im Subskribentenverzeichnis der „Provinzialberichte" aufgeführt und kann deshalb nach Kopitzsch zur „Aufklärungsgesellschaft des Landes"[3] gerechnet werden. Statuten und Geschäftsbücher der Dobersdorfer Sparkasse sind nicht bekannt und haben wahrscheinlich gar nicht existiert, da diese Einrichtung ganz auf den Gutsherrn zugeschnitten war[4].

---

1 Die Nachrichten über diese Kassen sind sehr spärlich. Einige der Gutssparkassen, die sich in Ostholstein konzentrierten, sind kurz erwähnt bei Wilhelm Stölting: 50 Jahre Kreissparkasse Plön, Plön 1967, S. 23–35. Er sieht in den Gutssparkassen eine nur für Schleswig-Holstein typische Variante (S. 26).

2 Ebd., S. 27–29.

3 Kopitzsch, Sparkassenrealität und Sozietätsbewegung, S. 133.

4 Stölting, 50 Jahre Kreissparkasse Plön, S. 29. Wohl aus diesem Grund erwähnt Trende, Geschichte der deutschen Sparkassen, S. 50, die Dobersdorfer und die Knooper Sparkassen nur mit Vorbehalten.

Auf Gut *Knoop* bei Kiel war es ebenfalls ein Adliger, der noch vor der Jahrhundertwende[5] eine Sparkasse ins Leben rief. Heinrich Friedrich Graf Baudissin und seine Frau Caroline[6] sind insofern nicht typisch für die meisten anderen Sparkassengründer, als sie zum konservativen Emkendorfer Kreis gehörten und ihre Reformen, die neben der Sparkasse auch das Schulwesen, die Vermittlung neuer landwirtschaftlicher Erkenntnisse und belehrende Unterhaltungsabende umfaßten[7], aus einer tiefen religiösen Durchdrungenheit und dem Bewußtsein ihrer überlegenen gesellschaftlichen Stellung unternahmen.

Auf eine Einzelinitiative läßt sich die Sparkasse *Schwarzenbek* zurückführen, die 1829 von dem Juristen und Schwarzenbeker Amtmann Friedrich Seestern-Pauly ins Leben gerufen wurde, der außerdem die bedeutende Summe von 2 500 Rtlrn. Crt. als Sicherheitsleistung zur Verfügung stellte. In seiner bis 1865 dauernden Amtszeit gewann Schwarzenbek an Bedeutung durch Chaussee- und Eisenbahnanschluß, Abschluß der nutzbringenden Verkoppelung der Felder und die von Seestern-Pauly angeregte „Hülfs-Ordnung", die sein soziales Verantwortungsbewußtsein zeigt[8].

Auch bei dem Unternehmer Markus Hartwig Holler, der in der Frühindustrialisierungsphase Schleswig-Holsteins eine bedeutende Rolle spielte[9], ist die Errichtung einer Fabriksparkasse 1837 für die Arbeiter seiner *Carlshütte* nicht als isolierte Maßnahme zu sehen, sondern erfolgte im Rahmen weiterer sozialer Einrichtungen, wie z. B. einer Krankenversicherung (1833), für die eine Pflichtmitgliedschaft bestand und die im Krankheitsfall neben den Kosten der medizinischen Versorgung teilweise die Lohnfortzahlung übernahm. Zu Hollers vor-

---

5 Das genaue Datum sowie weitere Einzelheiten sind nicht bekannt.
6 Zur Biographie vgl. Detlev Schumann: Baudissin, Caroline A. C. Gräfin v., in: Schleswig-Holsteinisches Biographisches Lexikon, Bd. 4, Neumünster 1976, S. 20–21. Graf Baudissin war zuerst Deputierter in der Deutschen Kanzlei in Kopenhagen und danach Gesandter in Berlin, bevor er sich auf sein Gut zurückzog. Seine Frau, die sich auch schriftstellerisch betätigte, war eine Tochter des dänischen Finanzministers Schimmelmann und die Schwester von Julia v. Reventlow, um die sich der konservative Emkendorfer Kreis bildete.
7 Kopitzsch, Sparkassenrealität und Sozietätsbewegung, S. 133–134. Er zählt die Baudissins zu den „Trägern dieser ländlichen Aufklärung" und führt u. a. an, daß sie zur Leserschaft der „Provinzialberichte" gehörten. Dagegen sieht Sievers zwischen den patriarchalisch und religiös geprägten Konservativen, wie z. B. den Schimmelmann-Töchtern, und den Aufklärern, repräsentiert durch Niemann, zwar Übereinstimmung in vielen praktischen Zielen, aber Divergenz in den geistigen Prämissen, die vor allem die Religion betrafen. Er betont außerdem, daß Niemann in den „Provinzialberichten" Rücksicht auf den einflußreichen Emkendorfer Kreis nehmen mußte. Sievers, Volkskultur und Aufklärung, S. 264–268. Das Lesen der „Provinzialberichte" als Indiz für eine aufklärerische Haltung verliert somit an Wert, was auch im Fall von Blome zutreffen kann.
8 Vgl. Franz Michaelsen: Seestern-Pauly, Friedrich, in: Schleswig-Holsteinisches Biographisches Lexikon, Bd. 1, Neumünster 1970, S. 246–248.
9 Vgl. Kap. 3.1.2.

bildlichen Sozialleistungen, die in diesem Ausmaß erst unter Bismarck für ganz Deutschland verbindlich wurden, gehörte außerdem eine Pensionskasse, deren Kapital aus den Mieten der von dem Unternehmer neben der Carlshütte errichteten Arbeiterwohnungen aufgestockt wurde[10]. Diese Wohnungen des sogenannten Marienstifts besaßen einen kleinen Garten und einen Webstuhl, um den Arbeitern einen Nebenerwerb zu ermöglichen, denn für Holler war die Sicherstellung der wirtschaftlichen Existenz die unerläßliche Voraussetzung für das von den Aufklärern vertretene Ideal eines freien, sich selbst bestimmenden Menschen. Gleichzeitig diente die soziale Fürsorge aber auch dazu, die Produktivität zu steigern.

Die Beispiele von Baudissin, Seestern-Pauly und Holler haben gezeigt, daß die Einrichtung von Spar- und Leihkassen durch Persönlichkeiten erfolgte, die sich mit der Lösung verschiedener sozialer Probleme befaßten. Die Tendenz, daß die Eröffnung einer Sparkasse nicht die einzige Aktivität der jeweiligen Initiatoren auf wohltätigem oder gemeinnützigem Gebiet war, bestätigt sich ebenso deutlich bei den nun vorzustellenden Gesellschaften.

4.1 Gründung durch gemeinnützige Gesellschaften

In der Zeit der Aufklärung und der Französischen Revolution entstanden in großer Zahl überall in Europa die für diese Periode typischen Vereinigungen, auf die bereits kurz in Kapitel 3.2.2 eingegangen wurde. Mit dem Abflauen der Aufklärung spätestens um 1830 verschwanden die meisten dieser „Sozietäten" wieder. Ihr Einfluß auf die bis zu diesem Zeitpunkt entstandenen Spar- und Leihkassen gerade auch in den Herzogtümern, deren Sparkassenwesen weit mehr als das anderer Territorien durch private Initiative bestimmt wurde, ist nicht zu unterschätzen[11]. Gemeinsam war den Vereinigungen dieser Zeit, daß

---

10 Wulf, Holler und die Anfänge der Carlshütte, S. 267–270. Zur Biographie vgl. auch Herbert Beelte: Holler, Markus Hartwig, in: Schleswig-Holsteinisches Biographisches Lexikon, Bd. 6, Neumünster 1982, S. 127–129.

11 Im norddeutschen Raum geht neben der in Kap. 2.4 behandelten Hamburger Ersparungsklasse auch die Lübecker Sparkasse von 1817 auf eine gemeinnützige Vereinigung, nämlich die Gesellschaft zur Beförderung gemeinnütziger Tätigkeit, zurück. Zur Bedeutung der Gesellschaften für die Sparkassen vgl. Kopitzsch, Sparkassenrealität und Sozietätsbewegung. Pix referiert einen Vortrag von Klaus Tenfelde mit dem Titel „Vereinswesen und bürgerliche Gesellschaft im 19. Jahrhundert am Beispiel des Sparkassenwesens", der der Verfasserin noch nicht vorlag, aber die in dieser Arbeit vertretene These bestätigt, daß die „Entwicklung der Sparkassen Teil und Ausdruck einer umfassenderen Reorganisation der Gesellschaft unter den Reformanstößen war, die von Industrialisierung und Modernisierung ausgingen. Schon die Wurzeln des Sparkassenwesens gingen auf teils informelle private Vereinigungen zurück. Die Sparkassen wurden als Vereine begriffen. Sie gehören deshalb ideen- und sozialgeschichtlich in das große Feld der Pauperismusliteratur und der sozialreformerischen Vorschläge zur Milderung der Verelendungserscheinungen während der Frühindu-

sie Personen aus allen Ständen und Konfessionen offenstanden[12], aber in der Praxis erwies sich schnell, daß neben einigen Adligen das gebildete Bürgertum und die Honoratioren die überwiegende Mehrheit der Mitglieder stellten.

Neben Vereinigungen, die ihre Aufgabe hauptsächlich in der Diskussion verschiedener ökonomischer, sozialer und pädagogischer Probleme sahen und durch Veröffentlichungen in eigenen Zeitschriften Reformen anregen wollten, stehen meist lokale Gesellschaften, die praktisch tätig werden wollten und sich vor allem Verbesserungen im Armenwesen widmeten. Beide Gruppen haben auf Sparkassengründungen in Schleswig-Holstein Einfluß genommen.

4.1.1 Die Schleswig-Holsteinische patriotische Gesellschaft

Die Schleswig-Holsteinische patriotische Gesellschaft – die regional verbreitetste der drei vorzustellenden Vereinigungen – wurde am 29. September 1812 in Altona gegründet. Verantwortlich für diese Initiative zeichnete der Altonaer Konferenzrat Johann Daniel Lawätz (1750–1826), der auf diese Weise der wirtschaftlich wie sozial angespannten Lage in Schleswig-Holstein entgegenzutreten suchte.

Lawätz, Besitzer mehrerer Textil- und anderer Betriebe, hatte bei Aufenthalten in England und Schlesien die mit der Fabrikarbeit verknüpften sozialen Probleme aus eigener Anschauung kennengelernt. Er kam zu der Auffassung, daß gegen die sozialen Mißstände wirksam vorgegangen werden müsse und dies am besten im Rahmen der Arbeit gemeinnütziger Vereinigungen geschehen könne[13]. 1815 erschien seine Schrift „Über die Sorge des Staates für seine Armen und Hilfsbedürftigen", die die in England und Schlesien gewonnenen Erkenntnisse verarbeitete[14]. Eine erste praktische Umsetzung fanden diese dann in der Kolonie „Friedrichsgabe"[15].

Die Schleswig-Holsteinische patriotische Gesellschaft von 1812 hatte eine Vorgängerin gleichen Namens, die 1786 von Niemann, dem Schöpfer der „Pro-

---

strialisierung." Manfred Pix: Arbeitskreis für Sparkassengeschichte, in: Sparkassen in der Geschichte, H. 2, S. 9–25, hier S. 17.

12 Kopitzsch, Sparkassenrealität und Sozietätsbewegung, S. 124, spricht deshalb von einem „neuen demokratischen Element", das in die noch weitgehend ständische Gesellschaft Eingang gefunden habe. Man sollte diesen Aspekt meiner Meinung nach jedoch nicht überbewerten, da Form und Niveau der abgehaltenen Diskussionen und Veranstaltungen kaum den einfachen Bürger angesprochen haben dürften und der Kreis der Mitglieder schon aus diesem Grund recht homogen war. Diesen Umstand finden wir auch bei den Sparkassengründungen wieder.

13 Kai Detlev Sievers: Patriotische Gesellschaften in Schleswig-Holstein zwischen 1786 und 1829, in: Rudolf Vierhaus (Hrsg.): Deutsche patriotische und gemeinnützige Gesellschaften, München 1980 (= Wolfenbütteler Forschungen Bd. 8), S. 119–141, hier S. 127–128.

14 Trende, Geschichte der deutschen Sparkassen, S. 28.

15 Vgl. Kap. 3.2.4.

vinzialberichte"[16], konstituiert worden war, sich allerdings bereits nach kurzer Zeit ohne weitere nachweisbare Aktivitäten wieder aufgelöst hatte[17]. Die Ziele der Erst- und Zweitgründung stimmten im wesentlichen überein: Erstrebt wurde die Veredelung des Menschen auf geistigem, moralischem und wirtschaftlichem Gebiet; erreicht werden sollte dies zum einen durch die Anregung von Diskussionsrunden in den Gesellschaftsversammlungen, zum anderen durch die Veröffentlichung nützlicher Vorschläge in den „Provinzialberichten"[18], die neben landwirtschaftlichen Problemen vor allem die „tätige Armenfürsorge" betrafen[19].

Offizieller Patron der Patriotischen Gesellschaft von 1812 war König Friedrich VI. von Dänemark, der zusammen mit einigen anderen hohen Adligen der Sozietät zu höherem Ansehen verhalf. Der Adel stellte zwar insgesamt 16 % der Mitglieder, zu denen weniger die Gutsbesitzer als die Beamtenaristokratie zu zählen sind, aber diese Gruppe beteiligte sich selten an den Aktivitäten, die hauptsächlich vom mittleren Beamtentum, beispielsweise Bürgermeistern, Kirchspielvögten und den zahlreich vertretenen Geistlichen getragen wurden. Zur Kategorie der Freiberufler (Kaufleute, Advokaten und einige selbständige Handwerker) gehörte 1/3 der Patriotischen Gesellschaft, aber Angehörige der Unterschicht sind nicht als Mitglieder nachweisbar, obgleich die erörterten Probleme und Maßnahmen sich zumeist auf sie bezogen[20].

Besonders interessant ist, daß die skizzierte Mitgliederstruktur der Schleswig-Holsteinischen patriotischen Gesellschaft recht genau die soziale Zusammensetzung der Gründungsvereine der Sparkassen in den Herzogtümern widerspiegelt, zum Teil lassen sich sogar konkrete Personenübereinstimmungen feststellen. Hier soll nur auf den Obergerichtsadvokaten und Mitherausgeber der Zeitschrift „Staatsbürgerliches Magazin" Carl Friedrich Carstens verwiesen werden. Er veröffentlichte nicht nur mehrere Artikel über Sparkassen und deren spezifische Probleme, sondern initiierte auch als Mitglied der Patriotischen Gesellschaft in Oldesloe die Gründung einer Sparkasse im Jahre 1824. Ferner rief er in seiner Heimatstadt Segeberg zur Gründung einer solchen Einrichtung auf.

Recht häufig gab es personelle Überschneidungen mit anderen gemeinnützigen Gesellschaften, so mit dem Altonaischen Unterstützungsinstitut (Bürgermeister Gähler) und der Hamburger Patriotischen Gesellschaft (Voght)[21]. Lawätz gehörte außerdem einem renommierten Hamburger Aufklärungszirkel an,

---

16 Vgl. Kap. 3.2.2.
17 Nähere Informationen über diese Gesellschaft bei Sievers, Patriotische Gesellschaften in Schleswig-Holstein, S. 121–125.
18 Ebd., S. 129.
19 Vgl. Kap. 3.2.4.
20 Sievers, Patriotische Gesellschaften in Schleswig-Holstein, S. 134–135.
21 Kopitzsch, Sparkassenrealität und Sozietätsbewegung, S. 140. Der geadelte Gutsbesitzer und im Armenwesen sehr engagierte Kaufmann Caspar Voght war an einem Sparkassenprojekt der Hamburger Patriotischen Gesellschaft, das aber in den Krisen der Franzosenzeit 1806 scheiterte, maßgebend beteiligt. Ebd., S. 129.

zu dem neben Voght und dem für die Hamburger Sparkasse wichtigen Büsch auch Klopstock zählte[22]. Auf diese Weise fand ein reger Gedankenaustausch statt, der sich auch in verschiedenen Sparkassenprojekten niederschlug.

Die Mitgliederzahl der Schleswig-Holsteinischen patriotischen Gesellschaft lag bis 1820 bei ca. 330 bis 340 Personen, danach nahm sie kontinuierlich ab. Mit Lawätz' Tod 1826 verlor die Gesellschaft ihre Bedeutung und kann seit 1843 endgültig nicht mehr nachgewiesen werden[23]. Hieraus wird ersichtlich, warum die Patriotische Gesellschaft lediglich auf die ersten schleswig-holsteinischen Sparkassengründungen nach den Napoleonischen Kriegen Einfluß genommen hat. Die Gedanken der reformorientierten Aufklärungsvereinigungen, die in den Herzogtümern besonders lange wirkten, hatten sich überlebt, und das Bürgertum, das hier zum ersten Mal eine entscheidende Rolle gespielt hatte, zog sich entweder auf den eigenen kleinen Kreis zurück oder engagierte sich politisch in der neuen Form der Parteien.

Die Wirkung der Patriotischen Gesellschaft erstreckte sich hauptsächlich auf die zahlreichen Untersuchungen und Mitteilungen über die Probleme der bereits bestehenden Sparkassen in den „Provinzialberichten", dem Publikationsorgan der Gesellschaft. Diese Berichte belegen, wie häufig die Sparkassen Gegenstand der Diskussionen in den Generalversammlungen und in der Zentraladministration der Patriotischen Gesellschaft waren, einen wie bedeutenden Themen- und Arbeitsschwerpunkt die Geldinstitute somit im Programm der Gesellschaft ausmachten[24]. Hinzuweisen ist in diesem Zusammenhang besonders auf die von der Patriotischen Gesellschaft 1819 herausgegebene Abhandlung „Ueber Sparbanken", die anhand des englischen Sparbanken-Systems ein über Aufbau und Zweck informierendes Sparkassenmodell für Schleswig-Holstein entwarf[25] und die überall kostenlos verteilt wurde. Aus späteren „Provin-

---

22 Ebd., S. 137.
23 Sievers, Patriotische Gesellschaften in Schleswig-Holstein, S. 140, Anm. 37, und S. 137.
24 Man findet diese Mitteilungen in fast jedem Heft der „Provinzialberichte" (PB) unter der Überschrift „Übersicht über die vorzüglichsten Verhandlungen der Gesellschaft seit..."
25 Vorbild war hier wie auch in anderen, mit Sparkassen befaßten Kreisen nicht Delestre, über dessen sehr viel früher entstandene Pläne augenscheinlich nichts bekannt war, sondern das englische Sparbankenwesen, das zwar erst 1798, als in Deutschland und der Schweiz bereits seit einigen Jahren Sparkassen existierten, die erste Gründung einer Sparkasse verzeichnen konnte, aber das sich dann recht schnell entwickelte. In England gab es bereits 1817 das erste Sparkassengesetz der Welt, in dem die Anlage der Spargelder bei der Staatskasse vorgeschrieben wurde. Damit unterschied sich das englische Sparkassenwesen erheblich von dem Weg, der von den schleswig-holsteinischen Sparkassengründern vehement vertreten wurde (vgl. Kap. 8). Wenn man sich trotzdem immer wieder auf das Beispiel Englands berief, so ist das sicher auf die engen Kontakte zurückzuführen, die die norddeutschen Aufklärungsgesellschaften mit den dort schon länger bestehenden Gesellschaften gleichen Charakters pflegten.

zialberichten" wird deutlich, daß diese Schrift bei verschiedenen neuen Sparkassengründungen eine große Wirksamkeit entfaltet hat. Aus einer ganzen Reihe ähnlicher Berichte sei hier nur ein Beispiel aus dem Jahr 1822 herausgegriffen:

Die günstige Aufnahme und die allgemeine Theilnahme, welche diese kleine Schrift nicht nur im Vaterlande, sondern auch in den benachbarten, ja selbst entfernteren Ländern Deutschlands fand und erregte, hat gezeigt, wie sehr solche Institute ein Bedürfnis unserer Zeit sind. Unser Vaterland erfreuet sich seit der Vertheilung dieser Schrift einer sich noch jetzt stets mehrenden, Anzahl von Spar- und Leihkassen; und fortgehend wird die C. A. [= Zentraladministration der Patriotischen Gesellschaft] um Mittheilung der von ihr gesammelten Nachrichten und Pläne der bestehenden Institute dieser Art ersucht, um ähnliche darnach an andern Orten zu errichten. Gerne hat sie diese Mittheilungen bewilligt, überzeugt, daß eine solche freie Mittheilung der von ihr gesammelten Nachrichten die beßte Benutzung derselben herbei führen wird[26].

Selbst unter der Berücksichtigung, daß der Berichterstatter den Einfluß der Broschüre um des Werbeeffektes willen etwas zu hoch ansetzte, läßt sich deren großer Bekanntheitsgrad bei anderen Sparkassengründern, zum Beispiel in Flensburg, nicht abstreiten.

1824 regte die Zentraladministration der Patriotischen Gesellschaft noch einmal die Sammlung aller schleswig-holsteinischen Sparkassenstatuten an, um einen Erfahrungsaustausch zu ermöglichen und weitere Sparkassengründungen anzuregen und zu erleichtern[27]. Bereits 1825 mußte dieses Vorhaben jedoch aus Kostengründen aufgegeben werden[28]; wenigstens aber wurden weiterhin Auszüge aus den Statuten neuer Spar- und Leihkassen sowie deren Bilanzen in den „Provinzialberichten" publiziert, wobei man in der Regel Meldungen aus lokalen Zeitungen übernahm. Daneben entwickelten sich aus – ebenfalls in den „Provinzialberichten" veröffentlichten – theoretischen Abhandlungen, beispielsweise über die Frage des Zwangssparens, regelrechte Dispute in der fachkundigen Leserschaft. Diese Tatsache darf keinesfalls unterschätzt werden, denn die Zeitschrift wurde überwiegend von denjenigen Mitgliedern der Honoratiorenschicht gelesen, die für die Sparkassengründungen verantwortlich zeichneten. Insofern erlangten die fachlichen Diskussionen über ihren theoretischen Rahmen hinaus auch konkrete praktische Bedeutung.

Was nun die nachweisbaren Einflüsse der Schleswig-Holsteinischen patriotischen Gesellschaft auf ganz bestimmte Sparkassengründungen betrifft, so muß hier die Rede von Friedrichsberg[29] und, mit Einschränkungen, von Flensburg sein[30]. Es ist aber darauf hinzuweisen, daß von direkten Sparkassengründun-

---

26 PB 1822, H. 4, S. 63–64. Zum Inhalt der Schrift vgl. Kap. 5.
27 PB 1824, H. 4, S. 46–47.
28 PB 1825, H. 4, S. 603.
29 Bei Friedrichsberg handelt es sich um einen Stadtteil von Schleswig.
30 Stölting vermutet auch bei den ostholsteinischen Gutssparkassen, daß ihre Gründung auf Anregung der Patriotischen Gesellschaft zurückgeht. Es handelt sich dabei um die Sparkassen in Schönweide (1834), Waterneversdorf (1835), Rastorf (1836),

gen, wie wir sie durch ähnliche Vereinigungen in Kiel und Altona finden, nicht gesprochen werden kann.

Im Falle *Friedrichsbergs* ging jedoch die Anregung zur Gründung der dortigen Spar- und Leihkasse vom Distriktverein der Patriotischen Gesellschaft aus, der das Schleswiger Armenkollegium aufforderte, in diesem Sinne tätig zu werden. Das Kollegium beschloß daraufhin, eine Sparkasse ins Leben zu rufen, um „so viel wie möglich . . . zur Verhütung des Armwerdens in seinem Kreise mitzuwirken"[31]. Die Sparkasse sollte, so hieß es in der Bekanntmachung des Armenvereins vom Dezember 1815, eine unabhängige Anstalt sein, jedoch von den Mitgliedern der Armenkasse verwaltet werden.

Zu den Unterzeichnern der genannten Bekanntmachung gehörte der auch in der Mitgliederliste der Patriotischen Gesellschaft geführte Theologe und spätere Generalsuperintendent Christian Friedrich Callisen[32], der von 1804 bis 1836 als Pastor in Friedrichsberg tätig war und bezeichnenderweise während seiner Kieler Studienzeit in der dortigen Gesellschaft freiwilliger Armenfreunde, die sich ebenso wie die Patriotische Gesellschaft mit dem Sparkassenwesen befaßte, aktiv gewesen war[33]. Die erste Administration der neuen Sparkasse setzte sich aus den Mitgliedern der Patriotischen Gesellschaft[34] zusammen, bei denen es sich um den Kammerrat A. M. Feldmann, Senator B. H. Wieck sowie den Etatsrat und Adjunkt des Taubstummeninstituts H. Hensen handelte.

Friedrichsberg war die erste Sparkasse, die nach Beendigung der napoleonischen Zeit gegründet wurde. Sie war Vorbild für eine ganze Reihe späterer schleswig-holsteinischer Spar- und Leihkassen (zum Beispiel Itzehoe), da ihre Organisation in den „Provinzialberichten" ausführlich zur Darstellung kam, während über die bereits um die Jahrhundertwende gegründeten Sparkassen in Altona und Kiel seltener Angaben gemacht wurden. Bei der Gründung der Friedrichsberger Sparkasse, so soll abschließend festgehalten werden, konnten wir zwei Phasen unterscheiden: Auf ihre theoretische Anregung von seiten der Patriotischen Gesellschaft folgte ihre praktische Verwirklichung durch das Armenkollegium.

Kletkamp (1837) und Rethwisch (1844). Stölting, 50 Jahre Kreissparkasse Plön, S. 32. Direkte Belege für diese Vermutung führt er nicht an, deshalb kann weiterhin nur vor 1834 (Einstellung des Erscheinens der „Provinzialberichte") von einem als gesichert anzusehenden Einfluß der Patriotischen Gesellschaft auf die Errichtung von Sparkassen gesprochen werden.

31 Bekanntmachung des Friedrichsberger Armen-Collegii, wegen einer für Friedrichsberg errichteten Spar- und Leihkasse, Schleswig 1815, S. 1. Der erste Rechnungsbericht läßt erkennen, daß der Distriktverein auch 75 Mk. Crt. zum Grundkapital der Sparkasse beigetragen hat. Vgl. PB 1818, H. 6, S. 779.

32 Verzeichnis sämmtlicher Mitglieder der Schleswig-Holsteinischen patriotischen Gesellschaft, o. O., o. J., S. 4.

33 Anders als viele seiner Amtskollegen allerdings, die ebenfalls an Sparkassengründungen beteiligt waren, blieb Callisen Zeit seines Lebens ein entschiedener Gegner des Rationalismus.

34 Vgl. Verzeichnis sämmtlicher Mitglieder der Patriotischen Gesellschaft.

Der *Flensburger Spar- und Leihkasse* ist eine Mittelstellung zwischen den einleitend unterschiedenen Arten von Sparkassengründungen – zum einen durch bereits bestehende, gemeinnützige Gesellschaften, zum anderen durch eigens dafür konstituierte Sparkassenvereine – zuzuweisen, denn wenn auch die Einrichtung des Flensburger Sparinstituts durch einen unabhängigen Gründungsverein erfolgte, so ist doch nachzuweisen, daß ein Teil seiner 40 Mitglieder, bei denen es sich zumeist um liberale Kaufleute handelte, auch in der Patriotischen Gesellschaft eingeschrieben war[35].

So war selbst der Geschäftsführer des Flensburger Distriktvereins, der Kaufmann und Senator Andreas Peter Andresen, maßgeblich an der Sparkassengründung beteiligt und arbeitete lange Zeit als 1. Kassierer, wobei ihm seine vorübergehende Tätigkeit als Stadtkassierer sicher zugute kam. Andresen kann als typischer Vertreter der Aufklärung gelten, dem die Verbreitung des Fortschritts am Herzen lag. In diesem Sinne setzte er sich unter anderem für die Neuordnung des Schulwesens in Flensburg ein, stand dem dortigen Krankenhaus vor, beteiligte sich an der Einrichtung einer Sonntagsschule für den Handwerkernachwuchs und entfaltete nebenbei große Aktivitäten auf kulturellem Gebiet[36].

Auch der an der Flensburger Sparkassengründung beteiligte Pastor Johann Friedrich Schütt ist als Mitglied der Patriotischen Gesellschaft nachzuweisen. Er gehörte zu den in Schleswig-Holstein sehr zahlreich vertretenen aufgeklärten Geistlichen, denen vorrangig an der Verbreitung einer von der Vernunft bestimmten Religion gelegen war. Schütt ist Verfasser der „Ansprache an das hiesige Publikum", welche sich zum Ziel gesetzt hatte, die Grundsätze der in der Sparkassengründungsversammlung vom 22.5.1819 erörterten Schrift „Ueber Sparbanken" unter den Flensburger Bürgern bekannt zu machen[37].

Als weitere Mitglieder der Patriotischen Gesellschaft, die sich bei der Gründung der Flensburger Sparkasse engagierten, sind zu nennen der Polizeimeister Krauß sowie der Stadtphysikus Dr. Ernst Struve, der sich insbesondere auch für die Kranken-, Armen- und Gefangenenfürsorge einsetzte[38].

4.1.2   Die Gesellschaft freiwilliger Armenfreunde

Eine andere Vereinigung, die für das schleswig-holsteinische Sparkassenwesen Bedeutung gewann, war die in Kiel ansässige Gesellschaft der freiwilligen Armenfreunde, die sich – im Gegensatz zur Patriotischen Gesellschaft – vorrangig der praktischen Arbeit widmete.

---

35 Hans-Friedrich Schütt, 150 Jahre Stadtsparkasse Flensburg, Flensburg 1969, S. 41.
36 Hans-Friedrich Schütt: Andresen, Andreas Peter, in: Schleswig-Holsteinisches Biographisches Lexikon Bd. 2, Neumünster 1971, S. 38–39.
37 Schütt, 150 Jahre Stadtsparkasse Flensburg, S. 39 und 41.
38 Fritz Treichel: Struve-Familie, in: Schleswig-Holsteinisches Biographisches Lexikon Bd. 3, Neumünster 1974, S. 263–264.

Da seit 1773 die von jedem Kieler Hausbesitzer zu zahlende Armengeldsumme von Jahr zu Jahr geringer geworden war, ja oft gar nicht erst gezahlt wurde, hatte das Bettlerwesen in der Stadt stark an Verbreitung gewonnen, was von vielen Bürgern als starke Belästigung empfunden wurde[39]. Das städtische Armendirektorium hatte daraufhin Maßnahmen gegen die zunehmende Verwahrlosung beschlossen und eine „zum Besten der Armen in Kiel zu errichtende Lehr- und Arbeitsanstalt" als geeignetes Mittel vorgeschlagen. Das Projekt wurde durch eine am 1.11.1791 erschienene Anzeige „an das wohlthätige Publikum" bekanntgemacht[40] und führte am 27. Juni 1792 zur Konstituierung eines Vereins auf privater Ebene, der es sich zur Aufgabe machte, von den Kieler Bürgern freiwillige Abgaben für die geplante Lehr- und Arbeitsanstalt[41] aufzutreiben. Aus ihm sollte wenig später die vom städtischen Armendirektorium beaufsichtigte Gesellschaft freiwilliger Armenfreunde hervorgehen, die bereits kurz nach ihrer Gründung 66 Mitglieder zählte. Als Initiatoren lassen sich angesehene Kieler Bürger ausmachen[42]. Zu ihnen gehörte der Hofapotheker Conrad Christiani, der sich finanziell für die Belange der Stadtschule einsetzte[43] und gemeinsam mit dem Medizinprofessor Weber[44] eine Armenkrankenanstalt gründete, die er kostenlos mit Medikamenten versorgte.

Maßgeblichen Anteil an der Umgestaltung des Kieler Armenwesens, für die in den folgenden Jahren die Gesellschaft freiwilliger Armenfreunde verantwortlich zeichnete, hatte auch der bereits in Kap. 3.2 vorgestellte Kameralist Niemann, der bald eine führende Position einnahm und regelmäßig in den „Provinzialberichten" über die erzielten Verbesserungen berichtete[45]. Eine erste Maßnahme der Kieler Gesellschaft freiwilliger Armenfreunde, die die philanthropische Einstellung ihrer Mitglieder und die Freiwilligkeit ihres Beitritts bereits in ihrem Namen führte und auf diese Weise besonders hervorhob, bildete die vollständige Erfassung der in Kiel wohnhaften Armen und Bedürftigen mittels einer Umfrage[46]. Zudem wurde das Stadtgebiet in vier Armengebiete eingeteilt sowie Kommissionen für Versorgung, Arbeit, Schule und Kranke ins Le-

---

39 Erich Graber: Kiel und die Gesellschaft freiwilliger Armenfreunde 1793–1953. Ihr soziales, kulturelles und wirtschaftliches Wirken, Kiel 1953, S. 6–7.
40 Ebd., S. 8.
41 Darunter ist eine kostenlose Schule für arme Kinder und ein Arbeitshaus für deren Eltern zu verstehen.
42 So z. B. viele Professoren. Die Mitglieder der Gesellschaft freiwilliger Armenfreunde entstammten der gleichen Gesellschaftsschicht wie die der Patriotischen Gesellschaft.
43 Graber, Kiel und die Gesellschaft freiwilliger Armenfreunde, S. 11. Sein Erbe trug später zur Sicherheitsleistung der Leihkasse in Kiel bei.
44 Er gehörte später auch zur Patriotischen Gesellschaft.
45 Graber, Kiel und die Gesellschaft freiwilliger Armenfreunde, S. 12.
46 Ebd., S. 22. Bei einer Zahl von knapp 7 000 Einwohnern wurden ca. 450 Unterstützungsbedürftige festgestellt, d. h. Kiel lag mit 6,4 % Armen weit über dem Landesdurchschnitt von ca. 3 %.

ben gerufen[47]. 1793 erfolgte die Einweihung von Arbeitsanstalt und Freischule, welche zwei Jahre später durch eine Sonntagsschule für Erwachsene ergänzt wurde[48].

Ziel der Freiwilligen Armenfreunde, die mit dem „Wochenblatt zum Besten der Armen in Kiel" im übrigen über ein eigenes Publikationsorgan verfügten, war es, den arbeitsfähigen Armen möglichst schnell wieder zu einer selbständigen Existenz zu verhelfen und ihre Kinder durch eine geeignete Ausbildung zu „nützlichen Mitgliedern" der Gesellschaft zu erziehen. Wer arbeitsunfähig war, erhielt eine Unterstützung[49]. Dabei ging man von einem Menschenbild aus, wie Niemann es als Wortführer der Gesellschaft 1802 in einer Rede zur Feier der Armenanstalt formulierte: „Ehren Sie in den Armen freie Menschen. Fordern Sie kein Opfer von ihnen, das der Würde derselben als Menschen zuwider wäre"[50]. Angesichts dieser Tatsachen erstaunt es nicht, daß das neue Kieler Armenwesen bald Vorbildcharakter für andere Städte gewann[51].

Neben den aufgeführten Aktivitäten[52] entstand bald bei einigen Mitgliedern der Gedanke, dem Ziel der Gesellschaft, nämlich der Bekämpfung der Armut, durch eine Sparkasse für die unteren Schichten näher zu kommen. Die erste Anregung dazu an die vier Kommissionen der Gesellschaft gab der Kanzleirat Johann Carl Cirsovius im März 1796. Sein persönliches Engagement beweist die im Sparkassenplan vorgesehene Obligation von 1 000 Rtlrn., die er als Sicherheitsleistung für die Spargelder der einheimischen „dienenden Lehrjungen" anbot, denen die Sparkasse seiner Auffassung nach zugute kommen sollte[53]. Aus dieser Tatsache läßt sich außerdem schließen, daß er in recht guten Vermögensverhältnissen gelebt hat. Darüber hinaus ist jedoch nicht viel über den 1745

---

47 Graber, Kiel und die Gesellschaft freiwilliger Armenfreunde, S. 15–17.
48 Ebd., S. 28.
49 Friedrich Volbehr: Die Gesellschaft freiwilliger Armenfreunde in Kiel, in: Peter Christian Hansen (Hrsg.): Schleswig-Holstein, seine Wohlfahrtsbestrebungen und gemeinnützigen Einrichtungen, Kiel 1882, S. 540–546, hier S. 542. Auch von seiten der Polizei wurden jetzt diese Maßnahmen unterstützt, indem in einem Erlaß vom 18.2.1793 der Verkauf von Kleidung, die die Armen als Unterstützung erhielten, verboten wurde. Am 17.5.1793 wurde das Betteln untersagt und mit schweren Strafen belegt. Quellenband zur Geschichte der Kieler Spar- und Leihkasse, Kiel 1941, S. 6–7 und S. 10.
50 Blätter für Polizei und Kultur 1802, H. 2, S. 726.
51 Z. B. Elberfeld und Halle. Graber, Kiel und die Gesellschaft freiwilliger Armenfreunde, S. 30.
52 Zur weiteren Ausdehnung der Tätigkeit der Gesellschaft freiwilliger Armenfreunde, die alle Armengelder bis auf den bedeutenden Klosterfonds verwaltete, vgl. erschöpfend Graber, ebd.
53 Erich Graber: Die Gründung der Kieler Spar- und Leihkasse in den Jahren 1796 bis 1799 durch die Gesellschaft freiwilliger Armenfreunde in Kiel. Beilage zum Tätigkeitsbericht der Gesellschaft freiwilliger Armenfreunde für das Jahr 1938, Kiel 1939, S. 3. Faksimile von Cirsovius' Plan im Quellenband zur Geschichte der Kieler Spar- und Leihkasse, S. 12–19.

in Kiel geborenen und als Hauptinitiator der Sparkasse geltenden Cirsovius bekannt. Nach dem Jurastudium war er – wie schon sein Vater – Landessyndikus und wurde in seiner Eigenschaft als königlicher Beamter in das Armendirektorium entsandt. In der Sparkassenkommission der Gesellschaft freiwilliger Armenfreunde war er mit Unterbrechungen bis 1807 tätig[54].

Cirsovius' Sparkassenplan wurde unter anderem durch Stellungnahmen der Professoren Martin Ehlers[55] und Ludwig Albrecht Schrader ergänzt und im April 1796 der Gesellschaftsversammlung vorgelegt. Der seit 1790 in Kiel lehrende Professor der Rechte Schrader zog sich heftige Kritik der Aufklärer zu, weil er 1797 in seiner Eigenschaft als Syndikus der Ritterschaft die Leibeigenschaft und das Bauernlegen zwar moralisch ablehnte, aber formaljuristisch für rechtens hielt[56]. Andererseits jedoch setzte er sich in seinem Pro memoria zu Cirsovius' Plan für die Versorgung alter Tagelöhner und Handwerker ein, die wöchentlich 1 ß sparen sollten, solange sie noch im arbeitsfähigen Alter waren, und dann vom 60. Lebensjahr an eine Rente von 2 Mk. pro Woche erhalten konnten[57].

Ehlers und Schrader gehörten neben dem in dieser Arbeit schon mehrmals erwähnten Prof. Niemann, dem Kaufmann Thomsen und dem Oberst Binzer zur Spar-und-Leihkassen-Kommission, die von der Gesellschaft freiwilliger Armenfreunde im April 1796 gewählt wurde, um die bisherigen theoretischen Überlegungen für eine Spar- und Leihkasse in die Praxis umzusetzen[58]. Die „Ankündigung der Gesellschaft freiwilliger Armenfreunde, die Errichtung einer Spar- und Leihkasse betreffend"[59] stammt vom 27.5.1796 und gilt als erste Satzung des neuen Instituts, die kostenlos verteilt wurde und bis 1840 gültig war.

An den grundlegenden Vorarbeiten zur Errichtung der Kieler Spar- und Leihkasse, deren Eigentümerin und Garantin die Gesellschaft freiwilliger Armenfreunde war, waren auffallend viele Professoren der Kieler Universität beteiligt, die in jener Zeit als ausgesprochen freiheitlich und aufgeklärt galt[60]. Da

54 Geschichte der Kieler Spar- und Leihkasse, S. 37. Cirsovius starb 1813 in Bramstedt.
55 Er war von 1776 bis 1800 Professor der Philologie in Kiel, hatte dazu beigetragen, die pädagogische Reformbewegung der Aufklärer in Gang zu bringen und pflegte enge Kontakte zu Aufklärern in Altona und Hamburg. Kopitzsch, Sparkassenrealität und Sozietätsbewegung, S. 135.
56 Rainer Polley: Schrader, Ludwig Albrecht Gottfried, in: Schleswig-Holsteinisches Biographisches Lexikon Bd. 6, Neumünster 1982, S. 265–267. Vgl. auch Sievers, Volkskultur und Aufklärung, S. 168–171. Schrader hat vor allem durch seine Verteidigung des schleswig-holsteinischen Landesrechts gegenüber der dänischen Krone Bedeutung erlangt.
57 Faksimile im Quellenband zur Geschichte der Kieler Spar- und Leihkasse, S. 20–25.
58 Graber, Die Gründung der Kieler Spar- und Leihkasse, S. 9. Die Leihkasse konnte erst 1799 eröffnet werden, vgl. dazu Kap. 8.
59 Quellenband zur Geschichte der Kieler Spar- und Leihkasse, S. 35–40.
60 Neben den bereits erwähnten Stellungnahmen sind noch die von Prof. V. A. Heinze und Dr. J. E. Meyer zu nennen. Fast alle der angeführten Professoren waren für ihre aufgeschlossene Haltung gegenüber den Ideen – nicht dem tatsächlichen Verlauf –

es bis zu diesem Zeitpunkt noch kaum Sparkassen gab, an deren Muster und Erfahrungen sich die Kieler Gründer orientieren konnten, waren die erwähnten Stellungnahmen und Vorschläge, die die Änderung von Details im Entwurf von Cirsovius betrafen, notwendig, bevor mit dem dann verabschiedeten Statut eine gute Lösung gefunden wurde, die nachfolgenden Sparkassengründungen als Richtschnur dienen konnte[61].

4.1.3 Das Altonaische Unterstützungsinstitut

Die Gesellschaft, die in Altona 1801 ihren Tätigkeitsbereich um eine Sparkasse erweiterte, welche aber wie die Hamburger Ersparungsklasse keine eigene Organisation und Rechtsform besaß, wurde Anfang 1799 als Altonaisches Unterstützungsinstitut gegründet. Die Zielsetzung dieser Vereinigung, die im Jahre 1800 einen Höchststand von 123 Mitgliedern erreichte, war im Vergleich zur Patriotischen Gesellschaft und der Gesellschaft freiwilliger Armenfreunde recht eng gefaßt und erinnert zum Teil an die Leihkassen, die den meisten Sparkassen in Schleswig-Holstein angeschlossen wurden. Das Unterstützungsinstitut gibt in seiner „Fundations-Acte" vom März 1800, gerichtet an „Altona's menschenfreundliche und mildtätige Bürger", als Ziel ihres Wirkens an,

Altonaischen von Mitteln entblößten Einwohnern, insonderheit unvermögenden Fabrikanten, Handwerkern und Künstlern, die ... eine begründete Hoffnung von sich geben, daß sie durch Thätigkeit und Fleiß, sich aus ihrer drückenden Lage herausziehen werden, (ohne Unterschied der Religion) durch Unterstützungen aufzuhelfen[62].

Man zielte mit dieser Hilfsmaßnahme also eher auf den Mittelstand als auf die Unterschichten, denen jedoch die Prämien für rechtschaffene und treue Dienstboten zugute kommen sollten[63]. Beide Unterstützungen wurden durch die Jahresbeiträge der Mitglieder und durch Spenden anderer Bürger finanziert.

der Französischen Revolution bekannt, so daß ihr Einsatz in der Gesellschaft freiwilliger Armenfreunde wohl auch auf diese Einstellung zurückzuführen ist. Vgl. Renate Erhardt-Lucht: Die Ideen der Französischen Revolution in Schleswig-Holstein, Neumünster 1969 (= QuFGSH Bd. 56), S. 89–136.

61 Zu ergänzen ist, daß es auch in Lauenburg eine Gesellschaft freiwilliger Armenfreunde gab, die 1820 eine Sparkasse gründete. Kopitzsch, Sparkassenrealität und Sozietätsbewegung, S. 142.

62 Fundations-Acte des am 28sten Januar 1799 errichteten Altonaischen Unterstützungsinstituts, § 1, in: Poeschel, Statuten der Banken und Sparkassen, S. 191–208, hier S. 195.

63 Diese Maßnahme trägt einen eindeutig sozialkonservativen Charakter, da man die Dienstboten auf diese Weise zu Gehorsam und Wohlverhalten gegenüber ihrer Herrschaft erziehen wollte und nicht wenige der Mitglieder selbst Dienstboten gehabt haben werden. Fundations-Acte des Altonaischen Unterstützungsinstituts, §§ 7 und 21.

Wie es nun zur Einführung einer Sparkasse innerhalb des Altonaischen Unterstützungs-Instituts kam, ist in der Literatur umstritten. Jedoch bietet Poeschel die überzeugendste Erklärung, mit der er sich gegen die in der Festschrift[64] gegebene Deutung wendet: der Kassierer des Unterstützungsinstituts habe schon aus Gründen der Buchführung nicht gefälligkeitshalber Geld und Wertpapiere von Mitgliedern und Altonaer Gewerbetreibenden annehmen und auf Kosten der Gesellschaft verzinsen können, bis diese Gewohnheit 1801 zur offiziellen Einrichtung einer Sparkasse geführt habe. Außerdem wäre es für die Einleger bis zu diesem Zeitpunkt sicherer gewesen, ihr Geld bei der Hamburger Versorgungsanstalt anzulegen. Poeschel erkennt dagegen Parallelen in den Statuten der Hamburger Ersparungsklasse und der Sparkasse des Altonaischen Unterstützungsinstituts[65], so daß die Anregung zur Altonaer Sparkasseneröffnung wahrscheinlich von der Versorgungsanstalt im benachbarten Hamburg ausging.

Diese Interpretation wird durch die engen Verbindungen zwischen den Mitgliedern des Unterstützungsinstituts und Hamburger Aufklärern gestützt. Initiator des Altonaischen Unterstützungsinstituts war der Justizrat und Privatgelehrte Heinrich Wilhelm Lawätz, ein Bruder des in der Schleswig-Holsteinischen patriotischen Gesellschaft tätigen Johann Daniel Lawätz. Der 1748 in Rendsburg geborene Heinrich Lawätz lebte seit 1785 in Altona, verfaßte moralphilosophische Schriften und war seit 1801 Direktionsmitglied des Königlichen Leihinstituts in Altona[66]. Daneben sind als Gründungsmitglieder des Unterstützungsinstituts aufzuführen der Jurist und Bürgermeister Caspar Siegfried Gähler, der erfolgreich mit dem späteren Altonaer Oberpräsidenten Graf Konrad Daniel Blücher, ebenfalls Mitglied des Unterstützungsinstituts, zusammenarbeitete, und der Kurator des Waisenhauses und Diakon Johann Adrian Bolten, der ebenso auf sozialem Gebiet tätig wurde wie der Kaufmann Peter Theodor Zeise[67]. Sie alle gehörten zur Führungsschicht Altonas. Bemerkenswert ist auch, daß in Altona, wo bis in die 30er Jahre großzügige Regelungen für Wirtschaft und Religionsausübung herrschten, führende jüdische Kaufmannsfamilien, wie zum Beispiel Meyer und Schiff, im Unterstützungsinstitut vertreten waren[67a].

64 E. Kolumbe/M. Bestmann: 28. Januar 1799–1939. Altonaer Sparkasse von 1799 (Altonaisches Unterstützungsinstitut), Altona 1939, S. 17. Das hier im Titel genannte Gründungsdatum der Sparkasse ist irreführend und kann sich aus den im Text genannten Gründen nur auf das Unterstützungsinstitut selber beziehen. Die Sparkasse bestand erst seit 1801.

65 Poeschel, Statuten der Banken und Sparkassen, S. 16. Z. B. stimmen der genannte Benutzerkreis, die Einlagenbegrenzungen und die Ausgaben von Sparkassenscheinen statt der meist üblichen Sparbücher überein.

66 Kolumbe/Bestmann, Altonaer Sparkasse von 1799, S. 15.

67 Ebd., S. 17.

67a Dazu: Kopitzsch, Grundzüge einer Sozialgeschichte der Aufklärung, S. 777–786.

In Altona, der mit 20 000 Einwohnern größten Stadt der Herzogtümer, trafen also noch einmal alle Faktoren zusammen, die für die bisher behandelten Sparkassengründungen als charakteristisch anzusehen sind: Die Errichtung der Sparinstitute stand im Zusammenhang mit Gesellschaften oder Organisationen, die sich um die Verbesserung der Lebensverhältnisse in den Unterschichten bemühten und die der „Aufklärung als sozialer Reformbewegung"[68] zuzuordnen sind. Die Mitglieder dieser Gesellschaften, auf die Anregung und Pläne der Sparkassen zurückgehen, stammten aus dem gebildeten Bürgertum und aus dem Kaufmannsstand, befaßten sich neben der Sparkasse noch mit anderen Bereichen der sozialen Fürsorge und des öffentlichen Lebens und gehörten häufig mehreren Sozietäten an. Sie pflegten den Austausch von Gedanken mit Hilfe von Zeitschriften und Kontakte über die Stadtgrenzen hinweg mit Gleichgesinnten in anderen Vereinigungen.

4.2 Gründung durch Sparkassenvereine

Die Untersuchung der durch gemeinnützige Gesellschaften konstituierten Sparkassen hat ergeben, daß es sich dabei zwar zahlenmäßig um eine relativ kleine, aber bedeutende Gruppe von Instituten handelt, die in den großen Städten der Herzogtümer errichtet wurden. Ihnen ist eine Art Vorreiterfunktion für die nachfolgenden Sparkassengründungen zuzusprechen, denn sie entstanden entweder noch vor dem in dieser Hinsicht bedeutenden Einschnitt der napoleonischen Zeit, in der in Schleswig-Holstein nicht eine einzige neue Sparkasse zu verzeichnen ist, oder in den Jahren direkt danach[69], bevor ab 1820 eine Welle von Sparkassengründungen einsetzte, von denen fast alle der Form der privaten Sparkassenvereine zuzurechnen sind.

In der ersten Phase der praktischen Erprobung wurden Sparkassen nur von Gesellschaften errichtet oder angeregt, die sich daneben auch mit anderen Armeneinrichtungen befaßten und in den Sparkassen nur eine neue, zusätzliche Möglichkeit sahen, das Problem der Verarmung zu lösen. Erst als auf diesen Erfahrungen aufbauende Modelle zur Verfügung standen, die für weitere Sparkassen nur noch nach den besonderen lokalen Gegebenheiten modifiziert zu

---

68 Kopitzsch, Sparkassenrealität und Sozietätsbewegung, S. 143.

69 Eine Ausnahme bilden allerdings die beiden vom Verein zur Beförderung der Landwirtschaft und Industrie erst in den dreißiger und vierziger Jahren errichteten Sparkassen: die 1835 in Burg/Fehmarn gegründete Sparkasse sollte nach Hansen „neben gemeinnützigen Bestrebungen auch Handel und Gewerbe, wie auch Landwirtschaft" fördern. Hansen, Die Privatsparkassen in Schleswig-Holstein, S. 24 und 179a; weitere Einzelheiten teilt er nicht mit; Initiator der Sparkasse der früheren Ämter Bordesholm, Kiel und Cronshagen war 1845 der Jurist und Kammerjunker E. von Neergard, der sich als Herausgeber der „Landwirtschaftlichen Hefte" bereits seit 1838 mit einem Sparkassenplan beschäftigte. Wolfgang Schmitt-Wellbrock: Freie Sparkassen und Regionalprinzip, Berlin 1979, S. 114–115.

werden brauchten[70], bildeten sich Vereine, deren einzige erklärte Aufgabe die Gründung und Verwaltung eines solchen Geldinstituts war.

Ähnlich wie die an der Ausarbeitung der ersten Sparkassenpläne beteiligten Persönlichkeiten im gedanklichen Austausch mit Mitgliedern anderer gemeinnütziger Gesellschaften standen, holten sich im Lauf der Zeit die nachfolgenden Sparkassengründer Anregungen für ihre Institute bei bereits bestehenden Sparkassen, wobei sie zunehmend nicht nur direkt auf die Vorbilder in Altona, Flensburg und Friedrichsberg zurückgriffen, sondern auf Einrichtungen, deren Erfolg ebenfalls bekanntgeworden war. So richtete sich die Schwarzenbeker Sparkasse des schon erwähnten Seestern-Pauly an der Glückstädter Gründung von 1824 aus[71], während Schwarzenbek selbst auf Anregung der Behörden 25 Jahre später der Möllner Sparkasse von 1854 als Vorbild diente[72].

Wir hatten gesehen, daß eine ganze Reihe der innerhalb von philanthropischen Gesellschaften aktiven Sparkasseninitiatoren aus der frühen Phase über den lokalen Bereich hinaus Bedeutung erlangten[73]. Das trifft in diesem Maße für die Mitglieder der speziellen Sparkassenvereine, besonders wenn sie in kleinen Orten zu finden sind, nicht mehr zu. Zwar begegnet man noch ganz vereinzelt Angehörigen der Patriotischen Gesellschaft wie dem in 4.1.1 genannten Oldesloer Carstens[74], aber über die große Mehrheit können keine detaillierteren Angaben gemacht werden. Immerhin verzeichnen die meisten Festschriften den Beruf und eventuelle öffentliche Ämter der Sparkassenmitglieder. Der Herausgeber der „Dithmarsischen Zeitung", Pauly, der auch zu den Unterzeichnern der Heider Sparkassensatzung gehörte[75], vertrat 1832 seine Meinung, wer Träger der möglichst in jedem Kirchspiel zu errichtenden Sparkassen sein sollte:

In jedem Kirchspiel sind ein oder mehrere Prediger, ein Kirchspielvogt und ein oder mehrere Landes- und Kirchspielsgevollmächtigte und sie scheinen uns vermöge ihrer höheren Bildung und Stellung besonders berufen zu sein das wichtige und weil es der Tugend dient wahrhafte heilige Werk in ihrem Wirkungskreise zu gründen und zu fördern[76].

70 So orientierte sich die Husumer Sparkasse an Friedrichsberg, die Itzehoer daneben auch an Altona und Flensburg.
71 W. Möller/T. Doll: 1829–1979. 150 Jahre Verbandssparkasse Schwarzenbek (Schwarzenbek 1979), S. 19.
72 Hansjörg Zimmermann: 125 Jahre Möllner Sparkasse. Geschichte eines städtischen Kreditinstituts 1854–1979, (Mölln 1979), S. 8. Bei den Dithmarscher Sparkassen (Wesselburen, Neuenkirchen) diente häufig Heide als Muster.
73 Das zeigt sich daran, daß einige von ihnen in modernen Nachschlagewerken (Schleswig-Holsteinisches Biographisches Lexikon), wenn auch nicht unbedingt in ihrer Eigenschaft als Sparkassengründer, nachzuweisen sind.
74 Bei einigen anderen sind wir auf Mutmaßungen angewiesen. So wäre es möglich, daß der im Verzeichnis der Mitglieder der Patriotischen Gesellschaft, S. 16, aufgeführte Kammerherr und Hofjägermeister von Warnstedt identisch ist mit dem an der Plöner Sparkassengründung beteiligten Kammerjunker und Oberförster v. Warnstedt.
75 Stern, Beschlossen und vollzogen, S. 114.

Die Überprüfung der sozialen Zusammensetzung aller Sparkassengründer ergibt, daß Pauly nicht nur einem Wunschdenken Ausdruck verleiht, sondern durchaus die Realität treffend kennzeichnet. Ausnahmslos finden wir unter den Initiatoren Männer mit höherer Stellung und Bildung, die alle zur wissenschaftlichen oder geistigen Führungsschicht ihrer Heimatgemeinden gerechnet werden können. Es ist also zu konstatieren, daß die als Sparkassengründer anzusehenden Personen durchweg nicht den Gesellschaftsschichten entstammten, denen die Vorteile des Sparens (nicht des Leihgeschäfts) zugute kommen sollten[77].

Bei genauerer Differenzierung der Gruppen stellt man fest, daß es kaum eine Sparkasse weder in den Städten noch auf dem Land gegeben hat, an der nicht Geistliche beteiligt waren. Entweder traten sie selbst als Initiatoren auf, beispielsweise Pastor Höpfner in Uetersen (1827) oder der Diakon Ahrens in Wöhrden (1843)[78], oder sie werden als erste Unterzeichner der Sparkassensatzung genannt und ihnen damit eine herausragende Stellung eingeräumt wie dem Propst Ohlmeyer in Plön (1825). Häufig waren alle Geistlichen eines Ortes in der Gründungsversammlung vertreten[79] und übernahmen Ämter in den ersten Sparkassenverwaltungen. Der als Rationalist bekannte Konsistorialrat Propst Chr. Hudtwalker in Itzehoe (1820) beispielsweise betätigte sich als Wort- und Protokollführer[80], und ein Cousin und Studienfreund des in der Friedrichsberger Sparkasse tätigen Theologen Callisen, der Propst Johann Fr. Callisen[81], zählte zu den ersten Revisoren der Rendsburger Sparkasse (1823)[82].

76 „Dithmarsische Zeitung" (DZ), Nr. 33 v. 17.11.1832. Vgl. ähnlich auch C. F. Carstens: „Deshalb sehen wir auch, wie allenthalben die *guten Namen* derer, die sich an die Spitze solcher Unternehmungen stellten, ihnen Zutrauen verschafft haben, ohne daß sie klingende Sicherheit zu geben und zu leisten nöthig gehabt hätten." STM, Bd. III, 1821, S.146; Hervorhebung v. d. Verf.

77 Diese Feststellung trifft für den gesamten deutschen Raum zu und wird von Wysocki, Wirtschafts- und Sozialgeschichte, S. 18, als „elitäres Prinzip" gekennzeichnet. Er differenziert damit den von Sommer verwendeten Begriff des Patriarchalismus, auf dessen Bedeutung noch in Kap. 5 einzugehen sein wird. Als einzige Sparkasse in Deutschland ist die Sparkasse Lerbach (Königreich Hannover) vom eigentlichen Benutzerkreis, in diesem Falle Waldarbeitern, gegründet worden. Wysocki, ebd. S. 35.

78 Hartmut Sonntag: Einhundertfünfzig Jahre. 1827–1977. Kreissparkasse Pinneberg, Pinneberg 1977, S. 23; Franz Stern: Norderdithmarscher Marschsparkasse in Wesselburen. Jubiläums- und Geschäftsbericht für das 125. Geschäftsjahr (Wesselburen 1963).

79 So in Schenefeld (1852) und Segeberg (1827).

80 Rudolf Irmisch: 150 Jahre Sparkasse Itzehoe, Itzehoe 1970, S. 10 und 12.

81 Hans-Albrecht Koch: Callisen, Johann Friedrich Leonhard, in: Schleswig-Holsteinisches Biographisches Lexikon, Bd. 3, Neumünster 1974, S. 65–67. Wie sein Vetter hing er der orthodoxen Theologie an, war Vertreter der Geistlichkeit in der holsteinischen Ständeversammlung und betätigte sich außerdem in gemeinnützigen Einrichtungen und der Mission.

82 Friedrich Schmidt: 125 Jahre Spar- und Leihkasse in Rendsburg, Rendsburg 1948, S. 11.

Die Mitwirkung so vieler, teils als Anhänger einer kirchlich-rationalistischen Reformbewegung, teils als konservativ bekannter Geistlicher am Aufbau von Sparkassen ist nur zu erklären, wenn diese Einrichtung nicht als ein auf Gewinn ausgerichtetes Geldinstitut, sondern als wohltätige Anstalt auf dem Sektor der Armenfürsorge verstanden wurde, denn in diesem Bereich hatten viele der Pastoren als Vorsitzende der örtlichen Armenkommissionen oder als Verwalter kirchlicher Stiftungen bereits große Erfahrungen sammeln können.

Die von Pauly genannte Gruppe der Mandatsträger in der gemeindlichen Selbstverwaltung ist unter den Sparkassengründern ebenfalls stark vertreten, wobei wie bei den Geistlichen keine Unterschiede zwischen Stadt und Land, früherem oder späterem Gründungsdatum festzustellen sind. In Nortorf (1847) finden wir außer dem Kirchspielvogt, Kammerrat und Postmeister Quist eine ganze Reihe von ehemaligen Bauernvögten[83]. Auch in Hennstedt (1864) waren es neben dem Pastor und anderen im Armenkollegium wirkenden Einwohnern Mitglieder der kommunalen Verwaltung (Kirchspielvogt, Obervollmacht, Bauerschaftsgevollmächtigte), die zu einer Sparkassengründung aufriefen[84].

Im städtischen Bereich sind es vor allem die Bürgermeister selbst, die sich für die Spar- und Leihkassen engagierten. Das hat die Literatur in manchen Fällen bewogen, die betreffenden Sparkassen als kommunal zu bezeichnen, so zuletzt Tschentscher für Segeberg (1827), wo nicht nur der Bürgermeister Johann Ph. Esmarch zu den Initiatoren der Sparkasse zu rechnen ist, sondern weitere leitende Kommunalbeamte, zum Beispiel der Amtmann von Rosen. Tschentscher scheint es deshalb fraglich zu sein, ob die genannten Personen des öffentlichen Lebens wirklich noch aus privatem Antrieb handelten oder nicht schon in ihrer amtlichen Funktion. Diese Vermutung allein reicht meines Erachtens aber noch nicht aus, solche Institute als kommunale Sparkassen zu klassifizieren. Sie zeigt nur, daß diese Personengruppe in ihrem Aufgabenbereich ständig mit sozialen Problemen konfrontiert wurde und sich um deren Lösung bemühte[85]. Bei vielen Sparkassenmitgliedern in Segeberg bildete die ehrenamtliche

83 125 Jahre Spar- und Leihkasse Nortorf 1. Mai 1972, hrsg. v. der Spar- und Leihkasse Nortorf, Nortorf 1972, S. 5.

84 Stern, Beschlossen und vollzogen, S. 128.

85 Ähnlich auch Wysocki. Er sieht die häufige Tätigkeit der Sparkassengründer in kommunalen Gremien als fast zwangsläufig für die Zusammensetzung der Gründer an. Wysocki, Wirtschafts- und Sozialgeschichte, S. 154. Weitere Beispiele für Bürgermeister, die eine Sparkasse anregten, liefern Itzehoe (Detlef Heinrich Rötger setzte sich auch für eine Suppenküche und ein Krankenhaus ein) und Husum, wo Bürgermeister Philipp Lüders Material über Sparkassen aus verschiedenen Zeitschriften sammelte und sich die Friedrichsberger Sparkassenstatuten von seinem Bruder, einem Mitglied dieser Sparkasse, schicken ließ. Irmisch, 150 Jahre Sparkasse Itzehoe, S. 8; J. Henningsen: Denkschrift zum 100jährigen Bestehen der Spar- und Leihkasse der Stadt Husum, Husum 1930, S. 6–7.

Tätigkeit in dieser Anstalt allerdings den Ausgangspunkt für eine Beteiligung an Aufgaben der Kommunalverwaltung[86].

Wenn bereits mehrfach betont wurde, daß die Sparkassengründer sich zu den gesellschaftlich angesehenen Kreisen der jeweiligen Orte zählen konnten, so muß dazu noch angefügt werden, daß sich in dieser Schicht Unterschiede zwischen Stadt und Land feststellen lassen. Neben den genannten Gruppen, die sowohl in Städten wie auf dem Land den Sparkassenaufbau mitgetragen haben und zu denen auch Apotheker, Ärzte und Rechtsanwälte zu zählen sind, finden wir Berufe, die an städtischen Sparinstituten sehr selten aktiv beteiligt waren. Hierzu zählen vor allem die selbständigen Handwerksmeister, die dagegen bei Sparkassen in ländlichen Gebieten sehr häufig in Erscheinung traten[87]. Bei einigen Orten können deren wirtschaftliche Schwerpunkte sogar aus der Zusammensetzung der Sparkassengründer abgeleitet werden. So fällt sofort auf, daß in Neumünster, wo die Sparkasse 1835 gegründet wurde, die Industrieunternehmen bereits das bestimmende Element bildeten, denn die Gründungsversammlung der Sparkasse setzte sich fast ausschließlich aus Fabrikanten zusammen[88]. Bekannte Unternehmerfamilien wie Renck und Meßtorff waren gleich mit mehreren Mitgliedern vertreten[89].

86 Tschentscher, 150 Jahre Sparkassengeschichte Segeberg, S. 7 und 20. Er stellt damit das gleiche Phänomen fest, das bereits bei anderen Sparkassen zu beobachten gewesen ist, hier jedoch in umgekehrter Reihenfolge auftritt, daß nämlich aktive Beteiligung an einer Sparkasse und Engagement für das öffentliche Wohl bei vielen Personen zusammengingen.

87 Zum Beispiel in Schenefeld (1852) und Hennstedt (1857). Bei vielen ländlichen Sparkassen betrieben die Mitglieder neben ihren gewerblichen Berufen meist noch eine Bauernstelle oder eine Gastwirtschaft. Vgl. 1852–1952. 100 Jahre Gemeindesparkasse in Schenefeld, Mittelholstein, Itzehoe (1952), S. 17; Stern, Beschlossen und vollzogen, S. 128.

88 Vgl. Paul Sieck: 1835–1960. 125 Jahre Stadtsparkasse Neumünster, Neumünster 1960, S. 12.

89 Hier wird wohl die bürgerlich-liberale Ideologie bei den Gründungsmotiven eine größere Rolle gespielt haben als die karitativen Momente.

5 Motive und Ziele der Sparkassengründer

5.1 Die Diskussion in den Zeitschriften

5.1.1 Ansichten über die Sparkassen

Aufschluß über die Vorstellungen und Ziele, die die Gründungsmitglieder mit Hilfe der Sparkassen verfolgten, geben zum einen die Satzungen der neuen Institute, deren Formulierungen sich im großen und ganzen stereotyp wiederholen, zum anderen einige Aufsätze, in denen der Nutzen und die zweckmäßige Einrichtung von Sparkassen erörtert werden.

Die erste Schrift dieser Art bildet die schon mehrfach erwähnte Broschüre *„Ueber Sparbanken"*, die in ihrem Hauptteil über die Entstehung und Organisation der englischen Form der Sparkassen berichtet und anhand einiger Beispiele von „kleinen Leuten" aus England den Nutzen und die Wirksamkeit des Sparens aufzeigt. Hier soll jedoch nur auf die Vorrede eingegangen werden[1], in der der mutmaßliche Verfasser Poel[2] die Frage erörtert, wie der Zustand der „hilfsbedürftigen Classe" zu verbessern sei. Da sich nach seiner Ansicht die sozialen Mißstände auf mehrere Faktoren zurückführen lassen, ist ihnen auch nicht nur mit einer einzigen Gegenmaßnahme abzuhelfen. Deshalb können die Sparkassen zwar kein Allheilmittel gegen die Verarmung darstellen, vermögen aber doch einen beträchtlichen Beitrag in dieser Richtung zu leisten[3].

Als Ursache für die zunehmende Armut – neben der trotz „menschenfressender Kriege und Revolutionen" angestiegenen Bevölkerungszahl – wird beklagt, daß „die Bande der Subordination sich gelöst und alle Formen nachgelassen haben"[4]. Der Verlust alter patrimonialer Bindungen „in den Beziehungen des Beamten wie des Gutsbesitzers, des Kaufmanns wie des Handwerkers zu ihren Bedienten, ja sogar der Hausväter zu ihren Kindern" äußert sich „bey der untern Classe durch Ungebundenheit und Leichtsinn"[5]. Die von Poel hier als „Vorgesetzte" bezeichnete Gruppe hat aber die Führung über ihre „Untergeordneten" zumindest noch nicht auf dem Gebiet der Sparkassen verloren, denn bei allen Sparkassengründungen der folgenden Jahrzehnte traten Beamte, Kaufleu-

---

1 Die Probleme und Organisationsformen, die für die englischen Sparkassen im Hauptteil der Schrift aufgeführt werden, decken sich mit dem, was in späteren Beiträgen über die schleswig-holsteinischen Sparkassen mitgeteilt wird, und können deshalb hier übergangen werden.
2 So bei Kopitzsch, Sparkassenrealität und Sozietätsbewegung, S. 140. Der Schriftsteller und Verleger Piter Poel war eng mit Caspar Vogt befreundet.
3 Ueber Sparbanken, S. III und VII.
4 Ueber Sparbanken, S. IV.
5 Ebd., S. V.

te und auch einige Handwerksmeister als Initiatoren und Administratoren auf, während nicht nur in den Statuten, sondern auch in der Realität Dienstboten und Kinder einen Großteil der Sparer stellten.

Es ist also zu konstatieren, daß bei den Sparkassen das traditionelle Verantwortlichkeitsgefühl der Arbeitgeber für ihr Personal und andere von ihnen abhängige Personen, das in anderen Bereichen, wie Poel meint, kaum mehr anzutreffen ist, wieder zum Tragen kommt. Dieser Aspekt taucht in den Erörterungen der Zeitschriften und den Formulierungen der Sparkassensatzungen immer wieder auf. Auch der Hinweis auf die Leichtlebigkeit und Sorglosigkeit der ärmeren Bevölkerung begegnet uns durchgängig in sämtlichen Abhandlungen über das Armenwesen Anfang des 19. Jahrhunderts einschließlich der Sparkassenschriften. In jenen Kreisen, in denen man sich damals Gedanken über die zunehmende Zahl der Unterstützungsempfänger machte, herrschte Einigkeit darüber, daß – wie Poel es ausdrückt – „dieser Leichtsinn, der dem gegenwärtigen Genusse die Zukunft aufopfert und Kinder in die Welt setzt, für deren Fortkommen man die Kirchspielkassen sorgen läßt", der „Dämon" sei, den es zu beschwören gelte[6]. Anders als die meisten seiner Zeitgenossen aber gibt der Verfasser der Vorrede die Schuld am moralischen Niedergang und dem nachlassenden Gehorsam nicht den Unterschichten selbst, sondern akzeptiert die Veränderungen als neue Entwicklungsstufe der Gesellschaft, die er als „Humanität" kennzeichnet und die nicht rückgängig zu machen sei.

Die neuen Verhältnisse verlangen allerdings seiner Meinung nach andersartige Einrichtungen zur Bekämpfung der Armut, die dem Geist der Zeit entsprechend auf den „freyen Willen der Menschen" wirken und sie zur Selbständigkeit erziehen sollen[7]. Diesen grundlegenden Gedanken der Aufklärung glaubt der Redner in den englischen Sparbanken wiederzufinden. Sie könnten, wie in England so auch in Schleswig-Holstein, eine Lücke schließen, die durch das Bedürfnis nach Anlagemöglichkeiten für kleine Kapitalien entstanden sei. Das bisherige Fehlen solcher Spareinrichtungen in Deutschland entschuldige die mangelnde Spardisziplin des einfachen Volkes. Selbst der Ärmste könne jedoch in bestimmten Lebensperioden wenigstens geringe Beträge zurücklegen, wenn er durch geeignete Anstalten unterstützt und ermuntert werde, nicht den Versuchungen durch „sinnliche Genüsse" nachzugeben[8].

Poel zeigt sich, ebenso wie die nachfolgenden Autoren, als Verfechter einer typisch bürgerlichen Ideologie, die von Begriffen der Aufklärung geprägt ist. Sparsamkeit gehört dabei zu den Kardinaltugenden, aus der andere, gesellschaftlich wie ethisch erstrebenswerte Eigenschaften hervorgehen sollen:

Sparsamkeit ist unstreitig die erste der Tugenden in den untern Classen, die allen übrigen den Weg bahnt. Sind einmal die kostspieligen Zerstreuungen verbannt, ist der Arbeiter nüchtern und häuslich: so fällt fast jede Versuchung zum Bösen weg; das von Sorge und

---

6 Ueber Sparbanken, S. V.
7 Ebd., S. VI.
8 Ebd., S. VI–VII.

Leidenschaft ungetrübte Gemüth ist empfänglicher für alle veredlenden Eindrücke, und den Geistlichen wird es nicht schwer werden, aus ordentlichen Hausvätern auch fromme Christen zu machen[9].

Poel selbst zweifelt an der wünschenswerten schnellen Ausbreitung der Sparkassen in Schleswig-Holstein, weil hier nicht wie in England die Kapitalanlage in Staatspapieren den Sparern die absolute Sicherheit ihrer Ersparnisse garantiert[10]. Aber aus seinen Äußerungen geht nicht eindeutig hervor, ob er für eine ähnliche Regelung in den Herzogtümern eintritt. Er unterschätzt die rasche Entwicklung, die Schleswig-Holstein auf dem Gebiet des Sparkassenwesens schon in den folgenden zwei Jahrzehnten ausschließlich auf der Grundlage von privater Sicherheitsleistung vollzog.

Interessanterweise wird die Kieler Sparkasse von ihm überhaupt nicht erwähnt, sondern allein die Friedrichsberger Anstalt als vollgültige Sparkasse anerkannt. Auch das Altonaische Unterstützungsinstitut zählt er ausdrücklich nicht zu den Sparkassen, weil er es als Unterstützungsangebot für das mittlere Bürgertum einordnet[11]. Die Anstalt in Altona erfüllt damit nicht das in der frühen Phase der Sparkassenentwicklung überaus wichtige Kriterium der Hilfe für die Unterschichten.

Im Zusammenhang mit der sozialen Ausrichtung der Sparkassen erklärt sich, warum Poel nicht auf die Verbindung von Spareinrichtungen mit Leihkassen eingeht, die in späteren Abhandlungen einen wichtigen Platz einnehmen. Zum einen war diese Form in England nicht verbreitet, weil dort die Anlage der Spargelder ja beim Staat geschah, zum anderen waren die Leihkassen für Gewerbetreibende und diejenigen Personen konzipiert, die Sicherheiten in Form von Bürgschaften und Hypotheken erbringen konnten, also in vielen Fällen nicht zur unteren Einkommensschicht zu rechnen waren.

Poel hatte in seiner Rede den „freyen Willen" hervorgehoben, der in den modernen Armeneinrichtungen zum Tragen kommen müsse. Genau um diesen Aspekt der Freiwilligkeit und Einsicht der Sparkassenbenutzer geht es im wesentlichen in einer Diskussion, die 1821 in den „Provinzialberichten" geführt wurde. Bereits der Titel des Hauptbeitrages *Das sicherste, vielleicht einzige Mittel, der Vermehrung der Armen vorzubeugen*[12] läßt erkennen, daß den Sparkassen, die seit dem Vortrag in der Patriotischen Gesellschaft zahlreicher geworden waren, eine noch größere Bedeutung beigemessen wird, als schon Poel sie ihnen zubilligte.

Der erste Teil des Artikels beschäftigt sich zunächst mit den Ursachen der ansteigenden Armenzahlen, die auf Arbeitslosigkeit und, wie schon bei Poel, auf Bevölkerungswachstum sowie vor allem die Sittenverderbnis in den unte-

9 Ueber Sparbanken, S. VII.
10 Zum Verhältnis zwischen den schleswig-holsteinischen Sparkassen und dem Staat vgl. Kap. 8.
11 Vgl. Kap. 4.1.3.
12 PB 1821, H. 3, S. 1–14 und H. 4, S. 1–11.

ren Ständen zurückgeführt werden[13]. Die Lösung dieses Problems durch Arbeitshäuser, Armenkolonien[14], aber auch durch die damals praktizierte kommunale Armenversorgung wird unter Hinweis auf das Malthus'sche Gesetz über die Bevölkerungsvermehrung und deren Ursachen abgelehnt. Sie fördere nur die Ansprüche und die Faulheit der Unterstützten und lasse gleichzeitig das Mitleidsgefühls der Reichen erkalten. Wenn man die besser gestellten Bürger weiterhin zu festgesetzten Armensteuern heranziehe, wäre die Folge, daß dieser „Zwang, gleich der Furcht, nach einer biblischen Bemerkung, die Liebe austreibt"[15].

Eine sofortige Abschaffung der Armeneinrichtungen befürwortet der Schreiber jedoch nicht, weil die frühere Mildtätigkeit der Vermögenden sich wahrscheinlich nicht gleich wieder einstellen würde und in der Zwischenzeit durch die ungeklärten sozialen Verhältnisse „die Ruhe der Gesellschaft und die Sicherheit des Eigenthums sehr gefährdet werden würde"[16]. Statt dessen soll die Armenunterstützung in kleinen Schritten abgebaut und nur unverschuldet in Not geratenen Armen weiterhin gewährt werden.

Bereits am dargelegten ersten Abschnitt der Abhandlung wird die Position des aufkommenden Bürgertums erkennbar. Die Obrigkeit soll möglichst nicht in die sozialen Verhältnisse eingreifen, sondern es den gesellschaftlichen Kräften überlassen, nach eigenem Ermessen Abhilfe für die aufgetretenen Probleme zu schaffen. Unterstützungsbedürftige Arme werden dadurch wieder der Gnade oder Ungnade der bessergestellten Bürger überlassen, während sie bisher einen Anspruch auf Hilfe hatten, wenn sie gar nicht mehr anders zurechtkamen. Auf diese Weise werden sie gezwungen, nach anderen Möglichkeiten zu suchen, um sich selbst aus ihrer Situation zu befreien.

Als Instrument zur Selbsthilfe sollen ihnen die Sparkassen dienen, denen vom Verfasser „wohltätige Wirkungen" auf „die Verbesserung der Moralität des Volks, auf die Sicherheit des Eigenthums und Vermögens, so wie auf die öffentliche Ruhe in der bürgerlichen Gesellschaft"[17] bescheinigt werden. Hier finden wir also den ersten Hinweis darauf, daß den Sparkassen auch eine gesellschafts- und systemerhaltende Funktion zugesprochen wird, die ganz im Interesse derjenigen Bürger liegt, die bisher die Armengelder aufzubringen hatten und denen aus Sorge um ihren Besitz daran gelegen sein muß, stabile soziale

---

13 Ebd., S. 1–4.
14 Ebd., S. 7–14.
15 Ebd., S. 7–8.
16 PB 1821, H. 3, S. 8.
17 PB 1821, H. 4, S. 7. Ähnlich spricht auch Carstens von „Rechte und Zufriedenheit bei seinen ärmern Brüdern zu befördern" als Gründungsmotiv für eine Sparkasse (STM Bd. III, 1823, S. 146). Einige Jahre später greift Malchus den gleichen Aspekt auf: das Interesse der sparenden Unterschichten an der Erhaltung ihres so erworbenen kleinen Vermögens bilde eine „Garantie gegen Störung der öffentlichen Ordnung und für die Stabilität der bestehenden Staatsinstitutionen." Malchus, Die Sparkassen in Europa, S. 1.

Verhältnisse zu schaffen und das Entstehen eines Unruhepotentials von hungernden Unterschichten zu verhindern.

Wie schon Poel geht auch dieser Aufsatz davon aus, daß sich nur wenige Menschen in ihrer Jugend, wenn sie die meisten Kräfte besitzen, völlig der Untätigkeit hingeben und nicht in der Lage sind, für spätere schlechte Zeiten und vor allem für das Alter, wenn der Lohn geringer wird, durch Sparen vorzusorgen. Die in jeder Gemeinde unter der Kontrolle des Armenwesens einzurichtenden Sparkassen[18] sollen dafür Sorge tragen, daß das Geld, das die einfache Bevölkerung in der Jugend über die täglichen Bedürfnisse hinaus verdient, nicht für sinnliche Vergnügungen verpraßt wird. Setzt man das Instrument der Sparkassen richtig ein, so wie es der Verfasser nachstehend vorschlägt, dürfte es bald außer einigen unverschuldet in Not geratenen Armen keine Unterstützungsempfänger mehr geben. Die Aufwendungen der reichen Bürger für die Armen verringern sich, so daß die Sparkasseninitiatoren neben der Stabilisierung der sozialen Verhältnisse auch handfeste finanzielle Vorteile für ihre eigenen Standesgenossen als Argument für die Sparkassen ins Feld führen können.

Die Form, in der nun die Sparkassen die angesprochenen Funktionen erfüllen sollen, widerspricht jedoch dem Prinzip der Freiwilligkeit, das von der überwiegenden Zahl der Zeitgenossen in dieser Hinsicht vertreten wird[19]. Der Plan sieht nämlich vor, daß jeder Arbeitnehmer, der nicht das beträchtliche Vermögen von 500 Rtlrn. Crt. nachweisen kann[20], gesetzlich verpflichtet wird, nach seinem 16. Lebensjahr jährlich mindestens 2 Rtlr. Crt. bei einer Sparkasse zu belegen. Die Dienstherren haben dafür zu sorgen, daß die Einzahlung auch tatsächlich erfolgt, oder ziehen den Betrag gleich vom Lohn ab, um ihn auf den Namen des Betreffenden bei der Sparkasse einzuzahlen[21].

In die von der Aufklärung propagierte Mündigkeit jedes Staatsbürgers setzt der Verfasser dieses Vorschlages, zumindest was die Unterschichten anbelangt, also nicht viel Vertrauen. Vielmehr geht er in bezug auf das Sparen von dem althergebrachten patriarchalischen Verhältnis zwischen Arbeitgeber und Arbeitnehmern aus, in dem der Dienstherr weitgehend die Fürsorge für sein Personal und seine Arbeitskräfte übernahm und darüber bestimmte, was gut und was weniger gut für sie war. Jetzt allerdings sollen die Unterschichten die finanziellen Mittel für Notzeiten selbst aufbringen, ohne jedoch frei über sie verfügen zu können. Angesichts der von ihm beobachteten „Genußsucht" der einfachen

18 PB 1821, H. 4, S. 3–4.
19 Hinweise auf die Ablehnung des Sparzwangs bei den Theoretikern der Armenversorgung in Schleswig-Holstein gibt Büxenstein, Vorschläge zur Verbesserung der Armenversorgung, S. 92–93. In Preußen wurde das Zwangssparen auch von offizieller Seite abgelehnt, vgl. Sommer, Geistesgeschichte der deutschen Sparkassen, S. 43.
20 Im Text sind explizit nur „jeder Knecht oder jede Magd" sowie die Handwerksgesellen angesprochen (S. 4). Doch den sehr hohen Betrag von 500 Rtlrn., der fünf Jahreslöhnen eines Handwerkers entspricht (vgl. Kap. 3.1.3), werden auch viele andere Berufsgruppen nicht nachweisen können, so daß der Autor diese sicher in seine Überlegungen miteinbezogen hat.
21 PB 1821, H. 4, S. 4.

Leute zweifelt der Schreiber daran, daß alle Personen dieser Gruppe ohne die Kontrolle ihrer Vorgesetzten zur Einsicht gelangen, wie nützlich das gesparte Geld für sie in der Zukunft sein kann.

Auffällig ist in dieser Abhandlung der deutliche Unterschied in der Bewertung von Zwangsmaßnahmen. Lehnt der Autor, wie eingangs zitiert, die Verpflichtung der Bürger zu Armengeldleistungen in bestimmter Höhe ab, weil sie nur zur Abneigung oder Gleichgültigkeit gegen die Armen führe, so hält er das zwangsweise verordnete Sparen bei Dienstboten und Tagelöhnern für angebracht, obwohl doch auch diese Gruppen Neidgefühle gegen die Bürger entwickkeln könnten, die frei über den vollen Betrag ihrer Einkünfte verfügen dürfen, während die einfachen Leute nach einem langen, harten Arbeitstag sich nicht einmal eine kleine Abwechslung von ihrem trostlosen, monotonen Alltag gönnen sollen.

Der Autor begründet die Berechtigung des Sparzwangs mit dem Naturrecht, wonach der Hauptzweck der menschlichen Existenz die Erhaltung des eigenen Lebens sei und der Mensch zur Erreichung dieses Zieles die ihm zur Verfügung stehenden Mittel – ob er wolle oder nicht – benutzen müsse. Im Verständnis des Verfassers zählen auch die Sparkassen zu diesen Mitteln, so daß den Sparern in Hinsicht auf deren Benutzung „keine Freiheit des Willens" zugestanden werden kann. Da alle Menschen dem gleichen Lebenszweck unterliegen, kann also niemandem zugemutet werden, zusätzlich für andere aufzukommen[22]; jeder ist für sich selbst verantwortlich und muß notfalls von denen, die diese Einsicht bereits gewonnen haben, zur Eigenverantwortung angeleitet werden.

Der streng reglementierte Zweck des Sparzwangs ist von Gedanken inspiriert, die 60 Jahre später in ähnlicher Form im Reformwerk Bismarcks wieder auftauchen. Schon in diesen Überlegungen von 1821 soll eine Form der Alters- und Sozialversicherung geschaffen werden, die im Verarmungsfall oder nach Erreichen des 50. Lebensjahres in Anspruch genommen werden kann. Bis zu dieser Altersgrenze darf der oder die Sparer/in nur über die Zinsen aus dem angesammelten Kapital verfügen, danach mit ansteigendem Alter über Beträge, die bis auf 10 Rtlr. jährlich anwachsen. Nur beim Eintreten einer unverschuldeten Notlage kann ein Teil des Geldes vor dem 50. Lebensjahr von der Sparkasse ausgezahlt werden[23].

Der Plan sieht vor, daß die Erlaubnis zur Heirat erst dann erteilt werden darf, wenn beide Ehepartner je 50 Rtlr. Crt. gespart haben[24]. Auf diese Weise sollen die frühzeitigen Eheschließungen, denen nur allzu häufig eine gesicherte finanzielle Grundlage fehlte und die dann im Armenhaus und in der kommunalen Unterstützung endeten, verhindert werden[25]. Wer nur die vorgeschriebenen 2

---

22 PB 1821, H. 4, S. 7–8.
23 Ebd., S. 5.
24 PB 1821, H. 4, S. 4. Vgl. die Lohnangaben in Kap. 3.1.3. 50 Rtlr. entsprachen z. B. zwei vollen Jahreslöhnen eines Gutsknechtes.
25 Ebd., S. 9–10.

Rtlr. jährlich spart und nicht auf andere Vermögensquellen, beispielsweise den Restbetrag der von den verstorbenen Eltern gesparten Summe, zurückgreifen kann, ist also bereits 41 Jahre alt, bevor er heiraten darf. Aber der Autor ist zuversichtlich, daß das nötige Kapital „bei einem ordentlichen Lebenswandel" schon früher erreicht werden kann[26], das heißt, daß es durch Verzicht auf Vergnügungen und Ablenkungen durchaus möglich sei, mehr als die vorgeschriebenen 2 Rtlr. pro Jahr zu erübrigen.

Die Spargelder dienen hier jedoch ausdrücklich nicht dazu, den Sparsamen aus den sozial niedrigen Kreisen eine Existenzgründung oder die Anschaffung von Hausrat und Möbeln zu ermöglichen[27], wie es in vielen Sparkassensatzungen dieser Zeit den Tagelöhnern und Dienstboten anschaulich als Lohn vor Augen geführt wird, wenn sie auf den sofortigen Konsum des Geldes verzichten. Das im Vergleich dazu bescheidene Ziel des Zwangssparens besteht allein darin, den Lebensstandard der von der Verarmung bedrohten Bevölkerungsgruppe nicht unter ein Mindestmaß sinken zu lassen und sie von fremden Menschen finanziell unabhängig zu machen. Andere Sparkassenbefürworter dagegen stellen den Sparern das optimistische Bild einer höheren Lebensqualität durch das Sparen in Aussicht.

Der vorliegende Text geht von einem Zwecksparen aus, das durch seine genauen Bestimmungen über die regelmäßige Einzahlung von Mindestbeträgen und die Verwendung des gesparten Kapitals nach Wysockis Definition der Sparkasse[28] eher zu den Versicherungen als zu den Sparkassen zu zählen ist, da der Sparer nicht frei von besonderen Voraussetzungen und Bedingungen über das eingezahlte Geld verfügen kann. Aber von den Versicherungen unterscheidet sich diese Vorstellung dadurch, daß kein Geld über das angesparte Kapital hinaus in Form einer Rente an den Sparer gezahlt wird, falls er ein höheres Lebensalter erreichen sollte.

Pläne über das Zwangssparen wie der hier vorgestellte stießen in Schleswig-Holstein wiederholt auf Kritik und sind nicht realisiert worden. Ein weiterer Beitrag desselben Jahrganges der „Provinzialberichte"[29] nimmt stellvertretend für die Ansicht vieler Sparkassengründer gegen den Entwurf Stellung: „Nehmt das *Freie* aus dem Begriff der Spar- und Leihkassen weg und Ihr habt ihren ganzen wohlthätigen Einfluß zerstört."[30] Auch der Abschaffung der kommunalen Armenversorgung wird widersprochen. Anhand eines konkreten Falles versucht der Verfasser zu belegen[31], daß die Bedürftigen sich durchaus nicht auf die freiwillige Unterstützung der Mitbürger verlassen könnten. Deshalb müsse die Armenversorgung in der Hand der Gemeinden bleiben, aber noch besser wäre es, sie wie vordem wieder der Kirche zu unterstellen.

---

26 Ebd., S. 9.
27 Ebd., S. 5.
28 Vgl. Kap. 2.2.
29 PB 1821, H. 5, S. 110–113.
30 Ebd., S. 111–112.
31 Ebd., S. 110–111.

Die Vorrede der „Sparbanken"-Schrift und der Beitrag über den Sparzwang haben gezeigt, wie sich das reformwillige, sozial engagierte Bürgertum das Wirken der neuen Sparkassen vorstellte, ohne daß hier schon die konkrete Umsetzung in die Praxis eine Rolle spielte. Es ist unübersehbar, daß die Sparkassen völlig im Zusammenhang mit dem Armenwesen gesehen wurden. Doch im Unterschied zum häufig diskutierten Nutzen von Armen- oder Arbeitshäusern und der materiellen bzw. finanziellen Unterstützung der Armen will man jetzt nicht mehr warten, bis „das Kind in den Brunnen gefallen ist", sondern es soll vorbeugend etwas geschehen, um ein Abgleiten in die Armut von vornherein zu verhindern. Voraussetzung dafür ist das neue Bild des Individuums, das ein eigenständiges Leben führen soll und sich aus eintretenden Notlagen nur durch Selbsthilfe befreien kann.

Den Verfassern dieser Schrift und auch den Sparkassengründern selbst ist ein ehrliches Interesse an der Linderung der Not in den Unterschichten sicher nicht abzusprechen. Jedoch klingen schon in den beiden vorgestellten Aufsätzen Motive an, die dem erstarkenden Bürgertum jener Zeit die für sie so wichtigen ökonomischen Vorteile bringen sollen, da die Sparkassen einerseits zur Verringerung der Armengelder beitragen, andererseits aber auch für Ruhe und Ordnung sorgen, indem sie die unteren Gesellschaftsklassen zu Moralität und Sittlichkeit sowie zur Einschränkung von Vergnügungen erziehen. In der so geschaffenen Atmosphäre von Fleiß und Strebsamkeit können sich nach der bürgerlichen Weltanschauung alle Stände auf wirtschaftlichem Gebiet gut entwickeln.

Wegen seiner teilweise von beiden bisher vorgestellten Texten abweichenden Argumentation ist ein Artikel des Herausgebers der „Dithmarsischen Zeitung" von 1832 interessant[32]. *Pauly* setzt bereits als allgemein bekannt voraus, daß die Sparkassen „Mäßigkeit und Ordnung . . . der ärmern Classe der Gesellschaft befördern" und zur Verringerung der Armengeldlasten beitragen. Worauf es ihm besonders ankommt, ist der volkswirtschaftliche Nutzen der Sparkassen, ein Motiv, das in den Intentionen einiger Sparkassengründer sicher mitschwingt, aber in den Satzungen nicht explizit ausgesprochen wird.

Paulys Betrachtung über die Wirksamkeit der Sparkassen „in Beziehung auf den Ackerbau und die Industrie" geht von der allgemeingültigen Definition des Sparens als Erwerb eines Kapitalvermögens aus. Bezogen auf seine Landsleute, von denen in der Landwirtschaftskrise Ende der zwanziger/Anfang der dreißiger Jahre viele ihre Höfe an Fremde verkaufen mußten, kommt er zu der Schlußfolgerung:

So geht es uns Dithmarschern meistens, wir sparen nicht und müssen deshalb von Hamburgern und andern Fremden Geld leihen. So kommen wir aber immer weiter zurück, unsere Höfe sind großenteils nur noch dem Namen nach die unsrigen . . . Wenn das so fort ginge, so würden wir nach und nach unsere Höfe in fremde Hand kommen sehen und wir und unsere Nachkommen Alumnen der Armenkasse werden [33].

---

32 DZ, Nr. 7 v. 9. 6. 1832.
33 DZ, Nr. 7 v. 9. 6. 1832.

60

Die Ermahnung zur Sparsamkeit und die Vorteile der Sparkassen, durch deren Zinsgewährung sich auch kleine Ersparnisse allmählich vermehren lassen, will Pauly nicht, wie sonst üblich, auf die unteren Gesellschaftsklassen beschränkt wissen. Diese Vorteile sollen vielmehr auf die ganze Bevölkerung einer Landschaft ausgedehnt werden, die im allgemeinen als relativ wohlhabend gilt, aber angesichts der schlechten wirtschaftlichen Lage ihren Besitz durch Verschuldung an Auswärtige zu verlieren droht. Damit wäre die Gefahr einer Umschichtung der Besitzverhältnisse gegeben, der Pauly zufolge dadurch begegnet werden soll, daß man die Spar- und die dazugehörigen Leihkassen zur Entwicklung eines lokalen Kapitalmarktes benutzt[34]. Wer über die Summe seiner eigenen Ersparnisse hinaus einen Kredit benötigt, braucht sich nicht mehr an kapitalkräftige Fremde zu wenden, die „nur auf äußere Sicherheiten", also Hypotheken, leihen, aber geistige und handwerkliche Fähigkeiten nicht berücksichtigen und so „viele ausgezeichnete Köpfe" in die Armut bringen. Das ist bei der heimatlichen Spar- und Leihkasse anders:

Wir kennen die Menschen, die in unserer Nähe leben und wir wissen den Guten und Klugen von dem Schlechten und Dummen zu unterscheiden[35].

Pauly sieht in den Sparkassen also ein Instrument zur Förderung des Gewerbes und zur Stärkung der regionalen Wirtschaftskraft bei gleichzeitiger Abwehr von fremdem Kapital und der damit verbundenen Abhängigkeit.

5.1.2 Ansichten über die Leihkassen

In den Abhandlungen über die Leihkassen und deren Wirken kristallieren sich zwei Auffassungen darüber heraus, worauf der Schwerpunkt dieser Einrichtungen liegen solle. Die eine Richtung kann sich die Existenz von Sparkassen ohne angeschlossene Leihkassen nicht vorstellen.

Jede Sparcasse ist durch eine Leihcasse bedingt und zwar insbesondere dadurch, daß die Sparcasse geringere Zinsen giebt, als die Leihcasse empfängt[36].

Die Leihkassen bieten hiernach die beste Möglichkeit, das von den Sparern angesammelte Kapital zinsgünstig arbeiten zu lassen, um so überhaupt Zinsen an die Sparer zahlen zu können.

Die andere, aber wesentlich seltener vertretene Ansicht geht davon aus, daß eine Leihkasse zur Unterbringung der Spargelder nicht unbedingt erforderlich

---

34 Allgemein auf Deutschland bezogen hat Wysocki festgestellt, daß die Sparkassen häufig als erste Geld- und Kreditinstitute am Ort eigenständige „kleine Kapitalmärkte" aufbauten. Ehe es dort Sparkassen gab, basierten die Geldgeschäfte auf zufälligen persönlichen Beziehungen. Wysocki, Wirtschafts- und Sozialgeschichte, S. 116 und 137.

35 DZ, Nr. 7 v. 9. 6. 1832.

36 STM, Bd. III, 1823, S. 724.

sei, wenn das Sparkapital an die Kommunen verliehen werde, wie im „Neuen Staatsbürgerlichen Magazin" unter Hinweis auf die Flensburger Sparkasse, die jahrelang so verfuhr und wo erst 1834 eine Leihkasse gegründet wurde, bemerkt wird[37]. Aber gerade das Flensburger Beispiel – eines der ganz wenigen Sparinstitute in Schleswig-Holstein, die nicht von Anfang an das Ausleihen des gesammelten Geldes an die eigene Bevölkerung in ihre Konzeption aufgenommen hatten – beweist, daß man auf lange Sicht doch nicht ohne eine Leihkasse auskam. Denn der Kapitalbedarf der Stadt, bei der anfangs das Sparkapital angelegt wurde, war nicht immer groß genug[38], damit „die bei der Sparkasse eingehenden Summen auf die gewöhnliche Weise belegt werden" konnten[39].

An anderer Stelle werden die Leihkassen sogar ganz geopfert, wenn allein dadurch die Errichtung von Filialen schon bestehender Sparkassen auch in kleineren, ländlichen Orten ermöglicht wird, die nur die Spargelder annehmen, aber nicht selbst verleihen sollen. „Auf diese Weise könnten Sparcassen, die doch nach der ursprünglichen Idee die Hauptsache sind, mit geringeren Schwierigkeiten sehr vervielfältigt werden."[40]

Die sichere Belegung der Spargelder steht in den Erwägungen einiger Zeitschriftenautoren in bezug auf die Leihkassen im Vordergrund. Für sie sind die Leihkassen in erster Linie ein Mittel zum Zweck[41]. Das sogenannte Passivgeschäft, also die Annahme von Spargeldern, hat bei ihnen Präferenz vor dem Aktivgeschäft, der Anlage der Spargelder, weil sie die soziale Intention des Sparens dem Zweck des Leihens überordnen.

Die Auffassung, daß auch dem Ausleihen der Spargelder ein eigenes, gemeinnütziges Ziel zugrunde liegen solle, wird in den Zeitschriften interessanterweise meistens von denjenigen vertreten, die an der praktischen Arbeit einer Sparkasse beteiligt waren. So spricht sich Carstens dagegen aus, daß die Differenz zwischen dem Sparzins und dem Darlehnszins zu groß ausfällt. Es gilt zwar überall als anerkannte Tatsache, daß mit Hilfe der Kreditzinsen nicht nur die Sparzinsen aufgebracht werden sollen, sondern auch das notwendige Betriebskapital der Sparkasse und ein Überschuß, der die Sicherheit der Spargelder garantiert. Aber „zweckwidrig wäre doch eine Einrichtung, wodurch ein großer und ansehnlicher Gewinn herbeigeführt würde, . . . der kleinste genügt", wie Carstens ausführt[42]. Aus dieser Äußerung läßt sich entnehmen, daß es nicht das Ziel der Sparkasseninitiatoren sein konnte, auf Kosten der Anleihesuchenden die größtmögliche Absicherung für die zurückgelegten Spargroschen der kleinen Leute

37 NSTM, Bd. VI, 1837, S. 724.
38 Schütt, 150 Jahre Stadtsparkasse Flensburg, S. 57.
39 NSTM, Bd. VI, 1837, S. 724.
40 DZ, Nr. 5 v. 2. 2. 1833.
41 PB 1822, H. 4, S. 67–68; PB 1825, H. 4, S. 606 und PB 1831, H. 4, S. 606. Das wird in der Forschung auch allgemein für Deutschland festgestellt, so bei Sommer, Geistesgeschichte der deutschen Sparkassen, S. 1 und 29.
42 STM, Bd. III, 1823, S. 147–148.

zu erreichen. Die Differenz zwischen Darlehns- und Sparzinsen sollte nicht größer als 1 % sein, wenn neben der Sparkasse auch die Leihkasse als soziale Einrichtung betrachtet wurde.

Bereits in den „Provinzialberichten" von 1821 war davor gewarnt worden, die Leihkassen zu sehr am Gewinn auszurichten. Sie dürften nicht durch Annahme von fremdem Kapital in den Verdacht kommen, daß „ein gewisser Geist der *Speculation* und des *Wuchers* sich eingenistet hat, der ... Gewinn bezweckt."[43] Aber auf welche konkreten Erfahrungen sich dieser Eindruck stützt, bleibt ungeklärt. Das hier untersuchte, allerdings lückenhafte Material jedenfalls bestätigt nicht, daß die Leihkassen eine Tendenz zum Wucher gezeigt hätten. Der Verfasser beklagt außerdem, daß die Vorteile der Leihkassen noch nicht allgemein genug bekannt seien und

daß oft die betrautesten und angesehensten Personen in den Commünen diese Volksangelegenheit als partiell und fremdartig betrachten, für die sie weder ihre Zeit noch ihre Kraft zu opfern sich verpflichtet achten[44].

Erinnern wir uns an die Ausführungen in Kap. 4, so läßt sich die Kritik wenigstens für alle jene Orte, in denen Spar- und damit auch Leihkassen entstanden, nicht aufrechterhalten. Dort waren es durchweg Bürger in geachteten Positionen, die auf diesem Gebiet aktiv wurden, genau wie es in dem oben angeführten und einigen anderen Artikeln für wünschenswert gehalten wird. Diese Tatsache schließt natürlich nicht aus, daß bereits im nächsten Ort kein Verständnis und Interesse an einer Spar- und Leihkassengründung bei den einflußreichsten Männern bestand.

In einigen Berichten kommt sehr deutlich zum Ausdruck, daß man auch mit den Leihkassen ganz bestimmten Bevölkerungsschichten helfen wollte und so die beiden Teile der neuen Form von Geldinstituten gleichrangig nebeneinander zu stellen beabsichtigte. In den „Provinzialberichten" 1825 wird darauf aufmerksam gemacht, daß die im Prinzip lobenswerte Vorsicht, mit der von den Leihkassen Kredite vergeben werden, „auch die Wirksamkeit der Leihcassen hie und da beschränkt", weil „man noch Bedenken trägt, an ärmere Bürger kleine Summen auszuleihen"[45]. „Wegen des Mangels sicherer Bürgen bei der gegenwärtigen Nahrungslosigkeit" habe man hauptsächlich Kredite gegen sichere Hypotheken vergeben müssen[46]. Das bedeutet jedoch, daß die Haus- und Grundbesitzer gegenüber vielen kleinen Handwerkern und Gewerbetreibenden, die keine Immobilien nachweisen konnten, bevorzugt wurden.

1831[47] stand in den „Provinzialberichten" noch einmal die Frage im Vordergrund, ob bei der Kreditvergabe die Sicherheit vor Verlusten, die am besten durch hypothekarische Beleihung gewährleistet werden konnte, oder Darlehen

43 PB 1821, H. 5, S. 113.
44 Ebd.
45 PB 1825, H. 4, S. 606.
46 Ebd., vgl. ebenso PB 1822, H. 4, S. 67–68.
47 PB 1831, H. 4, S. 606.

gegen Bürgschaft, die einem größeren Bevölkerungskreis zugute kommen konnten, Vorrang haben sollten. Der Verfasser befürwortet letzteres, und um auch die Sicherheit von Bürgschaftsdarlehen zu erhöhen, schlägt er vor, die Administration von Sparkasse und Leihkasse zu trennen und als Leihkassenverwalter nur solche Personen einzusetzen, „welche eine mehr als gewöhnliche Kunde des Vermögenszustandes ihrer Mitbürger besitzen"[48]. Auf welche Weise sie sich allerdings diese Informationen, die doch relativ stark in die Privatsphäre eingreifen, beschaffen sollen, wird völlig im unklaren gelassen.

Müllenhoff, Mitbegründer der Marner Sparkasse, setzt 1840 den Akzent bei der Sicherheitsleistung wieder in umgekehrter Richtung, indem er die Beleihung auf Grundeigentum für richtig hält, solange es sich dabei nicht um große Besitzungen handelt, sondern um die kleineren Häuser und Grundstücke der weniger begüterten Leute, denn die Leihkassen seien „Banquiers für die untern und mittlern Stände"[49]. Ihr höchster Zweck bestehe in der Förderung von „Moralität und bürgerlicher Strebsamkeit des Leihenden"[50]. Diese Tugenden werden als Voraussetzung für die pünktliche Rückzahlung der Darlehen gesehen.

Müllenhoffs Forderung nach Grundstücksbeleihung wendet sich dagegen, die finanzielle Unterstützung der Unterschichten durch die Spar- und Leihkassen „allein in der Förderung der industriellen Bestrebungen" zu suchen und deshalb nur Bürgschaftskredite an Gewerbetreibende zu vergeben. Er argumentiert, daß es dann in ländlichen Orten nicht zur Gründung von Sparkassen kommen könne, da es hier nur wenige Gewerbetreibende gebe, aber doch genügend Dienstboten und Tagelöhner, denen das Sparen ermöglicht werden solle. Es könne aber nicht angehen, ausschließlich das Gewerbe auf Kosten der Landwirtschaft zu fördern. Müllenhoff lehnt es außerdem ab, Kredite gegen Pfänder zu geben, da man auf diese Weise nur die Unmoral und den Leichtsinn fördere, die gerade durch die Sparkassen bekämpft werden sollen[51].

48 Ebd.
49 DZ, Nr. 15 v. 11. 4. 1840.
50 Ebd. Es fällt auf, daß dem Bemühen zum eigenen Fortkommen ausdrücklich das Prädikat „bürgerlich" beigelegt wird. Man gewinnt so den Eindruck, daß es sich bei der Strebsamkeit um eine spezifische Eigenschaft dieses Standes handelt. Auf diese Weise grenzte sich das Bürgertum sowohl nach oben, gegen den Adel, als auch gegen die unterbürgerlichen Schichten ab.
51 Die Ablehnung des Pfandgeschäfts und der mit den Leihkassen organisatorisch verwandten Leihhäuser ist überall in Deutschland bei den Sparkasseninitiatoren nachzuweisen; vgl. Sommer, Geistesgeschichte der deutschen Sparkassen, S. 38–39.

5.2 Die Gründungsmotive in den Statuten

5.2.1 Die Ziele für die Sparkassen

Die besprochenen Aufsätze, die teils von Sparkasseninitiatoren, teils von anonymen Verfassern stammten, geben recht genau die Vorstellungen des Bürgertums über die neuartigen Sparkassen wieder. Zumindest auf der theoretischen Ebene herrschte nicht in allen Punkten Einigkeit, sondern es gab, besonders in bezug auf das Aktivgeschäft, konträre Auffassungen. Zwar konnte anhand der aufgefundenen Quellen nur der Zeitraum bis 1840 berücksichtigt werden, aber danach ist auch kaum noch mit Abhandlungen über den zweckmäßigen Aufbau von Spar- und Leihkassen zu rechnen, da die Gründungsphase als abgeschlossen gelten kann. Alle nachfolgend gegründeten Sparkassen haben sich am Vorbild älterer Anstalten orientiert. Ein Anlaß zu erneuter theoretischer Diskussion hätte nur bestanden, wenn sich in den Ansichten über Einrichtung und Bestimmung dieser Institute etwas geändert hätte. Bis 1840 ließ sich ein solcher Wandel in den Zeitschriftenbeiträgen nicht nachweisen, sondern die unterschiedlichen Meinungen bestanden zeitlich nebeneinander.

Die Statuten und Bekanntmachungen der Sparkassen geben jeweils nur sehr knapp Auskunft über den Zweck der Einrichtung. In wiederkehrenden Schlagworten wiederholen sich im gesamten Zeitraum bis 1864 immer die gleichen zwei oder drei Grundmuster, so daß aufgrund einer Untersuchung der in den Satzungen geäußerten Absichten und Ziele keine Veränderung erkennbar ist, die sich auf einen bestimmten Zeitraum fixieren ließe. Allerdings müssen die in den Sparkassenstatuten bekundeten Intentionen nicht mit dem wirklichen Ablauf der Sparkassentätigkeit übereingestimmt haben.

Im wesentlichen sind es drei Hauptgründungsmotive, die teilweise ineinanderwirken und schon in der Zeitschriftendiskussion eine Rolle spielten. 1853 faßte die „Deutsche Vierteljahrsschrift" diese Motive allgemeingültig für Deutschland zusammen. Sie sind in dieser Form auch in fast allen schleswigholsteinischen Sparkassensatzungen zu finden:

Die Sparkassen äußern in dreifacher Beziehung ihren Einfluß auf die Wohlfahrt des Volkes, einmal, indem sie auf die Moralität günstig einwirken, dann indem sie durch allmähliches Ansammeln eines Kapitals dem Schrecken unserer Zeit, dem Pauperismus vorbeugen, und endlich, was noch keineswegs genügend gewürdigt wird, indem sie als wesentliches Mittel erscheinen, die Circulation des Geldes zu befördern[52].

Betrachten wir die erste Funktion, die *Förderung von Moralität und Sittlichkeit*, so stellen wir fest, daß sie besonders in der Anfangszeit aus kaum einer Sparkassensatzung wegzudenken ist. „Sorglosigkeit, Vergnügungssucht, Hang zur Verschwendung und zum Flitterstaat, die viele an das Sparen nicht einmal

---

52 Deutsche Vierteljahrsschrift 1853, Nr. 61, S. 329/331, zit. n. Sommer, Geistesgeschichte der deutschen Sparkassen, S. 42–43.

denken lassen", „diese in hohem Grade herrschenden Fehler der Zeit"[53] müssen natürlich den von der Aufklärung beeinflußten Bürgern ein Dorn im Auge gewesen sein und waren für sie Anlaß genug, auf jede mögliche Art und Weise nach Abhilfe zu suchen. Ihrer Meinung nach gewährten „überflüssiger Putz in Kleidern und rauschende wilde Lustbarkeiten . . . nur der Eitelkeit oder der Sinnlichkeit Vergnügen und leider oft genug auf Kosten der Ehrlichkeit, der Gesundheit und der Sittlichkeit."[54]

Die Sparkassen boten das geeignete Gegenmittel, da sie durch die Zahlung von Zinsen und die damit in Aussicht gestellte Vermehrung des Kapitals einen Anreiz schaffen konnten, nicht zum Leben benötigte Beträge zu sparen, statt sie für schnell verflossene Vergnügungen oder aufwendige Kleidung auszugeben. Um der Versuchung zu begegnen, daß die zurückgelegten Spargroschen vor ihrer Einzahlung bei der Sparkasse wieder ausgegeben wurden, mußte die kleinste belegbare Summe möglichst gering sein, denn die Erfahrung lehrte, daß das Geld, sobald es erst einmal auf dem Sparbuch stand, nicht so schnell und leichtfertig abgehoben wurde[55]. Auf diese Weise wollte die Flensburger Sparkasse die Sparer

zu bessern sittlichen Menschen und zu bessern Bürgern . . . bilden und solchergestalt durch erhöhtes Ehrgefühl und vermehrten Wohlstand in den untern Ständen für die Commune insbesondere, sowie auch fürs Vaterland in mehrfacher Hinsicht . . . wohlthätig . . . wirken[56].

Der Nutzen des Sparens geht also über die Vorteile für den einzelnen hinaus, er soll durch die Förderung von moralischen Qualitäten auch dem Gemeinwesen dienen.

Dabei kann es immer wieder zu Rückschlägen kommen, und so ergeht indirekt in einer Mitteilung der „Provinzialberichte" die Aufforderung an die Sparkassen, in ihren Bemühungen nicht nachzulassen, die kleinen ersparten Beträge

53 Freundliche Ansprache an die gutgesinnten Einwohner von Preetz, in: Die Preetzer Spar- und Leihkasse, ihre Entstehung und Entwicklung. Aus Anlaß des 100jährigen Bestehens im Jahre 1921, o. O., o. J., S. 3–4. Vgl. auch Ansprache an Rendsburger Einwohner, in: Schmidt, 125 Jahre Spar- und Leihkasse in Rendsburg, S. 10–12. Besonders klagten die Zeitgenossen über die Unmoral der Knechte und Mägde beim halbjährigen Wechsel der Arbeitsstelle, wenn sie ihren Lohn ausbezahlt bekamen und einige Tage Freizeit hatten. Göttsch, Gesindewesen in Schleswig-Holstein, S. 84 und 86.

54 Bekanntmachung wegen einer für Itzehoe errichteten Spar- und Leih-Casse, Itzehoe 1819, S. VI.

55 Wysocki, Wirtschafts- und Sozialgeschichte, S. 27, spricht von Mindestsätzen, die einem guten Tagesverdienst entsprachen. Damit verfolgte man ein sozialpolitisches Ziel: die Unterschichten sollten zum *kontinuierlichen* Sparen erzogen werden. Vgl. auch ebd., S. 85–86.

56 Revidirte Statuten der Sparkasse der Stadt Flensburg. Vom 25sten Juny 1829, in: NSTM, Bd. VI, 1827, S. 735–744, hier S. 735. Vgl. auch die Ausführungen über das Statut der Hamburger Ersparungs-Classe in Kap. 2.4.

den Sparkassen zuzuführen, da der Reiz von Volksvergnügungen, zu denen damals neben den häufigen Tanzfesten[57] auch wandernde Schauspielertruppen gezählt wurden, immer noch sehr groß sei:

Bei einer Stadt im Herzogtum Holstein, wo sich eine Schauspielergesellschaft einige Zeit hindurch aufhielt und theatralische Vorstellungen gab, wird gemeldet, daß gleich mit dem Anfang der Schauspiele alle Einsätze in der Spar- und Leihkasse mit einem Male aufhörten, während sonst an kleinen Sparpfennigen eine nicht unbedeutende Summe bei der Sparkasse belegt zu werden pflegten[58].

Allerdings läßt sich wegen der fehlenden Ortsangabe nicht nachprüfen, ob dieser Bericht etwa in übertrieben düsteren Farben gehalten ist, um die verderbliche Wirkung des Theaters hervorzuheben, das hier mit den sonst so häufig kritisierten Tanzfesten und der Lotterie bezüglich des Sparwillens auf eine Stufe gestellt wird.

Des weiteren verfolgte man mit den Sparkassen ein *sozialpolitisches Ziel*, das in den theoretischen Erwägungen schon anklang. Der „Druck der nahrlosen Zeit, der es Einzelnen fast unmöglich macht, etwas zu sparen"[59] hat die Armenzahlen und als deren Folge die Ausgaben der Armenkassen ansteigen lassen. Um dem Verarmen weiterer, gefährdeter Bevölkerungsschichten vorzubeugen, sollen diese in Zeiten mit gutem Verdienst für sich selbst Vorsorge treffen, wobei ihnen die Sparkasse hilft, indem sie die Beträge vor Diebstahls- und Inflationsverlust bewahrt und bereits kleine Summen zinstragend annimmt[60].

Auf diese Weise sollen sowohl die Armenzahlen im Interesse der Betroffenen selbst als auch die Beitragslasten der bürgerlichen Schichten zur Armenkasse gemindert werden, ein Motiv, mit dem im revidierten Statut der Hennstedter Sparkasse von 1864 keineswegs hinter dem Berg gehalten wird, wenn es heißt: „Der allgemeine Zweck des Instituts ist die unmittelbare und mittelbare Verminderung der Armenlasten."[61]

Die Sparkassen wollten also gemeinnützig wirken, nicht allein für die Sparer, die in vielen Satzungen auf bestimmte soziale Kreise eingegrenzt wurden, sondern für die ganze bürgerliche Gesellschaft. Das konnte zum einen indirekt dadurch geschehen, daß mit Hilfe der Sparkassen eine kleinere Zahl von Personen als bisher die Armenkassen in Anspruch nehmen mußte. Zum anderen sahen beispielsweise die beiden Plöner Sparkassen vor, den erzielten Überschuß der

---

57 In den PB 1824, H. 1, S. 123, wird für Norderdithmarschen die Ansicht vertreten, man müsse ausschweifende Tanz- und Trinkfeste verbieten, und die nicht dafür ausgegebenen Summen würden dann zur Sparkasse gebracht.
58 STM, Bd. VII, 1827, S. 297.
59 Ansprache an die Einwohner von Preetz, S. 3.
60 Vgl. die ganz nach dem Muster von Poels Vorrede aufgebaute Bekanntmachung einer für Itzehoe errichteten Spar- und Leih-Casse, S. III–IV und S. 7, ebenso Bekanntmachung des Friedrichsberger Armen-Collegii, S. 1–2.
61 Zit. n. Stern, Beschlossen und vollzogen, S. 108. Dieses Ziel ist auch von der preußischen Bankenquête 1852 angestrebt worden. Sommer, Geistesgeschichte der deutschen Sparkassen, S. 36–37.

Armenkasse zufließen zu lassen[62] und somit direkt die Besteuerung für die Bürger zu vermindern.

Wie schon oben ausgeführt, sprechen einige der Zeitschriftenbeiträge durchaus die Hoffnung auf eine sozial befriedete Atmosphäre durch das Wirken der Sparkassen an. Wer über ein einigermaßen gesichertes Auskommen verfügt, den zukünftigen Nutzen des gesparten Geldes und einen eventuellen sozialen Aufstieg vor Augen hat, neigt weniger zum Aufruhr. Wysocki hält aufgrund seiner Untersuchungen, bezogen auf die deutschen Sparkassen von 1825, zwar „die Vorstellung der Sparkassen als Instrument sozialer Integration" für nachweisbar[63] – wie sie gerade auch für Schleswig-Holstein anhand der „Provinzialberichte" aufgezeigt werden konnte – aber erst Ende der dreißiger Jahre könne allgemein von einer klaren „systemstabilisierenden Zielfunktion" die Rede sein. Diese habe sich noch nicht auf die durch die Industrialisierung entstandenen Probleme, sondern auf den Pauperismus durch Bevölkerungswachstum und Nahrungsknappheit bezogen[64].

Das dominierende Gründungsmotiv scheint Wysocki nach derzeitigem Kenntnisstand

in einer rein pragmatischen Konzeption zu liegen, in der Überzeugung, daß die künftige Dienstleistung der Sparkassen einem praktischen, gewissermaßen einem Alltagsbedürfnis entsprach[65].

Das heißt, wenn erst einmal die Fähigkeit zum Sparen vorhanden war und außerdem noch der Sparwille bei der Bevölkerung hinzukam, war es häufig nur noch eine Frage der Zeit, bis eine Sparkasse gegründet wurde. Geht man von dieser Erwägung aus, muß angesichts des vergleichsweise dichten Sparkassennetzes in Schleswig-Holstein ein ungewöhnlich großer Sparwille der Bevölkerung angenommen werden.

Neben der Vorbeugung vor Verarmung stellen viele Sparkassensatzungen anschaulich rein materielle Ziele als Zweck des Sparens in Aussicht. Das wird die meisten Dienstboten und Tagelöhner sicher wesentlich stärker angesprochen haben als die Warnung vor den finanziellen Sorgen des Alters oder einer Notlage, von der man immer noch hoffen konnte, daß sie vielleicht doch nicht eintrat. Wer konkret auf das Zusammensparen einer Aussteuer oder eines Hausstandes hingewiesen wird[66], sieht dadurch seinen Besitz und seinen Lebensstandard wachsen.

---

62 Festschrift zur Feier des 100jährigen Bestehens der Plöner Städtischen Spar- und Leihkasse, o. O. (1925), S. 11.

63 Wysocki, Wirtschafts- und Sozialgeschichte, S. 37.

64 Ebd., S. 168–169.

65 Ebd., S. 37.

66 Vgl. u. a. Bekanntmachung einer unter Autorität der Gesellschaft freywilliger Armen-Freunde zu Lauenburg etablirten Spar- und Leihe-Casse 1822 (LAS, Abt. 309, Nr. 07332) und Stern, Dithmarscher Marsch-Sparkasse in Wesselburen, S. 12.

Eine soziale Zielsetzung, teilweise mit Anklängen an den Philanthropinismus[67], ist im gesamten Untersuchungszeitraum bei fast allen Sparkassen nachzuweisen. In Flensburg läßt sich jedoch die interessante Entwicklung verfolgen, daß der ursprüngliche Zweck, den von der Verarmung Bedrohten zu einer unabhängigen Existenz zu verhelfen, in das revidierte Statut von 1848 nicht mehr aufgenommen wird[68]. Die Sparkasse zeigt in dieser Zeit unter dem Direktor Funke[69] bereits bankähnliche Züge[70], aber dessen etwas zu selbstherrliche Leitung führt 1858 zu einer erneuten Satzungsänderung, in der die soziale Zwecksetzung wenigstens insoweit wieder berücksichtigt ist, als die Sammlung kleiner Beträge im Vordergrund stehen soll[71].

Die *wirtschaftspolitische Funktion* ist nur selten explizit in den Satzungen ausgedrückt, hat sich in der Realität aber durchaus bemerkbar gemacht. So gehen die Sparkassengründungen auf dem Land nach Hansen[72] häufig von der Überlegung der mit den Problemen der Landwirtschaft vertrauten Initiatoren aus, daß die Bauern die im Herbst eingenommenen Gewinne aus der Ernte nicht als totes Kapital zu Hause liegen lassen sollten. Im Winter fallen nur geringe Ausgaben an, so daß in diesen Monaten die Ernteeinnahmen bei der Sparkasse Zinsen tragen und im Frühjahr zum Teil wieder in den Hof und die Aussaat investiert werden können. Wer hingegen nicht kapitalkräftig genug ist, kann von den bei der Sparkasse belegten Geldern durch ein Darlehen profitieren und dieses nach der Ernte zurückzahlen.

Die volkswirtschaftlichen Zusammenhänge des auf diese Weise bewirkten Geldkreislaufs haben schon die Flensburger Sparkassengründer erkannt, ebenso wie die Tatsache, daß die für sich genommen recht unbedeutend scheinenden Spargelder zusammen ein beträchtliches Kapital von nicht zu unterschätzender Wirtschaftskraft ergeben:

Auch dürfte die Circulation so vieler kleiner zusammen eine bedeutende Summe bildender, jetzt unbenutzt liegender, Capitalien ein nicht zu übersehender Vortheil sein[73].

---

67 So in Eckernförde, wo „Menschenfreundlichkeit" und „wohltätiges Wirken" als Zweck der Sparkasse angegeben werden. 100 Jahre Spar- und Leihkasse der Stadt Eckernförde 1838–1938, Eckernförde 1938, S. 18.
68 Schütt, 150 Jahre Stadtsparkasse Flensburg, S. 85.
69 Zur Rolle Fr. Wilh. Funkes in der Flensburger Industrie und deren Finanzierung durch die Sparkasse vgl. Gerd Vaagt: Die Anfänge einer Eisenindustrie in Flensburg, in: Brockstedt, Frühindustrialisierung in Schleswig-Holstein, S. 184–189.
70 Überraschend und abweichend vom sonstigen Tenor der Festschriften, die alle den wohltätig-sozialen Charakter der Sparkassen lobend hervorheben, ist die Feststellung von Schütt, daß die Ära Funke für die Flensburger Sparkasse nach dem Rückschlag 1848/49 „eine nun nicht mehr durch soziale Zwecksetzung der Spar- und Leihkasse *gehemmte* gute, weitere Entwicklung brachte". Schütt, 150 Jahre Stadtsparkasse Flensburg, S. 85 (Hervorhebung von der Verf.).
71 Ebd., S. 91–93.
72 Hansen, Die Privatsparkassen in Schleswig-Holstein, S. 93.
73 Revidirte Statuten der Sparkasse Flensburg, S. 735.

5.2.2 Die Ziele für die Leihkassen

Auch die Leihkassen verfolgten eine soziale Zielsetzung, die jedoch nicht auf die in einem abhängigen Arbeitsverhältnis stehenden Dienstboten, Tagelöhner und Gesellen ausgerichtet war, sondern auf selbständige Gewerbetreibende, Handwerker und Bauern, die Sicherheiten für den erhaltenen Real- oder Personalkredit zu stellen vermochten. Es wurde davon ausgegangen, daß die dienende Klasse Darlehen nicht für wirkliche Notlagen, sondern für ihr Vergnügen verwenden würde. Dagegen wurde bezweckt,

unsern gewerbetreibenden Mitbürgern in Geldverlegenheiten, durch kleine Anleihen zu Hilfe zu kommen, und zu verhindern, daß sie nicht durch Verpfändung des Ihrigen, oder durch abgedrungene wucherische Zinsen muthlos gemacht, und außer Thätigkeit gesetzt werden[74].

Der Kampf gegen den damals weit verbreiteten Wucher gehört zu den durchgängig in allen Statuten auftauchenden Zielen der Sparkassengründer in bezug auf die Leihkassen. Wer nicht reich genug war, um Kunde eines großen Bankhauses zu sein, war in Geldangelegenheiten auf die privaten Verleiher angewiesen, die häufig die Notlage durch entsprechend hohe Zinssätze ausnutzten. Wie im Passivgeschäft gab es auch bei der Kreditvergabe der Leihkasse eine Begrenzung auf kleine Darlehnssummen[75], um auf diese Weise auch hier die wohltätig-soziale Intention zu wahren. „Da die Leihkasse nur wohlthun, aber nie, wo der Druck unnöthig ist, drücken soll"[76], verhielt sich die Friedrichsberger Leihkasse ebenso wie viele andere Institute kulant gegenüber säumigen Schuldnern, wenn diese in unverschuldete Schwierigkeiten gerieten. Jedoch wurde denjenigen, die vorsätzlich oder leichtfertig die Anleihe nicht pünktlich zurückzahlten, mit gerichtlichen Schritten gedroht, und „wer einmal die Leihkasse freventlich gemisbraucht hat", erhielt keine Anleihen mehr[77]. Einige Leihkassen schlossen aber ausdrücklich aus, daß mit ihrer Hilfe bereits früher entstandene Schulden bezahlt wurden[78]. Man legte allgemein Wert darauf, daß mit den geliehenen Geldern konstruktiv gearbeitet wurde, indem der Kreditsuchende nachzuweisen hatte, „daß er durch den verlangten Geldvorschuß in den Stand gesetzt werde, sein Geschäft vortheilhafter und besser zu betreiben, als bisher[79]." Hier war also durchaus nicht nur an die Unterstützung des einzelnen gedacht, sondern

---

74 Bekanntmachung des Friedrichsberger Armen-Collegii, S. 4; wörtlich übernommen im Plan der Spar- und Leihkasse in Rendsburg, abgedruckt in: Karl-Heinz Freiwald: 150 Jahre Spar- und Leih-Kasse in Rendsburg, Rendsburg o. J., S. 22–25, hier S. 24.
75 Vgl. u. a. den Rendsburger Plan und die Bekanntmachung des Friedrichsberger Armen-Collegii.
76 Bekanntmachung des Friedrichsberger Armen-Collegii, S. 6.
77 Bekanntmachung des Friedrichsberger Armen-Collegii, S. 6.
78 Vgl. Fundations-Acte des Altonaischen Unterstützungsinstituts, § 5. In der Tellingstedter Satzung von 1861 ist von „zahlungsfähigen Gewerbetreibenden" die Rede. Stern, Beschlossen und vollzogen, S. 93.
79 Plan der Spar- und Leihkasse in Rendsburg, S. 24.

auch an eine Förderung des Gewerbes und damit der Wirtschaftskraft insgesamt. Der Kauf von Geräten und Materialien, wie er durch die Leihkassen bezweckt wurde, kann also als Investitionshilfe verstanden werden[80].

Einerseits lag es im Interesse der Sicherheit der Sparkasse und der ihr anvertrauten Spargroschen, wenn in eine ganze Reihe von Statuten die Bestimmung aufgenommen wurde, daß ein Anleihesuchender „als ein ordentlicher Hausvater bekannt, weder dem Trunke noch dem Spiele, noch sonst einer unordentlichen Lebensweise ergeben sein" durfte[81]. Aber andererseits übte diese Forderung auch eine erzieherische Funktion aus, die den bürgerlich-aufgeklärten Ansichten der Gründer entsprach. So wurde in der Heider Satzung gefordert, daß bei der Darlehensvergabe

nicht auf die Sicherheit allein, sondern zugleich auf den Charakter des Geldsuchenden gesehen werden muß, indem notorisch schlechten, wenn auch noch sicheren Personen, zum Beispiel Trunkenbolden, Spielern und dergleichen keine Anleihen zu bewilligen sind[82].

Die in der Forschung umstrittene Frage, ob das Aktivgeschäft nur ein sekundäres Ziel der deutschen Sparkassengründer gewesen sei[83], kann zumindest für Schleswig-Holstein dahingehend beantwortet werden, daß in den Zeitschriftenbeiträgen die Meinung überwiegt, das Aktivgeschäft habe vordringlich zur Sicherheit der Spargelder beizutragen. In den Satzungen allerdings ist doch recht häufig von einer sozialen Zielsetzung auch der Leihkassen die Rede, deren Tradition sich bis auf die Kieler Sparkassengründung zurückführen läßt[84]. Verbreitet wurde sie aber in Schleswig-Holstein durch die Friedrichsberger Sparkasse, deren Statut in diesem Punkt fast wörtlich mit dem Kieler übereinstimmt.

5.3 Die Haltung der Sparkassengründer und der Einfluß der Aufklärung

Vieles, was über die Einstellung und Haltungen des als Sparkassengründer bezeichneten Personenkreises zu sagen ist, sollte aus den bisherigen Ausführungen bereits deutlich geworden sein. An dieser Stelle findet deshalb nur die ‚pa-

---

80 Vgl. die Ankündigung der Kieler Spar- und Leihkasse im Anhang und die Bekanntmachung der Lauenburger Sparkasse.

81 Plan zu einer, für die Herrschaft Pinneberg einzurichtenden Spar- und Leihcasse, in: Sonntag, Kreissparkasse Pinneberg, S. 16–19, hier S. 18; vgl. auch Plan der Spar- und Leihkase in Rendsburg, S. 24.

82 Das Sparkassenwesen in Schleswig-Holstein. Bericht der von der Gewerbekammer für die Provinz Schleswig-Holstein am 27. Februar 1889 eingesetzten Kommission, Kiel 1890, S. 53.

83 Diese Ansicht vertritt u. a. Sommer, Geistesgeschichte der deutschen Sparkassen, S. 1 und 29. Zweifel gegen diese Deutung werden in jüngster Zeit von Wysocki, Wirtschafts- und Sozialgeschichte, S. 19 und 38 erhoben.

84 Vgl. die Ankündigung der Kieler Spar- und Leihkasse im Anhang.

triarchalische' oder ‚elitäre' Haltung und das Selbsthilfeprinzip Erwähnung, weil sie in den Sparkassensatzungen immer wieder auftauchen. Wysocki hat mit einer gewissen Berechtigung den von Sommer auf die Sparkassengründer angewandten Begriff des Patriarchalismus abgelehnt, da er zu sehr mit einer konservativen Haltung verbunden sei, die auf die angesprochene Gruppe keineswegs zutreffe[85]. Diese setzte sich eher für eine „gesellschaftliche Dynamik" ein, wie das zumindest am Beispiel von Kiel nachweisbar ist. Hier sollte mit dem Aufbau einer selbständigen Existenz als konkret bezeichnetem Sparziel auch ein sozialer Aufstieg, beispielsweise vom Handwerksgesellen zum Meister, verbunden sein[86].

Trotzdem erinnert das Verhalten der Sparkasseninitiatoren doch in vieler Hinsicht an das traditionelle Verhältnis zwischen Herrschaft und Personal, wie bereits anhand des Artikels über das Zwangssparen gezeigt werden konnte. Wysocki leugnet dies nicht, er will nur den Begriff der „patriarchalischen Grundhaltung" durch „elitär" ersetzt wissen[87], obwohl er dann doch einschränkend hinzusetzen muß, daß damit keine Wertung verbunden sein solle, sondern nur eine Bezeichnung für die amtliche oder gesellschaftliche Führungsschicht gemeint sei.

Die Sparkassengründer in Schleswig-Holstein waren nicht elitär in dem auch von Wysocki abgelehnten Sinne, das heißt sie kannten in der Regel keine Standesdünkel gegenüber den Unterschichten, sondern wollten aus den genannten Motiven soziale Mißstände beheben. Daß dabei als erwünschte Nebenprodukte die weiter oben aufgeführten Vorteile für die bürgerliche Klasse entstehen konnten, wird in einigen Satzungen offen ausgesprochen.

Aber es lassen sich doch Verhaltensweisen bei den Gründern nachweisen, die mit dem Begriff des Patriarchalismus übereinstimmen, jedoch auf einer völlig anderen geistigen Grundhaltung beruhen, nämlich der bürgerlichen Weltanschauung und der aus ihr hervorgegangenen Aufklärung. Einerseits ging man, wie bereits dargelegt, vom neuen Bild eines sich selbst bestimmenden Individuums aus und entwickelte in diesem Zusammenhang das Prinzip der Selbsthilfe, das ja auch leitendes Motiv aller Sparkassen war. Auf der anderen Seite aber hielt das gebildete oder wirtschaftlich starke Bürgertum die unteren Gesellschaftsklassen noch nicht für vernünftig und einsichtsvoll genug, um zu erkennen, daß das Sparen – eine typisch bürgerliche Tugend – nur Vorteile für sie bringen könne. Deshalb mußte auf Dienstboten und Tagelöhner in dieser wie auch in anderer Hinsicht durch das aufgeklärte Bürgertum, das derartige Einsichten bereits gewonnen hatte, erzieherisch eingewirkt werden, was durchaus als patriarchalisches Verhaltensmuster zu werten ist.

So erklärt sich die Tatsache, daß die Sparkassengründer selbst nicht aus der Zielgruppe der Sparinstitute stammten. Aber auch in der Folgezeit bestanden

85 Wysocki, Wirtschafts- und Sozialgeschichte, S. 18, vgl. Sommer, Geistesgeschichte der deutschen Sparkassen, S. 24.
86 Vgl. Anhang (Kiel und Meldorf).
87 Wysocki, Wirtschafts- und Sozialgeschichte, S. 18.

die Sparkassenverwaltungen aus der gleichen gesellschaftlichen Führungsschicht wie schon die Initiatoren dieser Einrichtung. Dies scheint dem Grundsatz der Selbsthilfe zu widersprechen, der sich ebenso auf die Verwaltung der Sparkassen durch die Sparer hätte ausdehnen lassen, nachdem erst einmal der entscheidende Anstoß von den bürgerlichen Kreisen gekommen war.

Die Sparkassengründer leisteten also aus ihrem Verantwortungsgefühl für die unaufgeklärten unteren Volksschichten Hilfe zur Selbsthilfe, indem sie in den Anfangsjahren durch die von ihnen eingezahlten „Aktien" die Sicherheit der Spargelder garantierten und alle geschäftlichen Angelegenheiten regelten. Dazu gehörte auch die Entscheidung, wer eine Anleihe erhalten sollte und wer nicht.

Wenn die gesellschaftlich angesehenen Kreise die Leitung der Sparkassen übernahmen, so verband sich damit gleichzeitig der Effekt, Vertrauen bei den Unterschichten zu schaffen, die der neuartigen Einrichtung häufig skeptisch gegenüberstanden. Viele konnten sich nämlich nicht mit dem Gedanken anfreunden, daß sie ihre kleinen Rücklagen nicht mehr dem Sparstrumpf übergeben sollten, der jederzeit die Gewähr bot, daß das Geld wirklich noch da war und sofort zur Verfügung stand.

In den Satzungen und den Vorworten der Sparbücher fehlt es im allgemeinen nicht an Ermahnungen an die Sparer, die in einem väterlich-wohlwollenden Ton gehalten sind, den einzelnen direkt ansprechen und unter Verwendung von Sprichwörtern, allgemeinen Redensarten und Bibelzitaten zum Sparen auffordern. Ein besonders deutliches Beispiel, das mit seinen seitenlang aneinandergereihten Redensarten auf heutige Leser etwas befremdend wirkt, bietet das Sparkassenbuch der Marner Sparkasse, in dem es unter anderem heißt:

Denk nicht, ein Wenig hat nichts zu sagen, denn „Durch Putz und Wein und Tanz und Spiel, wird Reichtum klein und Armut viel."
Laß das also, denn hättest Du auch einen großen Säckel, „ein kleines Leck macht'n groß Schiff sinken" ...
Vom Glück des Sparsamen sagt der Richard aber: „Flieh das Vergnügen, so sucht es Dich auf;
die fleißige Spinn'rin hat Hemden vollauf." ...
Danach trachte dann auch Du!
Und deshalb spare und bring uns gern nur ein Wenig auf einmal, aber bring uns oft ein Wenig. Dann wirst Du sehen:
„Regen in Tropfen füllt auch ein Faß!" Übrigens:
„Wir können wohl geben Rat, doch Deine Sach' bleibt die Tat!"
Und somit: Gott befohlen, lieber Freund![88]

Die Sparkassengründer gingen häufig mit gutem Beispiel voran und legten als erste für ihr Personal oder für ihre Kinder Sparbücher an[89]. Jedoch wollten sie das von ihnen gezeigte Verantwortungsgefühl für die kleinen Leute nicht auf sich selbst beschränkt wissen, sondern sie bezogen in jeder Satzung die Dienstherrschaften und Meister in die Aufgabe mit ein, ihre Tagelöhner und Arbeiter

---

88 Wilhelm Stock: 1821–1971. 150 Jahre Alte Marner Sparkasse, Heide (1971), S. 50.
89 Vgl. u. a. Irmisch, 150 Jahre Sparkasse Itzehoe, S. 18.

zur Benutzung der Sparkasse zu ermuntern[90], ohne ihnen aber eine Kontroll-funktion zuzuweisen, wie es der Autor über das Zwangssparen vorgeschlagen hatte.

Die Frage, ob aus der Aufklärung stammendes Gedankengut in die Sparkas-senidee eingeflossen ist, ist in der Forschung überwiegend bejaht worden. So sind für Esser die ersten Sparkassen „Kinder der Aufklärung", weil sie das Selbstverantwortungs- und Selbsthilfeprinzip von dieser Bewegung übernah-men, denn „unter der Neigung des Menschen zum Individualismus und Kos-mopolitismus wuchs der Glaube an die eigene Leistungsfähigkeit"[91]. Nach Poe-schels Ansicht ist neben den von den Gründungsgesellschaften vertretenen Ma-ximen von Humanität und Wohlfahrt vor allem die Vorstellung, man müsse die Armen durch Erziehung an die Sparsamkeit heranführen, aus der Aufklä-rung übernommen worden[92].

Auch Sommer[93] sieht in der Anleitung zur Selbsthilfe, um auf diese Weise die Armut zu bekämpfen, einen Grundsatz, der im Zuge der Aufklärung zur Errich-tung von Sparkassen führte. Insgesamt steht er dem Problem der Herleitung der Sparkassen aus der Aufklärung jedoch skeptischer gegenüber als die übrige Lite-ratur, sieht aber in vielen Sparkassensatzungen den „Zeitgeist der Aufklärung" in Form von philanthropischen Anklängen wirken.

Wysocki teilt Sommers Zweifel und läßt nicht einmal als Kompromiß das philanthropische Menschenbild zu, da die Unterschiede zur alten christlichen Caritas nicht eindeutig genug seien[94]. Aber im Zusammenhang mit der vorlie-genden Arbeit ist es interessant, daß Wysocki, der sich wie Sommer mit den Sparkassen in ganz Deutschland beschäftigt, doch bei zwei Sparkassen eine Ausnahme macht. Beide liegen in Norddeutschland, nämlich Hamburg und Kiel.

In der Kieler Ankündigung für die Sparkasse wird den Unterschichten ein gesellschaftlicher Aufstieg durch das Sparen in Aussicht gestellt. Gedacht ist dabei beispielsweise an Gesellen, die ihr Geld zur Sparkasse bringen, um damit später Meister zu werden. Auf diese Weise soll die Sparkasse dazu beitragen, daß die „unvermeidlichen Einschränkungen der bürgerlichen Freiheit", die durch jede Art von Armenpflege entstehen, aufgehoben werden, um „die gegen-

90 Vgl. u. a. PB 1834, H. 3, S. 131 für Marne und Bekanntmachung einer für Itzehoe errichteten Spar- und Leih-Casse , S. 5. Sommer, Geistesgeschichte der deutschen Sparkassen, S. 28, bezeichnet diesen überall in Deutschland ergangenen Appell als ziemlich erfolglos, man habe allgemein über das Ausbleiben der unteren Schichten bei den Sparkassen geklagt.
91 Esser, Entwicklung des Sparkassenwesens, S. 16.
92 Poeschel, Statuten der Banken und Sparkassen, S. 29.
93 Sommer, Geistesgeschichte der deutschen Sparkassen, S. 11–12.
94 Wysocki, Wirtschafts- und Sozialgeschichte, S. 22.

wärtigen Genossen des öffentlichen Almosens" zur Selbständigkeit zurückzuführen[95].

Der Gedanke des gesellschaftlichen Aufstiegs der einfachen Leute, der im vorigen bereits in anderen schleswig-holsteinischen Sparkassensatzungen, wohl in Anlehnung an Kiel, nachgewiesen wurde, ist nach Wysocki zusammen mit dem Begriff der „bürgerlichen Freiheit" das deutlichste Indiz für einen direkten Einfluß der Aufklärung. Erst in deren Gedankengut wurde in Zusammenhang mit der veränderten Auffassung vom Individuum und seiner Stellung in der Gesellschaft ein solcher Aufstieg „für wünschbar und möglich gehalten"[96].

Kopitzsch stellt überzeugend den Einfluß der Aufklärung auf die Sparkassen als Wirkung des übergreifenden Kommunikationssystems der verschiedenen aufgeklärten Zirkel und einiger von ihnen herausgegebenen Zeitschriften dar[97]. Sein Fazit lautet:

In der Tat verdanken die ersten Sparkassen der Aufklärung als sozialer Reformbewegung ihr Entstehen. Sie waren das Werk einer kleinen Minderheit, einer kritischen Avantgarde, die auch in Städten . . . kaum mehr als ein bis zwei Prozent der Bevölkerung ausgemacht haben dürfte, sie waren das Ergebnis der Initiative von Bürgern, die ihre soziale Verpflichtung erkannten und ihren Mitmenschen helfen wollten, mündig und selbständig zu werden[98].

Kennzeichen der skizzierten Forschungsdiskussion ist im wesentlichen die geistesgeschichtliche, von sozioökonomischen Voraussetzungen losgelöste Auffassung des Begriffes Aufklärung. Sinnvoller hingegen erscheint es, die Aufklärung im Zusammenhang mit dem wirtschaftlich aufstrebenden Bürgertum zu begreifen, das heißt als Ideologie jener Klasse zu verstehen. So grenzte sich das Bürgertum schon vor der Aufklärung vom Adel ab, der sein Prestige am möglichst großen Konsum maß[99]. Auch die Unterschichten genossen lieber einen Tag, an dem sie mehr als den üblichen kargen Lebensunterhalt hatten, als den Überschuß für schlechtere Zeiten, die sie vielleicht gar nicht mehr erleben würden, zurückzulegen. Nur das Bürgertum erhob die Sparsamkeit zu einer Tugend, aus der es seine wachsende wirtschaftliche Überlegenheit und als deren Folge sein Selbstbewußtsein ableitete.

95 Vgl. die Ankündigung der Kieler Spar- und Leihkasse im Anhang.
96 Wysocki, Wirtschafts- und Sozialgeschichte, S. 21.
97 Kopitzsch, Sparkassenrealität und Sozietätsgedanke, S. 142–143, vgl. Kap. 3.2.2. Wysocki revidiert aufgrund dieses Aufsatzes von Kopitzsch seine 1980 vertretene Meinung dahingehend, daß der Einfluß der Aufklärung „weniger im Inhaltlichen als vielmehr gerade im Kommunikationssystem gesucht werden muß." Wysocki, Eine utopische Sparkassenidee, S. 115, Anm. 39.
98 Kopitzsch, ebd., S. 143.
99 Vgl. Norbert Elias: Die höfische Gesellschaft. Untersuchungen zur Soziologie des Königtums und der höfischen Aristokratie, Darmstadt/Neuwied ²1975, S. 102–119.

6 Die Sparer

6.1 Die Bestimmungen in den Statuten

Alle zeitgenössischen Äußerungen und Sparkassensatzungen bezeichnen die Sparkassen als wohltätige Einrichtungen der Armenfürsorge. Erinnern wir uns an die in Kap. 2.1 gegebene Definition des Sparens, deren Voraussetzung ein über dem Existenzminimum liegendes Einkommen ist, kann das zu Mißverständnissen führen, die darauf beruhen, daß der Armutsbegriff im 19. Jahrhundert anders interpretiert wurde als heute. Während in unserer Zeit Armut häufig mit dem längerfristigen Angewiesensein auf unentgeldliche Hilfe durch andere verbunden wird, bezeichnete sie früher außerdem die soziale Stellung, so wie es im Wörterbuch von Grimm zum Ausdruck kommt: „oft aber wird auch im gegensatz zum vornehmen blosz der geringe, gemeine mann verstanden"[1]. Demnach konnte auch ein als arm Bezeichneter Geld- und Sachvermögen, wenn auch nicht in größerem Ausmaß, besitzen[2]. Nur unter dieser Voraussetzung war es den Sparkassen möglich, sich als Einrichtungen zur Verhinderung von Verarmung zu verstehen. Denn wie im weiteren noch auszuführen ist, bildeten die Zielgruppen dieser Institute diejenigen Schichten, die zwar in das Arbeitsleben integriert waren und in wirtschaftlich stabilen Zeiten mit ihrem Verdienst über dem Existenzminimum lagen, aber in krisenhaften Perioden sofort in die Gefahr gerieten, auf die Armenunterstützung zurückgreifen zu müssen[3].

Betrachtet man nun anhand der Statuten, wer in der Vorstellung der Sparkassengründer zu diesen von der Verarmung bedrohten Bevölkerungsklassen gehörte, so sind keine Divergenzen festzustellen. Die meisten Sparkassen nennen Dienstboten, Tagelöhner, Handwerksgesellen und Seeleute als Zielgruppe. Hinzu kommen Mündel und Kinder. Doch gibt es Unterschiede, mit welcher Ausschließlichkeit die Benutzung der Sparkassen allein auf diese Gruppen beschränkt wurde, denn in den meisten Satzungen wird auf sie nur allgemein in der Vorrede verwiesen als denjenigen Personen, die besonders gefährdet sind zu verarmen und die ihre kleinen Ersparnisse auf keine andere Weise sicher anlegen können. Das bedeutet aber nicht, daß dadurch jede andere soziale Schicht als Sparer rigoros ausgeschlossen worden wäre[4]. Die Sparsamkeit sollte sich

---

1 Jakob und Wilhelm Grimm: Deutsches Wörterbuch, Bd. 1, 1854, Sp. 554, zit. n. Wysocki, Wirtschafts- und Sozialgeschichte, S. 31–32.
2 Wysocki, Wirtschafts- und Sozialgeschichte, S. 32.
3 Ebd., S. 61.
4 Hier muß entschieden der Auffassung von Hansen widersprochen werden, der für die ersten Sparkassen durchweg eine Beschränkung auf die minderbemittelten Schichten auszumachen glaubte und feststellte, erst in späterer Zeit seien Einlagen ohne Rücksicht auf die wirtschaftliche Stellung des Betreffenden angenommen worden (Han-

nach den Idealen des aufgeklärten Bürgertums ja in möglichst allen Schichten verbreiten, wenn es auch besonders wichtig erschien, daß die wirtschaftliche Unabhängigkeit der unteren Klassen gesichert wurde. So heißt es stellvertretend für viele andere Sparkassen in der Satzung von Itzehoe:

Der Zweck dieser Spar- und Leihkasse . . . ist, einem Jeden Gelegenheit zu geben, sein verdientes . . . Geld sicher aufzubewahren . . ., hauptsächlich aber Gesellen, Dienstboten u. s. w. einen sicheren Weg zu zeigen . . .[5]

Somit kann Wysockis These, daß die Begrenzung der Einleger auf bestimmte soziale Gruppen kein unbedingtes Erkennungsmerkmal einer Sparkasse sei[6], auch für die drei Herzogtümer als zutreffend bezeichnet werden.

Die Vorrede des Sparkassenstatuts von Neumünster ist insofern bemerkenswert, als sich darin die Prägung der Stadt durch die gerade aufkommende Industrie widerspiegelt, so wie ja bereits festgestellt wurde, daß die hier führende Schicht der Fabrikbesitzer auch die Sparkasse gründete[7]. Die Gruppe, die die Initiatoren sich als Sparer vorstellten, wird für Neumünster folgendermaßen charakterisiert:

Denn außer den vielen Personen, deren Hände durch die mannigfaltigen Gewerbe und Fabriken in Thätigkeit gesetzt werden, und der nicht geringen Anzahl von Dienstboten arbeiten selbst Kinder hier mehr als anderswo, um einen täglichen Lohn . . .[8]

Bei keiner anderen Sparkasse in Schleswig-Holstein finden wir zu diesem Zeitpunkt schon den Hinweis auf die noch kleine Fabrikarbeiterschaft, die von ihren Einkommensverhältnissen her zu den am Rande der Armut lebenden Kreisen zu zählen ist[9]. Auch die Erwähnung der Kinderarbeit ist für eine Sparkassensatzung ungewöhnlich. Zwar werden die Kinder bei vielen Sparkassen mit in deren Wirkungsbereich einbezogen, jedoch erfolgt bei ihnen keine nähere gesellschaftliche Einordnung, etwa daß nur Unterschichtkinder zur Sparkasse zugelassen werden, denn Sparsamkeit war eines der Erziehungsziele besonders

---

sen, Die Privatsparkassen in Schleswig-Holstein, S. 65–66). Dagegen heißt es bereits in der Kieler Ankündigung ganz allgemein: „Alle und jede, welche von ihrem Lohne oder sonstigen ehrlichen Erwerbe erübrigen wollen". Ähnliche Formulierungen finden sich bei den ebenfalls schon früh gegründeten Sparkassen in Friedrichsberg, Itzehoe, Pinneberg, Rendsburg u. a.

5 Bekanntmachung Itzehoe, S. 7. Vgl. u. a. Stern, Norderdithmarscher Marsch-Sparkasse, S. 14, für Wesselburen: „Die Sparkasse soll jedem Sparsamen überhaupt, vornämlich aber Handwerksgesellen, Lehrlingen, Dienstboten, Arbeitsleuten, Professionisten und Kindern Gelegenheit geben . . ."

6 Vgl. Kap. 2.2.

7 Vgl. Kap. 4.2.

8 Sieck, 125 Jahre Stadtsparkasse Neumünster, Tafel zwischen S. 56 und 57.

9 In Pinneberg werden die Fabrikarbeiter nach einer Statutenänderung 1858 ausdrücklich in den Benutzerkreis miteinbezogen. Sonntag, Kreissparkasse Pinneberg, S. 29.

auch für bürgerliche Kinder[10]. Wenn in der Neumünsteraner Satzung hingegen von weitverbreiteter Kinderarbeit die Rede ist, so kann es sich dabei nur um die Kinder ärmerer Leute handeln, wo das Einkommen des Vaters allein nicht ausreichte, die Familie zu ernähren. Das heißt, die Kinder mußten wohl ihren geringen Lohn vollständig zu Hause abliefern, statt ihn in eigener Entscheidung für sich selbst ausgeben oder auf der Sparkasse einzahlen zu können, ganz abgesehen davon, daß sie wie auch die Ehefrauen schon rein rechtlich keine freie Verfügungsgewalt über das selbstverdiente Geld hatten. Wie schon in Kap. 2.4 für die Hamburger Sparkasse kurz angedeutet, bestand jedoch die Möglichkeit, daß die Familie durch die Mitarbeit mehrerer Mitglieder tatsächlich in den Stand gesetzt wurde, Sparkassenbücher anzulegen, die dann zwar auf den Namen des Kindes lauten konnten, aber in Wirklichkeit als Familienvermögen anzusehen sind.

Wenn die meisten Sparkassen auch Bevölkerungsgruppen, die in wirtschaftlich gesicherter Position lebten[11], nicht direkt vom Passivgeschäft ausschlossen, so begünstigte eine Reihe von Sparkassen doch durch spezielle Maßnahmen die unteren Einkommensgruppen, um ihnen einen zusätzlichen Anreiz zum Sparen zu schaffen. Die Sparkasse für den Landdistrikt des Kirchspiels Neumünster etwa zahlte normalerweise 3,13 % Zinsen, für die Einlagen von Dienstboten und Insten aber 3,5 %[12]. In Schwarzenbek erhielten Dienstboten, die fünf Jahre lang je 25 Mk. Crt. sparten, ebenfalls einen höheren Zinssatz als andere Einleger[13]. Bei mehreren Sparkassen war vorgesehen, daß die Ersparnisse von Dienstboten und „kleinen Leuten" nie zurückgewiesen werden durften, auch wenn sie die Einlagenhöchstgrenze, die die meisten Sparkassen verhängt hatten, überschritten oder wenn das Institut zeitweise keine Spargelder mehr annahm, weil sie diese momentan nicht weiterverleihen konnte[14].

Relativ häufig erscheint in den schleswig-holsteinischen Sparkassensatzungen die Bestimmung, daß die Kasse nur Gelder von Einwohnern des eigenen Ortes oder Kirchspiels annahm oder durch besondere Bestimmungen begün-

10 Kinder werden im Vorwort der Preetzer Sparkassensatzung sogar an erster Stelle vor „Pflegebefohlenen" (= Mündeln) und Dienstboten als Zielgruppe genannt. Hier scheint der Erziehungsgedanke besonders stark im Vordergrund zu stehen. Statut der Spar- und Leihkasse Preetz, Preetz 1821, S. 3.

11 Der schon zitierte Aufsatz von Müllenhoff sprach sich allerdings für eine derartige soziale Einschränkung der Sparer anstelle der häufig praktizierten Begrenzung der Einlagen auf einen Höchstbetrag aus. Er argumentiert, daß die Sparkassen von ihrem sozialen und pädagogischen Anspruch her die einfachen Leute nicht in ihrem Sparwillen entmutigen dürften, indem sie höhere Summen auch von diesen Gruppen nicht annähmen. DZ, Nr. 14 v. 4. 4. 1840.

12 Statut der im Jahre 1864 errichteten Spar- und Leihcasse für den Landdistrict des Amts und Kirchspiels Neumünster, Neumünster 1864, § 6.

13 Möller/Doll, 150 Jahre Verbandssparkasse Schwarzenbek, S. 16.

14 Vgl. z. B. die Provisorische Instruction für die Kieler Spar-und-Leih-Casse-Commission, nebst provisorischer Instruction für den Cassirer der Kieler Spar- und Leih-Casse, Kiel 1841, S. 8.

stigte. Diese Klausel findet sich in Anlehnung an das Kieler und Friedrichsberger Vorbild unter anderem in der Formulierung „alle und jede Bewohner der Stadt" in Rendsburg und Pinneberg. In Kiel wurden seit 1840 an Auswärtige 3 % Zinsen, an Kieler aber 4 % für Spareinlagen gezahlt[15]. Man fragt sich, welchen Zweck die ausdrückliche lokale Eingrenzung hatte, die sich schon allein dadurch ergab, daß wegen der kaum vorhandenen Transportmittel Benutzer aus der Umgebung nur in geringerem Maß zu erwarten waren. Einen Hinweis auf den Sinn dieser Bestimmung gibt die Schwarzenbeker Satzung, in der auch die in Schwarzenbek geborenen, aber inzwischen auswärts lebenden Dienstboten als Sparer zugelassen werden[16], und die Sparkasse Friedrichsberg, die ihren Wirkungskreis mit dem Armendistrikt umschreibt[17]. Hier kommt zum Ausdruck, daß man den erhofften sozialen Effekt hauptsächlich auf jene bezog, für deren eventuelle Verarmung die Bürger des eigenen Ortes Armengelder zahlen mußten, denn Dienstboten, die an keinem anderen Ort Heimatrecht erworben hatten, hatten im Fall der Bedürftigkeit Anspruch auf Versorgung in ihrem Geburtsort[18].

Es ist noch auf das bei Wysocki genannte wichtigste Kriterium einer Sparkasse, die Annahme kleiner Kapitalien, einzugehen. Jede der hier untersuchten Sparkassen mit Ausnahme der gegen Ende der dargestellten Periode errichteten Institute[19] kannte sowohl ein Einlagenminimum als auch -maximum. Die geringste einzahlbare Summe reichte bei den meisten Sparkassen von 4 ß (Oldesloe, Neumünster) bis zu 25 ß (Marne). Letztgenannter Betrag ging bereits weit über den Tagessatz eines Handwerksgesellen von ca. 16–18 ß hinaus; die Mindestsumme der Itzehoer Sparkasse von 3 Mk. entspricht demnach schon einem halben Wochenlohn eines Handwerkers und dem vollen Wochenverdienst eines Tagelöhners um 1820, als diese Sparkasse gegründet wurde[20]. Somit kann auch für Schleswig-Holstein bestätigt werden, daß die Mindesteinlagen keine „Pfennigbeträge" für die Hauptzielgruppe darstellten, wie Wysocki allgemeingültig festgestellt hat. Aber das auch von ihm betonte Hauptkriterium trifft doch zu, daß es sich immer noch um Beträge handelte, die für sich allein kein auf andere Art anlagefähiges Kapital bildeten[21].

15 Ebd., S. 17.
16 Plan der für das Amt Schwarzenbek errichteten Spar-Casse, Hamburg 1829, in: Möller/Doll, 150 Jahre Verbands-Sparkasse Schwarzenbek, S. 14–15, hier S. 14.
17 Bekanntmachung des Friedrichsberger Armen-Collegii, S. 2.
18 Vgl. Kap. 3.2.4. Ähnlich auch Hansen, Die Privatsparkassen in Schleswig-Holstein, S. 66.
19 Vgl. Hans-Wilhelm Schwarz: 1862–1962. Festschrift zum 100jährigen Bestehen der Hademarscher Spar- und Leihkasse AG Hanerau-Hademarschen, Hademarschen 1962, S. 14 und Statut der für den Landdistrict Neumünster errichteten Sparkasse, § 6.
20 Zu den Lohnangaben vgl. Kap. 3.1.3.
21 Wysocki, Wirtschafts- und Sozialgeschichte, S. 20.

Der ganz pragmatische Zweck der Einlagenobergrenze wurde darin gesehen, die Anhäufung von zu großem Sparkapital zu verhindern, das nicht mehr von der Leihkasse verliehen werden konnte. Dadurch hätte sich das Risiko von Verlusten erhöht, da ja die Sparzinsen weitergezahlt werden mußten. Die Berechtigung einer solchen Bestimmung zeigt das Beispiel der Flensburger Sparkasse, deren Maximaleinlage mit 300 Mk. Crt. pro Einzahlung weit über dem Jahreseinkommen eines Tagelöhners lag, während die meisten Sparkassen 100 Mk. als Höchstgrenze festsetzten[22]. In Flensburg kam es in den dreißiger Jahren immer wieder vor, daß größere Summen teilweise unter Decknamen von vermögenden Leuten eingezahlt wurden und die Leihkasse den Geldandrang nicht bewältigen konnte. Deshalb wurde das Maximum 1837 auf 50 Mk. herabgesetzt[23]. Auf diese Weise machte man den Versuch, gemäß der sozialen Intention die Benutzung der Sparkasse durch reichere Leute, die ihre großen Geldposten auch bei einer Bank belegen konnten, zu verhindern oder wenigstens einzuschränken. Im allgemeinen beschritten die Sparkassen jedoch den umgekehrten Weg, das heißt im Laufe der Jahre wurde die Höchstsumme heraufgesetzt, in Neumünster bereits vier Jahre nach der Eröffnung von 100 Mk. auf 300 Mk.[24].

Derartige Satzungsänderungen scheinen eine veränderte Vorstellung über den Benutzerkreis bei den Sparkassenverwaltungen anzudeuten, denn für Dienstboten und Tagelöhner waren bereits die unteren Höchstbeträge nicht erreichbar, selbst unter Berücksichtigung der Tatsache, daß laut Wysocki jeder Sparer die Sparkasse durchschnittlich nur 1,7 mal im Jahr aufsuchte, um Geld einzuzahlen, und die für das Sparbuch bestimmten Beträge in der Zwischenzeit zu Hause gehortet wurden[25]. Andererseits wurden auch spätere Sparkassen, beispielsweise Schenefeld (1852), noch mit einschränkenden Bestimmungen über die Höhe der Einzahlungen und den Geltungsbereich der Sparkasse konzipiert, was natürlich nichts über die Handhabung dieser Klausel in der Praxis aussagt.

6.2 Die soziale Verteilung der Sparer in der Realität

Bei der Betrachtung, inwieweit die Vorstellungen der Sparkassengründer über die Hauptzielgruppe der Sparer mit der Realität übereinstimmten, ist zu

---

22 Bei einigen Sparkassen wie in Preetz war sie mit 50 Mk. recht gering.
23 Schütt, 150 Jahre Stadtsparkasse Flensburg, S. 69. Vgl. auch Friedrichsberg, wo die Sparkasse 1822 Guthaben, die 500 Mk. überstiegen, an die Einleger zurückzahlte, ihnen aber auch Hinweise gab, wie sie das Geld an anderer Stelle sicher unterbringen konnten. Otto Meißler: Die Friedrichsberger Spar- und Leihkasse in Schleswig. Ein Rückblick zum 100jährigen Bestehen der Kasse am 7. Januar 1916, Schleswig (1916), S. 12.
24 Gleichzeitig wurde auch die Begrenzung auf die Einwohner von Neumünster aufgehoben. 100 Jahre Sparkasse. Gedenkschrift zur 100 Jahr-Feier der Stadtsparkasse Neumünster, Neumünster o. J., S. 23.
25 Wysocki, Wirtschafts- und Sozialgeschichte, S. 85. Abhebungen erfolgten ca. einmal pro Jahr.

bedenken, daß die zur Verfügung stehenden Quellen von den Sparkassengründern selbst verfaßt sind. So geben die Mitteilungen in den „Provinzialberichten" nur die subjektive Sichtweise der Sparkassenadministratoren wieder, ob die Beteiligung der einzelnen Sparergruppen zufriedenstellend sei.

1820 und 1822[26] wird geklagt, daß die Tagelöhner und Matrosen am schwersten zu bewegen seien, Geld bei der Sparkasse zu hinterlegen. Neben dem Hang zu Luxus und Vergnügungen wird als Begründung angeführt, daß wegen des jahreszeitlich bedingten geringeren Verdienstes im Winter Schulden gemacht werden, die dann im Sommer, wenn der Lohn eigentlich das Sparen in gewissem Maße zulassen würde, zurückgezahlt werden müssen. In manchen Orten sei es üblich, einen Teil des Lohnes in Naturalien zu bezahlen, so daß deswegen die Sparfähigkeit eingeschränkt sei, zum Beispiel auf Föhr. Dort bemühe man sich sehr um die Gruppe der Dienstboten, die durch Prämien zum Sparen gebracht werden solle. Eine gute Beteiligung von Dienenden wird 1822 für Schleswig (Friedrichsberg) verzeichnet, doch generell wurde in dieser Zeit am häufigsten Geld von Eltern für ihre Kinder belegt.

Diese Einschätzung wird 1825 bestätigt[27], obwohl der Anteil an sparenden Dienstboten sich vergrößert zu haben scheint[28]. Im Bericht dieses Jahres und dem von 1827 werden sogar Zahlen über die soziale Zusammensetzung einzelner Sparkassen gegeben, die aber nicht detailliert genug sind, um allgemeine Aussagen zu treffen. In Preetz wird beklagt, daß zu viele Reiche ihr Geld zur Sparkasse bringen[29], und in Rendsburg sollen Mündelgelder nur noch angenommen werden, wenn es sich um kleinere Guthaben handelt[30].

Für den Berichtszeitraum der „Provinzialberichte" ist also festzuhalten, daß die Sparkassen sich durchaus bemühten, die in den Statuten genannten Gruppen für ihr Wirken zu interessieren und so das Attribut „wohltätig" zu rechtfertigen.

Größere Objektivität als die zusammenfassenden Berichte der Patriotischen Gesellschaft in den „Provinzialberichten" versprechen die Jahresbilanzen der Sparkassen selbst, die teilweise von den „Provinzialberichten" aus den örtlichen Zeitungen übernommen wurden. Einige der Sparkassenadministratoren schlüsselten den Benutzerkreis im Regelfall in vier soziale Gruppen auf:

- Dienstboten und Arbeitsleute/Tagelöhner
- Einlagen der Eltern für ihre Kinder
- Pupillengelder (= Vormundschaften)
- vermischte Posten/Einwohner und Kommunen

Vereinzelt finden sich auch noch genauere Angaben, zum Beispiel die Trennung nach männlichen Dienstboten/Handwerksgesellen und weiblichen Dienstboten.

26 PB 1820, H. 5, S. 566 und PB 1822, H. 4, S. 67.
27 PB 1825, H. 4, S. 605.
28 Ebd., S. 607.
29 Ebd., S. 606.
30 PB 1827, H. 3, S. 488.

Häufig ist nur die Anzahl der Posten angegeben, die von den einzelnen Gruppen eingezahlt wurden, nicht aber die Summe des von ihnen gesparten Geldes. Immerhin läßt sich aus diesen Angaben Aufschluß darüber gewinnen, durch wen die Sparkassen wirklich benutzt wurden. Allerdings ist zu berücksichtigen, daß die Zahl der Posten nicht mit der Zahl der Sparer identisch ist, sondern lediglich anzeigt, wie häufig Einzahlungen von der betreffenden Gruppe vorgenommen wurden. Da aber bereits festgestellt wurde, daß viele Sparer nur ein- bis zweimal im Jahr die Sparkasse aufsuchten und das Spargeld in der Zwischenzeit zu Hause oder bei ihrem Dienstherrn horteten, gibt die Postenzahl immerhin einen gewissen Anhaltspunkt über die soziale Zusammensetzung der Sparer.

Weitere Einschränkungen über die Aussagefähigkeit der sozialen Angaben in den Bilanzen ergeben sich daraus, daß nur eine relativ kleine Zahl von Sparkassen die Herkunft der Spargelder genauer klassifizierte, wohl, um so Rechenschaft über den Erfolg ihrer in den Statuten niedergelegten Intentionen zu geben, aber auch, um auf diese Weise weitere Sparer aus den unteren Schichten anzulocken. Unter den Sparinstituten dieses Typs läßt sich nur die Friedrichsberger Sparkasse zu den größeren in den Herzogtümern zählen. Dagegen fällt auf, daß die Sparkassen mit genaueren Angaben sich auf Lauenburg und Dithmarschen konzentrierten. Repräsentative Feststellungen über die Sparergruppen in Schleswig-Holstein insgesamt oder allgemeingültige Vergleiche zwischen einzelnen Sparkassen sind aber aufgrund des lückenhaften Materials kaum möglich. Teilweise ist das durch die unvollständigen Zeitungsbestände bedingt, teilweise fehlten die Bilanzen der untersuchten Sparkassen bei einigen Jahrgängen völlig, oder sie verzichteten später auf eine soziale Differenzierung. Daraus kann gefolgert werden, daß gegen Ende der hier untersuchten Periode das Interesse der Sparkassen weniger stark auf Gewinnung der sozialen Unterschichten zielte, sondern daß man sich mehr und mehr auch dem bürgerlichen Mittelstand als Kundenkreis zuwandte. Da der Einlagenanteil der Dienstboten bis zu dem Zeitpunkt, bis zu dem Angaben ermittelt werden konnten (in der Regel Anfang der fünfziger Jahre), in der Tendenz ständig gestiegen war, wurden weitere Appelle zur Sparkassenbenutzung wohl für unnötig erachtet.

Betrachten wir zunächst die Gruppe der *Dienenden und Arbeitsleute*, die in keiner Sparkassenbilanz fehlt, so stellte sie im allgemeinen den größten Anteil an den Sparern, obwohl die Prozentzahlen von Kasse zu Kasse erheblich schwankten. Den höchsten Dienstbotenanteil der vier untersuchten Dithmarscher Sparkassen Marne, Meldorf, Krempe und Burg konnte Krempe mit 62,7 % nachweisen[31], das heißt 2/3 aller Einzahlungen im Zeitraum von 1832 bis 1861 stammten hier von den in den Satzungen als Hauptzielgruppe genannten Personen, wobei die Tendenz fast durchweg steigend war.

31 Zu den Einzelergebnissen vgl. die Tabellen im Anhang.

In Burg betrug der Anteil an Einlagen von Dienstboten nur noch gut die Hälfte (52,9 %)[32]. Doch die Entwicklung vollzog sich hier nicht so geradlinig wie in Krempe, denn die Spanne reichte von 27,1 % im Jahr 1835[33] bis zu 74,5 % im Jahr 1842, dem höchsten festgestellten Anteil an Dienstboten aller untersuchten Sparkassen überhaupt. Nun könnte man zwar meinen, da es sich streng genommen nur um Einzahlungen handelte, habe es in Wirklichkeit nicht mehr Sparer als in den durchschnittlichen Jahren vorher und nachher gegeben, sondern die Sparer hätten das Institut zwar häufiger aufgesucht, jedoch weniger eingezahlt. Dieser Einwand wird dadurch entkräftet, daß 1842 auch der größte Betrag pro Einlage, den die Kremper Dienstboten erbrachten, zu verzeichnen ist.

Durchschnittlich 49,5 % der Sparer in Marne stammten aus Dienstbotenkreisen. Hier suchte man die Sparkasse im ersten Jahr recht häufig auf, dann wurden die Besuche vorübergehend seltener. Dies deutet aber nicht auf nachlassende Sparsamkeit hin, denn gleichzeitig stiegen auch die eingezahlten Summen, so daß der Effekt des Hortens im eigenen Haus, den die Sparkassengründer gerade umgehen wollten, sich etwas stärker bemerkbar machte. In den dreißiger Jahren wurden wieder vermehrt Einlagen gemacht. Auch bei der Marner Sparkasse ist der höchste Prozentsatz an Dienenden und Arbeitenden 1842 mit 61,5 % zu beobachten.

Der Dienstbotenanteil in Meldorf war zwar von den vier Dithmarscher Sparkassen mit 40,3 % am geringsten, doch auch in Friedrichsberg betrug er zwischen 1819 und 1828 durchschnittlich nur 38,4 %[34], in Schwarzenbek Anfang der dreißiger Jahre sogar nur 27,0 %[35]. Hier kamen also nur gut 1/4 der Einlagen von der Gruppe, um die sich gerade die Schwarzenbeker Sparkasse besonders bemühte[36].

Faßt man alle Ergebnisse über den gesamten Untersuchungszeitraum zusammen, so ergibt sich ein Anteil von 45,8 % der durch Dienende und Arbeitende belegten Posten[37]. Bei einer Quote von zwei Einzahlungen pro Jahr wären 22,9 % der Sparer Dienstboten und Tagelöhner gewesen, was ungefähr ihrem Bevölkerungsanteil von 24 % entspricht[38]. Wie im Abschnitt über die Löhne

32 Vergleichbar damit ist der Gesamtüberblick, den die Lauenburger Sparkasse für 1822–1831 gibt und aus dem sich ein Einzahlungsanteil von 53,1 % für die Dienstboten errechnet. Vgl. PB 1832, H. 4, S. 545–546.
33 Der niedrige Prozentsatz erklärt sich zwar durch die ungewöhnlich hohe Zahl von Einzahlungen für Mündel, aber auch absolut gesehen war die Häufigkeit der Einzahlungen von Dienstboten in diesem Jahr am geringsten.
34 Vgl. PB 1821, H. 1, S. 69; ebd., H. 2, S. 130; PB 1822, H. 1, S. 139; PB 1828, H. 2, S. 240 und PB 1829, H. 2/3, S. 355.
35 Vgl. PB 1831, H. 4, S. 617–618; PB 1832, H. 4, S. 554; PB 1833, H. 4, S. 568–569; PB 1834, H. 4, S. 628–629.
36 Vgl. Kap. 6.1.
37 Einen vergleichbaren Dienstboten- und Tagelöhneranteil von 44 % hat Wysocki, Wirtschafts- und Sozialgeschichte, S. 77, für Bayern festgestellt.
38 Vgl. Kap. 3.2.1.

und die Sparfähigkeit ausgeführt werden wird, muß jedoch angenommen werden, daß sich diese Gruppe eher aus Dienstboten denn aus Tagelöhnern zusammensetzte.

Bemerkenswert ist außerdem die Tatsache, daß das Verhältnis zwischen männlichen und weiblichen Sparern in der dienenden Klasse bei den wenigen Sparkassen, die diese Gruppe nach Geschlechtern trennten, nie ausgeglichen war, sondern daß die Sparanstalten von den Frauen wesentlich häufiger benutzt wurden, wie aus der folgenden Tabelle deutlich hervorgeht.

Anteil männlicher und weiblicher Dienstboten

Sparkasse	Personen gesamt	Dienstb. in %	männl. Dienstb. u. Gesellen			weibliche Dienstboten		
			Personen	%	Betrag in Mk.	Personen	%	Betrag in Mk.
Itzehoc[39] 1820	79	36,5	6	7,6	–	23	29,1	–
Lauenburg[40] 1822–1831	537	53,1	83	15,5	105	202	37,6	66
Eckernförde[41] 1838	106	18,8	8	7,5	–	12	11,3	–
Husum[42] 1853	318	34,3	43	13,5	459	66	20,8	327
1866	713	15,2	42	5,9	421	66	9,3	319
Mölln[43] 1854	35	44,6	5	14,0	–	11	30,6	–
1856	595	15,9	37	6,2	–	58	9,7	–
1860	1012	25,3	108	10,7	–	148	14,6	–

Die jeweiligen Prozentzahlen sind von der Verfasserin aus den Angaben errechnet.

Aufgrund dieser Zahlen, die mit Ausnahme von Lauenburg die tatsächliche Personenzahl und nicht nur die Posten angaben, muß den Frauen eindeutig der größere Sparwille zugesprochen werden. Ihr Anteil an den Sparenden war in vielen Fällen fast doppelt so hoch wie der der Männer ihrer Berufsgruppe, die in den Sparkassenbilanzen neben den Dienstboten auch noch die Handwerksgesellen umfaßte. Daß dabei männliche Sparer wesentlich größere Summen ansammelten als Frauen, lag am durchweg höheren Verdienst der Männer.

39 Vgl. Irmisch, 150 Jahre Sparkasse Itzehoe, S. 19.
40 Vgl. PB 1832, H. 4, S. 545–546.
41 Vgl. 100 Jahre Spar- und Leihkasse Eckernförde, S. 20.
42 Vgl. Henningsen, 100 Jahre Spar- und Leihkasse Husum, S. 16.
43 Vgl. Zimmermann, 125 Jahre Möllner Sparkasse, S. 12.

Somit finden Berichte in den „Provinzialberichten" über die Sparsamkeit der Dienstmädchen und Appelle an deren männliche Kollegen, gleiches zu tun, ihre Bestätigung im wirklichen Alltag der Sparkassen. Die Lauenburger Sparkasse teilt 1831 mit:

So manches gute Mädchen erspart von ihrem Lohne alljährlich etwas, um eine bessere Zukunft sich vorzubereiten, und gibt vertrauensvoll und willig alles hin bey der Verheirathung. Müßtet ihr, junge Leute, euren Bräuten nicht auch ein besseres Loos vorbereiten von eurem reichlicheren Erwerbe bis zu dem von euch so beeilten Zeitpuncte eurer Verheirathung? . . . Seit 8 Jahren haben hiesige Dienstmädchen schon beynahe 5000 Mk. der Casse gebracht. . . Junge unverheirathete Schiffsleute haben noch nichts eingebracht[44].

Vergleicht man bei den Dithmarscher Sparkassen die übrigen Sparergruppen, so bildeten bis auf Krempe, wo ja der Dienstbotenanteil am größten war, die *Kinder* mit knapp 1/3 der Spareinschüsse die zweitstärkste Gruppe. In Krempe (14,4 %) unterlag die Einzahlungshäufigkeit von Kindern zwar nicht so großen Schwankungen, wie sie die anderen Sparkassen in dieser Gruppe aufweisen. Dafür nahm ihr Anteil an der Gesamtzahl der Posten immer mehr ab, wobei bis Mitte der vierziger Jahre ansteigende Einzahlungssummen zu verzeichnen sind, so daß auch hier gilt, daß Spargelder erst längere Zeit zu Hause aufbewahrt wurden, bevor man sie der Kasse anvertraute. In Burg und Marne war der Prozentsatz sparender Kinder mit 32,2 % bzw. 32,7 % fast gleich stark, in Meldorf, das den geringsten Dienstbotenanteil hatte, mit 37,4 % sehr hoch.

Auffallend ist die Tatsache, daß bei diesen vier Sparkassen die Beteiligung von Dienstboten und Kindern in einem reziproken Verhältnis zueinander stehen: Die Sparkasse mit den häufigsten Einzahlungen von Dienstboten hat den geringsten Anteil an sparenden Kindern und umgekehrt. Da bei beiden Sparkassen Dienstboten- und Kinderanteil zusammen den gleichen Prozentsatz (77,1 % in Krempe bzw. 77,7 % in Meldorf) ergeben, läge eigentlich die Vermutung nahe, daß es sich bei einem Großteil der Kinder in Meldorf um solche von Dienstboten und Tagelöhnern handelte und im wesentlichen nicht die Kinder selbst, sondern die Eltern in deren Namen gespart haben. Dann wäre die Beteiligung der Unterschichten an den Sparkassen recht beträchtlich gewesen. Allerdings muß berücksichtigt werden, daß in bezug auf Kinder von den Sparkassengründern keine gesellschaftlichen Einschränkungen gemacht wurden, so daß auch viele wohlhabende Bürger Sparbücher für ihre Kinder als Zukunftssicherung anlegten oder aber diese selbst zum regelmäßigen Einzahlen von geschenktem Geld erziehen wollten.

Im Gegensatz zu den beiden bisher untersuchten Gruppen, die durchschnittlich 79,2 % aller Einzahlungen der vier Sparkassen erbrachten, sollten die Sparkassen in der Kategorie der *Kommunen und Einwohner* nicht die Funktion von Daseinsfürsorge und Erziehung zur Sparsamkeit erfüllen, sondern interessieren im Hinblick darauf, in welchem Ausmaß sie von Schichten benutzt wurden, die eigentlich nicht der Gefahr der Verarmung ausgesetzt waren. In dieser Gruppe

---

44 PB 1831, H. 4, S. 614–615; vgl. auch PB 1821, H. 1, S. 70 (Friedrichsberg).

faßten die Sparkassen selbständige Handel- und Gewerbetreibende, Bauern und Vereine zusammen. Für die gut dokumentierten Dithmarscher Sparkassen ergibt sich im Durchschnitt aller Jahre ein überraschend geringer Anteil, der von 6,3 % in Burg über 9,5 % für Marne bis zu 14,4 % der Einzahlungen in Krempe reicht.

Nur die Meldorfer Sparkasse fällt mit 22,5 % aus dem Bild heraus, was sich aber leicht dadurch erklären läßt, daß hier die *Mündelgelder* miteinbezogen wurden, die nicht immer zu den kleinen Kapitalsummen zu rechnen sind. Zählt man auch bei den anderen Sparkassen die Mündelgelder unter die Gruppe der vermischten Posten, wird der Eindruck wieder einheitlicher. Dann ergibt sich für Marne (20,8 %) und Krempe (26,0 %) ein Anteil von ca. 1/4 – 1/5 aller Einzahlungen, die nicht von den eigentlich kleinen Einkommensbeziehern stammen. In Burg machen sie sogar nur 13,7 % aus.

Erstaunlicherweise nehmen die Zahlen bei allen Sparkassen im Laufe der Zeit nicht etwa zu, sondern der Trend verläuft in umgekehrter Richtung. Allerdings wird dieses – im Sinne der ursprünglichen Gründungsabsichten – gute Ergebnis durch die Höhe der jeweils eingezahlten Beträge, die doch recht beträchtlich sind, relativiert. Auch scheinen die Dithmarscher Bürger im Gegensatz zu anderen Gebieten in der Häufigkeit der Einzahlungen eine Ausnahme zu bilden. Jedoch liegen von anderen Sparkassen nur einzelne Bilanzen vor, die keineswegs einen Gesamtüberblick erlauben[45].

Zusammenfassend soll noch eine detaillierte Übersicht über die soziale Zusammensetzung der Sparer 1859, getrennt nach den drei Herzogtümern, folgen, die von offizieller Seite herausgegeben wurde[46]. An ihr zeigt sich, daß die im vorhergehenden Text für einen längeren Zeitraum errechneten, aber auf Einzelergebnissen beruhenden Zahlen für die Gruppe der Dienstboten, Arbeitsleute und Kinder zusammengenommen ein wesentlich besseres Resultat ergeben als der Bericht über die „Sparkassen in der dänischen Monarchie", der ein repräsentatives Bild von allen schleswig-holsteinischen Sparkassen bietet. Die bisher festgestellten Ergebnisse müssen deshalb jedoch nicht revidiert werden, da für das Jahr 1859 nur von der Sparkasse in Krempe Angaben vorliegen.

45 Als besonders krasses Beispiel sei nur Itzehoe erwähnt, wo 1820, dem ersten Jahr der Sparkasse, der Anteil von selbständigen Handwerkern, Mündelgeldern und verschiedenen Bürgern (davon ein Großteil Frauen und Bürgertöchter) zusammengenommen 63,3 % ausmachte (Irmisch, 150 Jahre Sparkasse Itzehoe, S. 19). Das kann sich aber in den folgenden Jahren, nachdem die Sparkasse einen größeren Bekanntheitsgrad auch bei Dienstboten erreicht hatte, geändert haben. Das gleiche gilt für das erste Jahr der Eckernförder Sparkasse, wo 1838 der Anteil der vermischten Einzahlungen 46,3 % betrug (100 Jahre Spar- und Leihkasse Eckernförde, S. 20).

46 Über das Projekt der schleswig-holsteinischen Sparkassenstatistik vgl. Kap. 8.1. Von den 1849–1863 erschienenen Berichten war der Verfasserin leider nur der aus dem Jahr 1859 zugänglich.

Sparkonten 1859 in %[47]

	Schleswig	Holstein	Lauenburg
Kinder	26,2	19,2	13,9
Dienstboten	33,4	29,6	31,4
Arbeitsleute	3,3	8,2	9,0
Handwerker	4,0	6,9	8,0
Handels- und Seeleute	4,1	1,5	1,2
Gesellschaften	2,4	2,1	2,5
Militärpersonen	0,3	0,3	0,4
Landleute	13,4	10,2	16,2
Unmündige	5,0	8,6	12,9
Andere	8,0	13,4	4,6

Anhand dieser Zahlen zeigen sich doch einige regionale Unterschiede, besonders auch, wenn man die Anteile von Dienstboten, Arbeitsleuten und Kindern zusammenrechnet. Schleswig schneidet dann mit 62,9 % am besten ab, gefolgt vom Herzogtum Holstein (57,0 %) und von Lauenburg (54,3 %).

6.3 Die Sparfähigkeit

Über das Gesamteinkommen der im Zusammenhang mit den Sparkassen interessierenden unteren Einkommensschichten lassen sich über die in Kap. 3.1.3 getroffenen Aussagen hinaus nur schwer allgemeingültige Feststellungen treffen, da die Löhne sogar innerhalb der einzelnen Kirchspiele erheblich schwanken konnten. Neben dem Geldlohn müssen zum Gesamteinkommen einer Familie noch mehrere, nur ungenau bestimmbare Faktoren hinzugerechnet werden, die natürlich auch bei der Frage zu berücksichtigen sind, wieviel die einzelnen Berufsgruppen tatsächlich sparen konnten. Zu diesen Kriterien zählen die Jahresarbeitszeit, die noch recht häufige Zahlung von Natural- und Sachlohn sowie die Mitarbeit von anderen Familienmitgliedern und ein möglicher Nebenerwerb[48].

Gerade Tagelöhner und Dienstboten in der Landwirtschaft konnten nicht davon ausgehen, das ganze Jahr über Beschäftigung zu finden, so daß sie im Winter meist einige Zeit ohne Arbeit finanziell überbrücken mußten. Wir sollten deshalb bei diesen Gruppen nicht von einer Jahresarbeitszeit von mehr als 280 Tagen ausgehen. Demnach verdiente ein Tagelöhner für sich allein in den wirtschaftlich schlechten zwanziger Jahren bei einem Tagelohn von 8 ß ca. 140

---

47 Aus: C. N. David: Die Sparkassen in der dänischen Monarchie im Jahre 1859, o. O. 1860, S. 17.
48 Wysocki, Wirtschafts- und Sozialgeschichte, S. 53.

Mk. im Jahr, in den Jahren danach ca. 175 – 210 Mk., als der Tagessatz 10 – 12 ß betrug, und seit dem wirtschaftlichen Aufschwung und dem Lohnanstieg auf 15 – 18 ß um 1850 dann 260 – 320 Mk.[49] Ein Handwerksgeselle kam nach dieser Berechnung im gesamten Untersuchungszeitraum gleichbleibend ebenfalls auf einen Jahreslohn von ca. 280 – 320 Mk. Ein solches Einkommen reichte nicht für den Lebensunterhalt einer Familie mit zwei oder drei Kindern. Durch die deshalb notwendige Mitarbeit der Frau konnten bei einem Lohn von 9 ß noch einmal 160 Mk. pro Jahr hinzukommen, eventuell auch der schwer bestimmbare Verdienst der Kinder. Viele Tagelöhner und Handwerker bewirtschafteten außerdem ein Stück Gartenland oder hatten einen anderen Nebenerwerb, dessen Einkünfte sich ebenfalls nicht genauer bestimmen lassen.

Für Erichsen stellt sich die Situation der Handarbeiter in den Städten um 1830 so dar, daß eine sechsköpfige Familie im günstigen Fall 600 Mk. im Jahr zur Verfügung hatte. Davon mußten für Miete, Heizung, Kleidung, Hausgeräte, Stadtlasten und verschiedene kleine Ausgaben 200 Mk. aufgewendet werden, so daß für die Ernährung mit gut 3 1/2 ß pro Person und Tag weniger blieb als für einen Waisen in Altona, für den 4 ß täglich veranschlagt wurden[50]. Unter diesen Umständen scheint es zweifelhaft, daß wir unter den Sparern einen größeren Prozentsatz aus der Schicht der Tagelöhner finden werden. Auch einige handwerkliche Berufe, besonders Schneider, Schuster und Bauhandwerker, erbrachten häufig nicht einmal den Lebensunterhalt, obwohl allgemein gilt, daß selbständige Handwerker zumindest ein kleines Haus besaßen[51].

Besser dagegen sah die Situation für Dienstboten und Gesinde aus, die in den Bilanzen der Sparkassen mit den Tagelöhnern zu einer Gruppe zusammengefaßt wurden[52]. Wenigstens die städtischen Dienstboten hatten im Vergleich zu den Tagelöhnern den Vorteil eines relativ sicheren, kontinuierlichen Einkommens, wenn auch ihr Geldlohn nicht besonders hoch war. Je nach Art der Tätigkeit in dieser keineswegs homogenen Gruppe verdiente das männliche Gesinde bei einem Bauern um 1840 herum zwischen 20 und 40 Rtlr. pro Jahr, die Mägde 8 – 20 Rtlr. Bedacht werden muß dabei, daß im Normalfall Kost und Logis vom Arbeitgeber gestellt wurden und als weitere Komponente zum Geldlohn der Natural- und Sachlohn hinzugerechnet wurde, der sich im 19. Jahrhundert kaum veränderte und meist in einem Paar Schuhen, 20 Ellen Leinen und einigen Ellen Wollstoff bestand[53].

Sehr sparsame und völlig anspruchslose Dienstboten konnten unter diesen Umständen einen Großteil ihres Lohnes sparen, besonders in jungen Jahren,

---

49 Vgl. Waschinski, Währung und Preisentwicklung, S. 150–154 und Brockstedt, Frühindustrialisierung – Überblick, S. 67.

50 Erichsen, Das Bettel- und Armenwesen, Bd. 80, S. 98.

51 Vgl. Wysocki, Wirtschafts- und Sozialgeschichte, S. 47–50.

52 Vgl. die Tabellen im Anhang.

53 Vgl. Göttsch, Gesindewesen in Schleswig-Holstein, S. 64–73. Wysocki, Wirtschafts- und Sozialgeschichte, S. 57, zählt die Dienstboten einkommensmäßig nicht zur Unterschicht.

wenn sie nicht für eine Familie zu sorgen hatten. Insofern beurteilten die vorgestellten Schriften über das Sparen und die Appelle in den Sparkassensatzungen die Sparfähigkeit der jungen Dienstboten ganz zutreffend. Wenn sie hingegen auch die Tagelöhner zur sparfähigen Gruppe erklären, so entspricht das eher der subjektiven Einschätzung der lokalen Führungsschichten als der historischen Realität, weil wegen der kontinuierlichen Verteuerung der Grundnahrungsmittel, die bei den Unterschichten 3/4 der Lebensbedürfnisse ausmachten, schon seit Mitte des 18. Jahrhunderts ein realer Einkommensverfall zu beobachten war[54].

Ganz vereinzelt sind den „Provinzialberichten" Angaben zu entnehmen, in welcher Höhe Ersparnisse für einzelne Personen möglich waren. Sie werden mit der gebotenen Vorsicht hier nur als grober Anhaltspunkt wiedergegeben, da sie Vorbildcharakter haben sollten und deshalb wohl eher als Ausnahmefall von besonders fleißigen Sparern angesehen werden müssen. Die Haderslebener Sparkasse z. B. berichtet von zwei Handwerksgesellen, die 40–50 Rtlr. „nach ihrer eigenen glaubwürdigen Versicherung, durch Ordnung und Sparsamkeit in weniger als einem Jahre von ihrem Lohn erübrigt hatten"[55]. Es ist aber sicher nicht der Regelfall gewesen, daß 30–50 % des Lohnes gespart werden konnten, ohne einem Nebenerwerb nachzugehen.

In einem Bericht über die Friedrichsberger Sparkasse heißt es, sparende Dienstmädchen hätten bei ihrer Verheiratung 300–500 Mk. in den neuen Hausstand einbringen können[56]. Das erscheint recht viel, wenn man bedenkt, daß Dienstmädchen auf dem Gut Salzau zwischen 1815 und 1864 nur 60 Mk. Geldlohn im Jahr erhielten[57]. Mögen auch der Lohn und vor allem Trinkgelder und Geschenke in anderen Gebieten oder in einem städtischen Haushalt höher gewesen sein, so bleibt es doch ein relativ großer Betrag, der hier als Sparsumme angegeben wird. Unter der Annahme, daß eine Frau bei ihrer Verheiratung ungefähr Mitte 20 oder etwas jünger war, hatte sie also im Höchstfall 10 Jahre gearbeitet und jährlich 30–50 Mk. gespart, die Verzinsung jedoch schon mit eingerechnet.

Wie hoch die Sparfähigkeit von ledigen Dienstboten im Vergleich zu Familienvätern und kleinen Handwerkern war, geht aus demselben Bericht der Friedrichsberger Sparkasse hervor. Hier wird ein Mann als vorbildlich hingestellt, der durch die Konsequenz, mit der er wöchentlich 5 ß zurücklegte, auffiel. Mit dieser Methode brauchte er einschließlich Verzinsung bereits 16 Jahre, um den gleichen Betrag von 300 Mk. von der Sparkasse zurückzuerhalten, den ein Dienstmädchen in ca. 5–10 Jahren sparen konnte[58].

Um die Angaben in den „Provinzialberichten" anhand der Realität überprüfen zu können, müßte man die Einzahlungen und Abhebungen einzelner Sparer

54 Wysocki, Wirtschafts- und Sozialgeschichte, S. 45.
55 PB 1827, H. 3, S. 488.
56 PB 1821, H. 1, S. 70.
57 Waschinski, Währung und Preisentwicklung, S. 145.
58 PB 1821, H. 2, S. 70–71.

mit Hilfe der Hauptbücher[59] der Sparkassen nachvollziehen und zusätzlich die gesellschaftliche Stellung der Sparer mühsam aus Kirchen- und Gemeindebüchern rekonstruieren. Da das schon aufgrund der unvollständigen Quellenlage[60] und im Rahmen dieser Arbeit nicht möglich ist, kann hier nur auf die aus den Tabellen im Anhang errechneten durchschnittlichen Einzahlungen pro Person zurückgegriffen werden. Sie geben jedoch keinen Aufschluß darüber, wie groß das gesamte individuelle Sparguthaben war und wie lange die eingezahlten Summen bei der Sparkasse belegt blieben.

Vereinzelt wurden im 19. Jahrhundert Statistiken über die Kontengrößen erstellt, in denen jedoch die soziale Aufschlüsselung fehlt, so daß aus ihnen nicht ersichtlich wird, in welchem Ausmaß die Fähigkeit und der Wille zum Sparen in den verschiedenen Bevölkerungsschichten verbreitet war.

Verteilung der Kontengrößen in % [61]

	Schleswig		Holstein		Lauenburg	
	1859	1860	1859	1860	1859	1860
unter 10 Rtlr.	8,6	8,7	8,0	7,4	7,8	7,0
10– 20 Rtlr.	9,3	9,5	7,9	8,0	8,1	5,3
20– 50 Rtlr.	19,4	19,7	16,1	16,1	18,4	17,4
50–100 Rtlr.	30,5	19,9	18,8	18,5	20,1	19,0
100–200 Rtlr.	18,5	18,6	18,7	18,8	20,7	19,7
200–300 Rtlr.	8,7	8,6	10,7	10,6	8,8	10,5
300–500 Rtlr.	8,7	8,3	9,0	9,0	7,6	8,8
über 500 Rtlr.	6,3	6,7	10,8	11,6	8,5	12,3

Die meisten Sparer verfügten also über ein Guthaben zwischen 150 Mk. und 600 Mk. Das ist eine Größenordnung, die nach den „Provinzialberichten" schon in den zwanziger Jahren für Dienstboten erreichbar schien und ungefähr einem Jahreseinkommen entsprach. Allerdings erhalten wir hier keinen Aufschluß darüber, in welchem Zeitraum eine derartige Vermögensbildung möglich war.

Die regionalen Unterschiede zwischen den Kontengrößen fallen kaum ins Gewicht. Nur für Schleswig fällt auf, daß die großen Vermögen von 1500 Mk. seltener waren als in Holstein und Lauenburg. Entsprechend war die Durchschnittsgröße je Sparbuch in Schleswig deutlich geringer als in den beiden anderen Landesteilen. Das gilt nicht nur für 1859:

59 In ihnen sind wie in den individuellen Sparbüchern Ein- und Auszahlungen für jeden Sparer verzeichnet.
60 Zur Quellenlage allgemein vgl. Wysocki, Wirtschafts- und Sozialgeschichte, S. 73. Viele Geschäftsbücher sind in den Weltkriegen verlorengegangen oder wurden überhaupt nicht über längere Zeit aufbewahrt.
61 Aus: David, Die Sparkassen in der dänischen Monarchie, S. 15 (für 1859) und Sievers, Geschichte des Sparkassenverbandes, S. 116 (für 1860).

Durchschnittsgröße pro Konto in Mk.

	1854[62]	1855[63]	1859[64]
Schleswig	322	321	492
Holstein	410	409	633
Lauenburg	393	392	645

Das Anwachsen der pro Sparbuch zurückgelegten Beträge innerhalb von nur fünf Jahren ist recht beträchtlich. In diesem Jahrzehnt fand zwar auch in den Herzogtümern ein wirtschaftlicher Aufschwung statt, aber zwischen den Vergleichsjahren lag die europäische Wirtschaftskrise von 1857, die sich allem Anschein nach nicht bis zur einfachen Bevölkerung hinunter ausgewirkt hat. Insgesamt war die Sparmentalität in Schleswig-Holstein stark ausgeprägt, denn beispielsweise betrug das Durchschnittsguthaben in Bayern bis 1859 nie mehr als 350 Mk.[65], während es in Holstein und Lauenburg mit bis zu 645 Mk. weit über dem Vergleichswert lag.

Untersuchen wir nun die Einzahlungsentwicklung anhand der Tabellen im Anhang für die dreißiger und vierziger Jahre, so fällt bei genauerer Betrachtung auf, daß sich kaum eine durchgängige Entwicklung aus den pro Einzahlung belegten Beträgen ablesen läßt, sondern daß sich bei allen Sparergruppen ein 2- oder 3-Jahres-Rhythmus herauskristallisiert, in dem die Einzahlungshöhe je Person im Vergleich zu den Vorjahren ab- und zunimmt.

Die größte Gesamtsumme und Postenzahl wurde fast durchgängig bei allen Gruppen und Sparkassen 1842/43 eingezahlt, so daß man auf ein für alle Schichten gutes Jahr schließen kann, wenn auch die Belegung pro Posten häufig zu anderen Zeiten höher war. In Krempe finden wir das einlagenstärkste Jahr 1852/53, das mit einem allgemeinen wirtschaftlichen Aufschwung verbunden war. Leider liegen von den anderen Sparkassen keine Angaben mehr zu diesem Zeitraum vor, so daß sich diese Aussage nicht generalisieren läßt. Auch die bekannten ökonomischen und politischen Krisen, zum Beispiel das Hungerjahr 1847 oder die folgende Periode der schleswig-holsteinischen Erhebung, sind in den Bilanzen nicht dokumentiert. Die niedrigsten Sparsummen je Person wurden in der Regel Ende der zwanziger bis Mitte der dreißiger Jahre eingezahlt.

Für die einzelnen Sparerkategorien ergeben sich bei den im Laufe eines Jahres belegten Summen pro Posten folgende gerundete Durchschnittswerte in Mark[66]:

---

62 Aus: Hansen, Das Sparkassenwesen, S. 529.
63 Aus: Bericht der Gewerbekammer, S. 12.
64 Aus: David, Die Sparkassen in der dänischen Monarchie, S. 13. Die Beträge wurden von der Verfasserin von Reichstalern in Mark umgerechnet.
65 Wysocki, Wirtschafts- und Sozialgeschichte, S. 81.
66 Zu den Einzelergebnissen vgl. den Anhang.

	Dienst- boten	Kinder	Mündel- gelder	verschiedene Gruppen
Marne	87	37	165	165
Meldorf	52	9	–	121
Burg	73	27	255	211
Krempe	231	83	151	414

Der niedrige Durchschnittsbetrag für Kinder in Meldorf ist leicht mit der großen Zahl der Besuche bei der Sparkasse durch diese Gruppe zu erklären, die sich an der Postenzahl ablesen läßt. Hier wurde noch am ehesten befolgt, was die Sparkassengründer sich als Erziehungsziel vorgestellt hatten, nämlich die Sparkasse auch wegen geringerer Kapitalien möglichst oft aufzusuchen.

Die völlig aus dem Gesamtbild herausfallenden Ergebnisse der Kremper Sparkasse können ihre Erklärung nur darin finden, daß hier in den Bilanzen nicht die einzelnen Posten, sondern die Gesamtguthaben je Sparer angegeben sind. Unter der Voraussetzung, daß die Sparer ca. zweimal pro Jahr gleich große Summen zur Sparkasse brachten, ergeben sich Beträge, die beispielsweise in der Gruppe der Dienenden und Arbeitsleute den halben Jahreslohn eines Handwerksgesellen ausmachten[67].

Abschließend soll für den in den Tabellen erfaßten Zeitraum der ermittelte Anteil von Dienstboten und derjenige von Einwohnern/Kommunen an der Gesamtsparerzahl dem von ihnen prozentual zur Gesamteinlage gesparten Kapital gegenübergestellt werden[68]:

	Dienstboten		Einwohner/Kommunen	
	Anteil an Sparern in %	Anteil an Gesamt- sparsumme in %	Anteil an Sparern in %	Anteil an Gesamt- sparsumme in %
Marne	46,5	42,6	9,5	33,2
Meldorf	40,3	37,4	22,5[69]	50,9
Burg	52,9	57,2	6,3	19,3
Krempe	62,7	63,6	14,4	25,4

Überraschend ist eigentlich weniger, daß von der Gruppe der Einwohner, die ja zum großen Teil nicht ganz unvermögendes Bürgertum und einige Vereine

---

67 Ersparnisse in dieser Höhe hat auch Wysocki, Wirtschafts- und Sozialgeschichte, S. 82, ermittelt.
68 Vgl. die Tabellen im Anhang.
69 Einschließlich Mündelgeldern.

einschloß, zwei- bis dreimal soviel zur Sparkasse gebracht wurde, als ihrem Anteil an den Sparenden insgesamt entsprach, sondern daß die Relation zwischen gespartem Kapital und Anteil der Dienstboten an der Gesamtsparerzahl sich fast die Waage hält. Teilweise übersteigt die Sparsumme der Dienstboten – gemessen am Gesamtkapital – sogar deren Spareranteil. So kann zumindest für die Dithmarscher Sparkassen eine von Bayern abweichende Entwicklung festgestellt werden. Dort waren 1839 44 % der Sparer Dienstboten oder Handwerksgesellen, sie erbrachten aber nur 34 % der Spareinlagen[70].

Alle oben getroffenen Aussagen haben nur für die sparenden Mitglieder der jeweiligen Gesellschaftsschicht Gültigkeit und sagen nichts über die Sparfähigkeit ihrer Standesgenossen aus[71], da es sich bei den unteren Gesellschafts- und Einkommensschichten keineswegs um homogene Gruppen handelte. Hier können nur generell für Deutschland geltende Angaben über den Anteil der sparfähigen Unterschichten, der von Wysocki nur auf 10 % beziffert wird[72], gegeben werden. Die große Mehrheit aber konnte beim besten Willen nichts zum Sparen erübrigen, sondern mußte im Gegenteil in auftretenden Notlagen den Hausrat versetzen oder borgen – nach Schulz ein Teufelskreis, der zu immer größerer Verschuldung führte[73]. Aus dieser Situation konnten auch die Leihkassen schon von ihrem satzungsmäßigen Anspruch her[74], der sie auf den kleinen und mittleren Gewerbestand verpflichtete, nicht heraushelfen. Welche Schichten im praktischen Alltag Darlehen erhielten und wofür sie verwandt wurden, kann in dieser Arbeit nicht berücksichtigt werden, da die Sparkassenbilanzen zwar Auskunft über die Gesamtsumme des ausgeliehenen Kapitals erteilen, jedoch nur in Einzelfällen die Zahl der Schuldner angeben und keinerlei soziale Klassifikation vornehmen. Das verbot sich schon wegen des Bankgeheimnisses, das die meisten Sparkassen bereits in bezug auf das Aktivgeschäft wahrten.

Es muß also angezweifelt werden, ob die Sparkassen angesichts der geschilderten sozialen Verhältnisse gemäß der Intention ihrer Satzungen Bevölkerungsschichten in größerem Ausmaß dazu mobilisieren konnten, mit dem Sparen zu beginnen[75]. Man sollte vielmehr davon ausgehen, daß dieser Effekt erst in späterer Zeit eintrat, als sich die verständliche fatalistische Haltung der Un-

70 Vgl. Wysocki, Wirtschafts- und Sozialgeschichte, S. 80.

71 Ebd., S. 82.

72 Ebd., S. 12 und 89. Die sparenden Angehörigen einer sozialen Gruppe können nicht als Indikator für die wirtschaftliche Lage der ganzen Schicht gelten. Obwohl es sparende Gesellen gegeben hat, widerlegt das nicht die Tatsache, daß das Gesellenelend recht groß war.

73 Günter Schulz: „Der konnte freilich ganz anders sparen als ich." Untersuchungen zum Sparverhalten industrieller Arbeiter im 19. Jahrhundert, in: Werner Conze/Ulrich Engelhardt (Hrsgg.): Arbeiterexistenz im 19. Jahrhundert. Lebensstandard und Lebensgestaltung deutscher Arbeiter und Handwerker (= Industrielle Welt Bd. 33), Stuttgart 1981, S. 487–515, hier S. 490.

74 Vgl. Kap. 5.2.2.

75 Vgl. Wysocki, Wirtschafts- und Sozialgeschichte, S. 144.

terschichten gegenüber ihrem Schicksal auch aufgrund der allgemein verbesserten Wirtschaftslage und der gestiegenen Löhne änderte.

Die Verdienste der Sparkassen sollen durch diese Tatsache jedoch nicht geschmälert werden, denn sie boten erstmals denjenigen Dienstboten und Gesellen, die bereits vor dem Entstehen der Sparinstitute aus eigenem Antrieb Rücklagen gebildet hatten, die Gelegenheit, diese kleineren Kapitalien, die zwar im Verhältnis zur Lohnhöhe nicht unbedeutend waren[76], aber für sich allein doch noch nicht anlagefähig, sicher aufzubewahren und durch die Zusammenlegung mit den kleinen Sparsummen anderer Leute zu einem zinstragenden Vermögen anwachsen zu lassen. Sparfähigkeit kann dabei vor allem den Dienstboten im gesamten Zeitraum unterstellt werden, nicht aber den unter- und kleinbäuerlichen Schichten[77].

6.4 Die Sparziele

Darüber, wie die angesparten Summen von den Sparern verwendet wurden, gibt es keine Quellen, die sich direkt auf die Sparer zurückführen. Auch hier sind wir wieder auf die Vorstellungen der Sparkassengründer in den Satzungen angewiesen. Es kann deshalb nur vermutet werden, daß jemand, der an und für sich schon den Hang zum Sparen besaß und ziemlich regelmäßig auf sein Sparbuch einzahlte, mit den Ersparnissen auch „vernünftig" im Sinne der Sparkasseninitiatoren umging und dieses Geld, das für Notfälle und besondere Anschaffungen dienen sollte, nicht doch für überflüssige Dinge oder Vergnügungen ausgab.

Neben den in Kap. 5.2.1 genannten allgemeinen Zielen finden sich ganz konkrete Vorschläge für die Verwendung des Sparkapitals besonders in den Ankündigungen der Sparkassen in Kiel, Meldorf[78] und Rendsburg. Durch persönliche Ansprache will die Rendsburger Spar- und Leihkasse für folgende Sparziele der einfachen Bevölkerung werben:

Ihr Eltern könnt für Eure Kinder, ihr Dienstmädchen zu einem Bett oder andern nützlichen Hausgeräthe, ihr Handwerksgesellen zum Meisterwerden, ihr Knechte zu einem künftigen Nahrungsbetriebe, ihr Lehrburschen zu einem Gesellenkleide Euer Erübrigtes in diese Sparkasse niederlegen und durch Zinsen und Zinseszinsen fruchtbringend machen. Ihr, die ihr in den Sommermonaten reichlich verdient, ihr Maurer- und Zimmerleute, ihr Tagelöhner . . ., ihr könnt das, was Ihr mehr verdient, als Ihr verzehrt, in diese Kasse niederlegen und in den Wintermonaten, wo Euer Verdienst aufhört, mit Zinsen wiederholen, um Euere Bedürfnisse zu stillen.[79]

---

76 Ebd., S. 11. Allgemein entspricht ein Durchschnittsguthaben in Deutschland 20–60 % des jeweiligen Jahreslohnes, auch bei den sparenden Unterschichten.
77 Ebd., S. 10.
78 Vgl. den Anhang.
79 Ansprache an Rendsburgs Einwohner, in: Schmidt, 125 Jahre Spar- und Leihkasse in Rendsburg, S. 10–12, hier S. 11.

Im ganzen gesehen werden die hier aufgeführten Sparziele – also Erwerb eines Hausstandes, Gründung einer selbständigen Existenz und Vorsorge für periodenhafte Krisenzeiten – von der Forschung aufgrund der nachgewiesenen Sparguthaben als realistisch eingestuft. Die Sparsummen reichten in der Regel aus, um kurzfristige Notfälle wie Krankheit oder eine vorübergehende saisonal bedingte Arbeitslosigkeit durch Selbsthilfe zu überbrücken[80]. Ein Alleinstehender konnte notfalls sogar ein ganzes Jahr von seinen Ersparnissen leben.

Spargelder konnten aber auch dazu genutzt werden, bereits in normalen Zeiten die Lebenshaltungskosten zu senken, denn ein großer Teil der Unterschichten lebte von der Hand in den Mund und zahlte für die gleiche Menge an Lebensmitteln oder Heizmaterial wesentlich mehr als die Vermögenderen, weil alles in kleinen Mengen beim Höker gekauft wurde[81]. Das lag häufig daran, daß viele Unterschichtangehörige gar nicht auf einen Schlag das Geld zur Verfügung hatten, um größere Mengen billiger einzukaufen. Wer jedoch wenigstens von Zeit zu Zeit kleine Ersparnisse bildete, konnte auf Vorrat einkaufen, wenn gut haltbare Lebensmittel saisonbedingt preisgünstig waren, und in den teuren Wintermonaten, in denen häufig ein Verdienstausfall zu befürchten war, davon leben.

Auch der gesellschaftliche Aufstieg durch Errichtung eines eigenen Handwerksbetriebes war mit Hilfe der gesparten Kapitalien nicht unmöglich, wobei allerdings bedacht werden muß, daß die Voraussetzung dazu im Regelfall der Erwerb eines eigenen Hauses war. Das konnte gleichfalls mit einem durchschnittlichen Sparguthaben erreicht werden. Fraglich ist aber, ob das Geld sowohl für das erste Betriebskapital als auch für ein Haus ausreichte[82]. Außerdem muß ein Faktor berücksichtigt werden, der nicht von den finanziellen Gegebenheiten abhängig war. Gemeint ist die strukturelle Überbesetzung in manchen Handwerksberufen, die zur Folge hatte, daß die berufliche Selbständigkeit gar nicht so sehr erstrebenswert schien[83].

Es ist also festzustellen, daß die Sparkassen die Funktion kurzfristiger Daseinsvorsorge und Hilfe zur Selbständigkeit bieten konnten. Was sie aber nicht leisteten, obwohl das von vielen Sparkassengründern angestrebt wurde, war eine langfristig ausgelegte Altersversicherung[84]. Sie „läßt sich nur durch eine Solidarversicherung abdecken und kann nach der Theorie und . . . nach der Praxis kein realistisches Sparziel sein[85]." Trotzdem ist etwas Ähnliches von der Kieler Sparkasse geplant worden. Während andere Sparkassensatzungen die

80 Schulz, Untersuchungen zum Sparverhalten, S. 493.
81 Vgl. Erichsen, Das Bettel- und Armenwesen, Bd. 80, S. 98; vgl. auch Wysocki, Wirtschafts- und Sozialgeschichte, S. 46.
82 Wysocki, Wirtschafts- und Sozialgeschichte, S. 88.
83 Ebd., S. 62.
84 Vgl. die Ausführungen über das Zwangssparen in Kap. 5.1.1.
85 Schulz, Untersuchungen zum Sparverhalten, S. 493; vgl. auch Wysocki, Wirtschafts- und Sozialgeschichte, S. 88.

Altersvorsorge nur als Sparziel in ihren Ankündigungen anregten, wollte man in Kiel eine konkrete Hilfestellung hierzu geben, indem der Sparer sich zu regelmäßigen, gleich hohen Beträgen wie bei einer Versicherung verpflichten sollte und im Alter entsprechend seiner eingezahlten Summe, aber eben nicht über diesen Betrag hinaus, eine Rente erhalten würde[86]. Ob diese Einrichtung überhaupt Interessenten gefunden hat und tatsächlich funktionierte, war nicht zu ermitteln.

---

86 Vgl. die Ankündigung der Gesellschaft freiwilliger Armenfreunde im Anhang.

7 Organisatorischer Aufbau der Sparkassen

7.1 Die Einteilung der Sparkassen in Gruppen

Es gibt mehrere Möglichkeiten, die Sparkassen in verschiedene Gruppen einzuteilen, die für das schleswig-holsteinische Sparkassenwesen in unterschiedlichem Ausmaß relevant sind. Als Hauptmerkmal wird in der Literatur häufig die Unterscheidung zwischen kommunaler und privater Trägerschaft angegeben. Eine Besonderheit der Herzogtümer, durch die sie sich von allen anderen deutschen Gebieten unterscheiden, besteht aber darin, daß hier die recht früh und sehr intensiv einsetzende Gründung von Sparkassen nicht nur in größeren Städten, sondern auch in kleinen, ländlichen Orten fast ausschließlich von privater Initiative ausging. Es wäre also nicht sehr sinnvoll, die Entwicklung unterschiedlicher Sparkassenarten in Schleswig-Holstein auf den Aspekt von kommunaler oder privater Trägerschaft zu beschränken, selbst unter der Berücksichtigung, daß die Kriterien zur Beurteilung, ob eine Sparkasse noch als privat oder schon als kommunal anzusehen ist, je nach Forschungsmeinung schwanken und die eine oder andere Sparkasse, die in der vorliegenden Arbeit als privat klassifiziert wird, in anderen Untersuchungen zu den kommunalen Sparkassen zählt[1].

Eine Sparkasse kann nur dann als kommunal bezeichnet werden, wenn sie über die erste Generation der Administratoren hinaus von kommunalen Mandatsträgern in deren amtlicher Funktion und nicht allein aus ihrem privaten Engagement heraus geleitet wird. Außerdem muß die Garantieleistung für die eingezahlten Sparsummen von der Kommune getragen werden[2]. Streng genommen erfüllt von den untersuchten Sparkassen bis 1864 nur eine einzige bereits bei der Gründung die Merkmale einer kommunalen Sparkasse, nämlich die Möllner Spar- und Leihkasse von 1854, die nicht von einzelnen Ratsverwandten angeregt, sondern vom gesamten Möllner Magistratsvorstand gegründet

---

1 Hansen, Das Sparkassenwesen, S. 534 nennt u. a. als kommunale Sparkassen Pinneberg, Hennstedt, Wesselburen, Oldesloe und Uetersen. Die Überprüfung ergab, daß alle diese Kassen 1864 noch privat waren. Interessanterweise wendet sich Hansen gegen die zu seiner Zeit einsetzende Tendenz zur Kommunalisierung, weil keine amtliche Verwaltung „die Summe gemeinnützigen Geistes und philanthropischer Thätigkeit zum Besten der ärmern Volksschichten", die in der privaten Leitung der Sparkassen stecke, ersetzen könne. Ebd., S. 538. Zu früheren ähnlichen Einwänden gegen staatlichen Einfluß auf das Sparkassenwesen vgl. Kap. 8.1.

2 Vgl. dazu die Definition der Privatsparkasse von Hansen, Die Privatsparkassen in Schleswig-Holstein, S. 8: „Die Privatsparkassen sind Sparkassen, die private Verwaltung und private Haftung haben. Dem Moment der privaten Haftung ist die größere Bedeutung beizumessen."

und getragen wurde. Der Magistrat übernahm hier also die Aufgaben, die bei den Privatsparkassen entweder den Mitgliedern des Sparkassenvereins oder der beaufsichtigenden gemeinnützigen Gesellschaft zukamen[3].

Daneben gab es zwei Sparkassen, die zwar als private Institute gegründet, aber noch vor 1864 kommunalisiert wurden. In Husum übernahm die Stadt auf Wunsch der Sparkassenmitglieder seit 1848 Aufsicht und Direktion. Auch die Meldorfer Sparkasse wurde von ihrer Gründung im Jahr 1828 bis 1847 als privates Institut geführt, ist dann aber als eine der wenigen Sparkassen im Land aufgelöst worden und wurde 1849 auf kommunaler Basis neu errichtet. In den Statuten vom 3. 3. 1849 heißt es dazu in § 1:

Da die im Jahre 1828 hieselbst gegründete Spar- und Leihkasse vor reichlich einem Jahre eingegangen ist, die Nützlichkeit und theilweise Notwendigkeit eines solchen Instituts aber sich während dieses Zeitraums hinreichend herausgestellt hat, so hat der Flecken Meldorf, welche zur diesem Behufe viertelsweise von seinen Vorstehern convocirt war, fast einstimmig beschlossen, unter Verantwortlichkeit und Garantie der Fleckenscommüne eine neue Spar- und Leihcasse zu gründen und baldmöglichst ins Leben treten zu lassen[4].

Es stellt sich natürlich die Frage, warum die private Meldorfer Sparkasse liquidiert wurde, wenn deren Vorteile und Notwendigkeit bewiesen waren und es an der fehlenden Einzahlungsbereitschaft sicher nicht gelegen hat[5]. Das Problem fand in der Öffentlichkeit, namentlich im „Itzehoer Wochenblatt"[6] und der „Dithmarscher Zeitung", großes Interesse. Letztere schrieb:

Als nach dem plötzlichen Tode des Rechnungsführers der Meldorfer Spar- und Leihkasse sich ungeahndete Verwicklungen zeigten, war man noch weit von dem Gedanken entfernt, daß das bei uns Unerhörte geschehen, daß eine Sparkasse Concurs machen könnte! Das Unerhörte ist indeß geschehen[7].

3 Interessant ist, daß es in Mölln bereits 1846 einen Anlauf zur Sparkassengründung gegeben hat, und zwar durch den Möllner Leseverein, der sich um die Verbreitung aufgeklärter Gedanken bemühte und im Zuge der gleichen Bewegung entstanden ist wie die bereits erwähnten philanthropischen Vereinigungen. Daß diese Sparkasse, deren Vorstand bereits gewählt worden war und die in der Trägerschaft ganz dem Muster der übrigen schleswig-holsteinischen Sparkassen entsprochen hätte, nicht verwirklicht wurde, war durch die politischen Umwälzungen dieser Jahre bedingt. Zimmermann, 125 Jahre Möllner Sparkasse, S. 6–8.
4 Helmut Arnaschus: 1828–1978. Verbandssparkasse Meldorf, (Heide 1978), S. 25.
5 Vgl. die Tabellen der Einzahlungen im Anhang.
6 Vgl. das „Itzehoer Wochenblatt" Nr. 19 v. 13. 5. 1847, Nr. 20 v. 20. 5. 1847, Nr. 22 v. 3. 6. 1847. In diesen Beiträgen entwickelt sich eine Diskussion darüber, auf welche Weise Konkurse wie in Meldorf in Zukunft verhindert werden können.
7 „Dithmarscher Zeitung" v. 17. 7. 1847, zit. n. Arnaschus, Verbandssparkasse Meldorf, S. 21. Erscheint es zunächst zweifelhaft, daß die Sparkasse derart abhängig von der Kenntnis und dem Einsatz eines einzelnen Mannes gewesen sein soll, so wird diese Ansicht durch den bereits vorgestellten Artikel des Marner Sparkassengründers Müllenhoff erhärtet, der bereits einige Jahre vor dem Meldorfer Konkurs geradezu

An den Beispielen Mölln und Husum hat sich also gezeigt, daß schleswig-holsteinische Gemeindebehörden in der ersten Hälfte des 19. Jahrhunderts nur dann die Verantwortung für eine Sparkasse übernahmen, wenn zuvor private Initiative gescheitert oder aus äußeren Umständen erst gar nicht zum Zuge gekommen war.

Schon immer wurde diskutiert, weshalb sich gerade in Schleswig-Holstein die Privatinitative, der das gute Abschneiden und die große Verbreitung der hiesigen Sparkassen zugesprochen wird[8], so sehr in den Vordergrund schob. Nicht nur in früheren Arbeiten, sondern auch noch in jüngerer Zeit ist man zu der Antwort gelangt, daß diese Entwicklung auf die besondere Mentalität der schleswig-holsteinischen Bevölkerung zurückzuführen sei. Zumindest an der Westküste habe sie keine Leibeigenschaft gekannt, sich dafür aber im ständigen Kampf mit dem Meer zu einer starken Gemeinschaft zusammenschließen müssen. Dadurch und durch Kontakte mit anderen Kulturen sei ein „freier, strebsamer und intelligenter Menschenschlag" entstanden, der sowohl gemeinnützige wie geschäftstüchtige Züge in sich vereine und Schutzmaßnahmen gegen verschiedene Mißstände ohne Inanspruchnahme des Staates entwickelt habe[9].

Charaktereigenschaften eines Volkes sollten jedoch nur mit größter Vorsicht als Begründung für einen Sachverhalt angeführt werden. Tatsache ist zwar, daß in Schleswig-Holstein das Genossenschafts- und Gildewesen von jeher stark ausgeprägt war und deren Organisationsform auch auf die Privatsparkassen abgefärbt haben könnte[10]. In erster Linie ist aber das völlige Gewährenlassen der dänischen Staatsbehörden[11] als Grund für das Entstehen der Privatsparkassen anzuführen, außerdem die Trägerschaft durch ein selbstbewußtes, reformwilliges Bürgertum, das sich auf Gedanken der Aufklärung berief, auch die unteren Volksschichten müßten zu wirtschaftlich selbständigen, mündigen Bürgern erzogen werden.

Der Hinweis auf die Genossenschaften und das engagierte Bürgertum führt wieder zur Frage nach verschiedenen Formen im schleswig-holsteinischen Sparkassenwesen und einer möglichen Unterteilung der großen Gruppe der Privatsparkassen. Hier kann auf das zurückgegriffen werden, was über die Sparkassengründer in Kap. 4 ausgeführt wurde. Danach ist zum einen die Gruppe der Einzelpersonen als Initiatoren und Garanten einer Spareinrichtung zu nen-

---

hellsichtig auf eine Schwäche der nicht erhalten gebliebenen Meldorfer Satzung von 1828 hinwies: „Der Rechnungsführer allein erscheint als werkthätig, die Andern [die übrigen Administratoren, die Verf.] nur als supernumeraire Assessoren. Der Erste hat sämtliche Bücher zu führen samt der Casse; und hat alles in seinem Haus." (DZ, Nr. 14 v. 4. 4. 1840).

8 Vgl. Kap. 8 und Hansen, Das Sparkassenwesen, S. 538.
9 Sievers, Geschichte des Sparkassenverbandes, S. 82–83. Ähnlich spricht Hansen, Die Privatsparkassen, S. 19, von „der Stammkraft und Eigenart der Bevölkerung" und den Sparkassen als „ureigenen Volkseinrichtungen".
10 Vgl. Bericht der Gewerbekammer, S. 86.
11 Vgl. Kap. 8.1.

nen. Sie tritt bei der hauptsächlich in den Herzogtümern verbreiteten Sonderform der Gutssparkassen sowie den Fabriksparkassen auf, die aber eher in den stärker industrialisierten Gebieten Westdeutschlands angesiedelt sind. Gemeinnützig-philanthropische Gesellschaften bilden als Träger von Sparkassen zwar keine sehr große Gruppe, sie bereiten aber durch ihr Auftreten in der ersten Periode der Sparkassengründungen den Weg für weitere Institute. In der Literatur wird diese Form meist als Verbindung von einer Anstalt mit einem Verein gekennzeichnet[12].

Quantitativ am stärksten vertreten sind jedoch die speziellen Sparkassenvereine, die sich weiter unterteilen lassen nach der Form, in der die Sicherheitsleistung[13] erfolgte. Sie konnte in einem Stiftungskapital bestehen, das von Einzelpersonen zu diesem Zweck ausgesetzt wurde wie in Rendsburg, Uetersen und Glückstadt. Bei anderen Sparinstituten zeichneten die Bürger, die sich dem Sparkassenverein angeschlossen hatten, Anteile über eine bestimmte Summe, die dem Institut als Absicherung gegen Verluste sowie zur Bestreitung des Betriebskapitals zur Verfügung stand. Diese Anteile wurden häufig als Aktien bezeichnet, sind aber nicht in derselben Bedeutung zu verstehen wie heute, da es um 1850 noch nicht einmal ein Gesetz gab, das Bestimmungen über diese neue Art der Kapitalbeschaffung enthielt[14] Die sogenannten Sparkassenaktien konnten zwar auf andere Personen, beispielsweise auf die Erben, übergehen, warfen aber im allgemeinen keine Dividende oder Zinsen für die Einzahler ab. Aus den unzähligen Beispielen für Sparkassen mit dieser Art von Garantieleistung seien nur Marne, Nortorf und Hanerau-Hademarschen genannt.

Es bleibt jedoch festzustellen, daß sich hier allmählich die neue Form der Kapitalgesellschaft entwickelte, in der nicht mehr die persönliche Bindung des einzelnen gegenüber einer Genossenschaft und eine unbeschränkte, solidarische Haftung wie in der Personalgenossenschaft ausschlaggebend waren, sondern allein die Summe des in den Sicherheitsfonds eingezahlten Kapitals[15]. Damit sank zwar das Risiko für die beteiligten Mitglieder, aber sie verfolgten nicht wie die Aktiengesellschaften im normalen Wirtschaftsleben den Zweck, auf diese Weise zur Gewinnmaximierung bei geringem Risiko zu gelangen: im Gegenteil, für die Sparkassenaktionäre stellten diese Zahlungen einen Beitrag zur Wohltätigkeit dar. Außerdem sollte betont werden, daß die Anzahl der gezeichneten Aktien bei den Sparkassen nicht über das Stimmrecht entschied, denn in

---

12 So z. B. Hansen, Die Privatsparkassen in Schleswig-Holstein, S. 29; Sievers, Geschichte des Sparkassenverbandes, S. 109. Hansens Definition ist jedoch verwirrend. Da er mehr das Verwaltungstechnische berücksichtigt, kommt er zu einer etwas anderen Einteilung, als sie in Kap. 4 vorgenommen wurde. Hansen zählt zur Gruppe der Anstalten in Verbindung mit einem Verein auch Pronsdorf, Oldenburg und Wewelsfleth, über die der Verfasserin keine näheren Angaben vorlagen.
13 Vgl. Kap. 7.2.
14 Poeschel, Die Statuten der Banken und Sparkassen, S. 35.
15 Ebd., S. 36.

den Versammlungen hatte jedes Sparkassenmitglied nur eine Stimme. Daneben gab es einige Sparkassen, deren Mitglieder nicht von Anfang an dem Institut eine bestimmte Summe zur Sicherheitsleistung übereigneten, sondern sich nur bereit erklärten, im Falle von Verlusten in festgelegter Höhe zu bürgen, so in Burg/Dithm., Neumünster und Hohenwestedt. In manchen Fällen hafteten sie aber auch mit ihrem ganzen Vermögen wie bei der Gardinger und der Amts Traventhaler Sparkasse[16].

7.2 Die Aufgaben der Mitglieder und die Verwendung der Überschüsse

In Kap. 4 wurden nur die als Initiatoren der Sparkassen anzusehenden Personen berücksichtigt, doch der Kreis der eigentlichen Mitglieder des Sparkassenvereins ging in der Regel weit über diejenigen, die aktiv an der Ausarbeitung der Satzung beteiligt waren, hinaus. Wie im vorigen Abschnitt bereits kurz angedeutet, lag die Bedeutung der Mitglieder vor allem im finanziellen Beitrag, den sie in unterschiedlicher Form für das erste Betriebskapital und als Sicherheitsleistung in den Anfangsjahren zur Verfügung stellten. Manchmal war in der Satzung festgelegt, daß die Mitglieder ihre eingezahlten Aktien unverzinst zurückerhalten sollten, wenn die Sparkasse einen ausreichenden Reservefonds gebildet hatte. Meist aber ging das Kapital, das pro Mitglied ungefähr zwischen 5 Mk. und 5 Rtlr. Crt. betrug, ganz in den Besitz der Anstalt über. Da die Sparkassenmitglieder wie auch die Gründer nicht aus den Unterschichten stammten, waren es für sie Summen, die sie unschwer entbehren konnten. Teilweise leisteten auch Adlige, die auf diese Weise ihre Wohltätigkeit unter Beweis stellen konnten, größere Beiträge für die Sicherheit, ohne aber Mitglied der Sparkasse zu werden[17].

Die eigentlichen Sparkassenmitglieder, deren Zahl in manchen Statuten streng eingegrenzt wurde, hatten neben der Sicherheitsleistung im wesentlichen die Aufgabe zu erfüllen, auf der jährlichen Generalversammlung die Administration zu wählen. Diese bestand in der Regel aus dem Kassierer, dem Protokollführer, zwei Administratoren, die unter anderem den Kassierer bei der Einnahme der Gelder unterstützen sollten, und zwei Revisoren, die die Bücher in gewissem Zeitabstand kontrollierten. Die Administration, die sich wöchentlich versammelte, übernahm die Geschäftsführung der Sparkasse und entschied beispielsweise auch über Darlehnsgesuche, während die große Zahl der Mitglie-

---

16 Vgl. LAS, Abt. 49.20, Nr. 71, Fasc. 33 und Hansen, Die Privatsparkassen in Schleswig-Holstein, S. 38. In Traventhal müssen alle Grundbesitzer des Amtes an die Sparkasse eine Sicherheitsleistung von 10 Mk. pro Hufe zahlen. Vgl. zur Kapitalbeschaffung und Garantieleistung insgesamt Hansen, ebd., S. 30–56. Die von ihm genannten Gruppen werden jedoch so stark aufgesplittert, daß seine Einteilung eher zur Verwirrung als zur klaren Unterscheidung verschiedener Hauptformen beiträgt, die es – selbst unter Berücksichtigung von Mischformen – durchaus gegeben hat.

der nur bei Satzungsänderungen, die von der Generalversammlung gebilligt werden mußten, in Erscheinung trat.

Durch Ereignisse in Plön und Segeberg wird das Bild der völlig uneigennützigen Sparkassenmitglieder allerdings etwas getrübt. In beiden Städten war nach einigen Jahren der Reservefonds der Sparkassen durch den Zinsüberschuß des Leihgeschäfts so weit angewachsen, daß an eine Rückzahlung der Mitgliederaktien gedacht wurde. In Plön hatten neben dem Beamtenlesezirkel, der 100 Mk. stiftete, 56 Personen je 6 Mk. als Sicherheit gezahlt[18]. 1838 war die große Mehrheit der Aktieninhaber der Meinung, da das Eigenkapital der Sparkasse inzwischen auf die beträchtliche Summe von 6000 Mk. gestiegen sei, könnten die Aktien, die sie nicht als Stiftung für wohltätige Zwecke verstanden, sondern als ihr persönliches Eigentum, zurückgezahlt werden. Im Laufe mehrerer Jahre wurden dann die Aktien zur Rückzahlung verlost, und jeder Aktieninhaber erhielt statt 6 Mk. 50 Mk. zurück, so daß sich sein Kapital in nur 13 Jahren verzehnfacht haben konnte[19]. Da der Sparkassenverein nicht mehr in seiner bisherigen Form weiterbestand, ging das Institut in den Besitz aller Plöner Einwohner über. Die Generalversammlung, die die Administration zu wählen hatte, bestand danach aus 40, von den armengeldpflichtigen Bürgern der Stadt „mit Inbegriff des Schlosses gewählten unbescholtenen Bürgern". Wer in ein ehrenamtliches Sparkassenamt gewählt wurde, konnte dieses nicht ablehnen.

Zu unschönen Auseinandersetzungen kam es in Segeberg, als 1849 die Sparkassenmitglieder, die 1827 je 5 Mk. für die Gründung der Sparkasse gezahlt hatten, beschlossen, sich für die Bereitstellung dieses Betrages mit je einem Sparbuch in Höhe von 300 Mk. zu entschädigen, was einer jährlichen Verzinsung von 19,5 % entsprach, während man allgemein Kreditzinsen von 10 % schon als Wucher ansah[20]. Die Erben bereits verstorbener Mitglieder sollten jedoch nicht bei dieser Gewinnausschüttung berücksichtigt werden, so daß es zu ehrenrührigen Anschuldigungen kam. 1855 führte die Enttäuschung über den abgekühlten Idealismus der Sparkassengründer dann zur Gründung einer Konkurrenzsparkasse, in der auch mehrere der bei der Gewinnverteilung der alten Sparkasse nicht beteiligten Erben zu finden waren. Begründet wurde das neue Institut damit, daß die bestehende Sparkasse

zwar Liebeszwecken gewidmet sein sollte. Allein diese Zusagen sind nicht in Erfüllung gegangen, denn Eigennutz und Habsucht haben gesiegt, die Mitglieder der Anstalt theilen sich die Überschüsse und sind zu gewöhnlichen Pfandverleihern verkommen[21.]

1860 wurden die beiden Segeberger Sparkassen wieder zu einem einzigen Institut zusammengelegt[22].

17 Vgl. Quellenband der Kieler Spar- und Leihkasse, S. 76–78.
18 Festschrift der Plöner Sparkasse, S. 10.
19 Ebd., S. 10–11.
20 Tschentscher, 150 Jahre Sparkassengeschichte in Segeberg, S. 26.
21 Zit. n. ebd., S. 28.
22 Ebd., S. 30.

Gerade die beiden aufgeführten Beispiele sind gute, wenn auch die einzigen Belege für die schon 1823 von Carstens geäußerten Ansichten über die den Gründern nachfolgenden Generationen von Administratoren:

Jeder Eifer, er sey so rein, so lobenswerth, so uneigennützig, wie er wolle, wird und muß mit der Zeit notwendig erkalten ... Ein redliches Streben für die Wohlfahrt der ärmern Mitbürger wird hoffentlich niemals gänzlich mangeln ... so dürfte doch jenes Streben ... endlich lau werden und sich vermindern, zumal wenn die Stifter dieser löblichen Institute derselben nicht mehr sind[23].

Der nachlassende Idealismus der Sparkassenverwalter sollte nach Carstens durch die Gemeinnützigkeit, der diese Institute verpflichtet waren, wieder angespornt werden und so den „lobenswerthen Ehrgeiz nach dem Ruhme eines guten und werkthätigen Patrioten"[24], der die Stifter befeuert habe, ersetzen.

Tatsächlich war in den meisten Statuten die Verwendung eines bestimmten Anteils der erwarteten Überschüsse für gemeinnützige Zwecke vorgesehen, sobald der Reservefonds zur Absicherung gegen Verluste groß genug war. Einige Sparkassen sahen ihre Aufgabe darin, auch die Überschüsse den in der Satzung genannten einfacheren Volksschichten zukommen zu lassen. In Marne und Plön zahlte man beispielsweise jährlich zwei Prämien von 20 oder 25 Mk. an Dienstboten für lange und treue Dienste bei derselben Herrschaft[25], in Marne wurde auf diese Weise außerdem Gartenland für Unbemittelte gegen geringe Pacht verteilt und ein Krankenhaus und eine Armenküche errichtet[26]. Ein oft genannter Verwendungszweck für Überschüsse bestand im Kauf von Schulbüchern und in der Unterstützung der Schulen überhaupt. In diesen Fällen läßt sich also feststellen, daß die volkswirtschaftlich unbedeutenden Ersparnisse und Kredite des einzelnen letztlich dazu beitragen können, daß Hilfe für die sozial Schwachen geleistet wird.

Im allgemeinen jedoch waren die Überschüsse nicht ausdrücklich für wohltätige, sondern für gemeinnützige Zwecke bestimmt. Dabei handelte es sich um die Unterstützung von Projekten, die eigentlich aus den Gemeindeabgaben der Bürger hätten finanziert werden müssen oder die überhaupt nicht realisiert worden wären. Hier ist also die Schlußfolgerung erlaubt, daß indirekt das Bürgertum aus der gebündelten Wirtschaftskraft der kleinen Sparer und Kreditnehmer Nutzen ziehen konnte.

Häufig handelte es sich um Projekte, die wirklich allen zugute kamen wie die Befestigung oder Beleuchtung der Straßen. Der sehr umfangreiche und verschiedenartige Katalog, der sich aus der Überschußverwendung erstellen ließe,

23 STM, Bd. III, S. 149–150.
24 STM, Bd. III, S. 150.
25 Stock, 150 Jahre Alte Marner Sparkasse, S. 57 und Stölting, 50 Jahre Kreissparkasse Plön, S. 44–45.
26 Stock, 150 Jahre Alte Marner Sparkasse, S. 61. Die Überschüsse der Rendsburger Sparkasse waren laut Statut für den Bau eines Dienstbotenkrankenhauses in Verwaltung der Armenanstalt bestimmt. Plan der Spar- und Leihkasse in Rendsburg, S. 24.

umfaßt aber auch Verwendungszwecke, die vornehmlich nur einem bestimmten Personenkreis dienten. In Nortorf beispielsweise stiftete die Sparkasse 1856 100 Mk. für die Reise von Deputierten, die in Kopenhagen für die Gewerbefreiheit eintreten wollten[27]. Als gemeinnützig empfand man es auch, daß in Plön 1200 Mk. für die Bewaffnung der Bürger während der schleswig-holsteinischen Erhebung 1848 von der Sparkassse zur Verfügung gestellt wurden[28].

7.3 Praktischer Ablauf der Sparkassentätigkeit

Nachdem sich die Sparkasse konstituiert hatte und alle Verwaltungsgremien bestimmt waren, konnte der erste Geschäftstag stattfinden[29]. Im hier untersuchten Zeitraum besaßen die Sparkassen oft noch keine eigenen Gebäude, sondern die Kassenstunden wurden im Haus des jeweiligen Kassierers abgehalten, der dafür ein bis zwei Räume bereitstellte. Da gerade in den Anfangsjahren alle Sparkassenämter ehrenamtlich von den ortsansässigen Honoratioren übernommen wurden, war auch der Kassierer, dessen Funktion besondere Vertrauenswürdigkeit erforderte, meist nicht ganz unvermögend. Er besaß häufig ein eigenes Geschäft, so daß es ihm kaum Schwierigkeiten bereitete, die Räumlichkeiten zur Verfügung zu stellen. Dafür bekam er in der Regel nur die Ausgaben für Heizung und Licht ersetzt. Wechselte der Kassierer, der meist für eine längere Zeit amtierte, so zog auch die Sparkasse in ein neues Gebäude um.

Besonders in den größeren Städten wuchs der Geschäftsumfang der Sparkassen nach einigen Jahren oder Jahrzehnten so stark an, daß die Arbeit einem ehrenamtlichen Kassierer nicht mehr zumutbar war. Er erhielt dann entweder einen bezahlten Gehilfen, oder es wurde ein besoldeter Rechnungsführer eingestellt, der häufig eine recht ansehnliche Kaution stellen mußte, mit der er sich für seine Rechtschaffenheit und durch sein Verschulden entstandene Verluste verbürgte.

Die Sparkassen hielten normalerweise nur einen Tag pro Woche, in kleinen Orten oft nur 14tägig, für ca. 2 Stunden die Kasse für Einzahlungen geöffnet. In manchen Fällen fanden die Kassenstunden sogar sonntags nach dem Kirchgang statt, was nur möglich war, wenn man die Sparkasse nicht als normale Geldinstitute betrachtete, sondern für wohltätige Einrichtungen hielt. Bei der Annahme der *Spargelder* mußten neben dem Kassierer ein oder zwei Administratoren anwesend sein, die den Empfang des eingezahlten Geldes, dessen Höhe nach unten und oben begrenzt war[30], durch ihre Unterschrift sowohl im Hauptbuch der Sparkasse als auch im entsprechenden Quittungsbeleg für den Sparer bestätigten.

27 125 Jahre Sparkasse Nortorf, S. 12.
28 Stölting, 50 Jahre Kreissparkasse Plön, S. 44–45.
29 Da der Geschäftsablauf im wesentlichen bei allen Sparkassen gleich war, wie sich aus den Festschriften ersehen läßt, wurde im Folgenden auf Einzelnachweise verzichtet.
30 Vgl. Kap. 6.1.

Dieser Einzahlungsnachweis wurde bei den frühesten Sparkassen durch einen gedruckten „Sparkassenschein", in den der belegte Geldbetrag eingetragen wurde, erbracht. Für jede neue Einzahlung erhielt der Sparer einen neuen Schein, so daß sich im Laufe der Zeit ein ganzer Stapel ansammeln konnte. Dieses Verfahren, bei dem der Verlust einzelner Empfangsscheine recht häufig war, erwies sich als besonders umständlich, wenn die Sparer einen Betrag abheben wollten, der geringer war als der des Sparkassenscheines. Dann mußte der alte Schein entwertet und über die verbleibende Restsumme ein neuer Schein ausgestellt werden[31]. Doch die meisten Sparkassen gaben von Anfang an sogenannte „Contrabücher" aus, die unseren heutigen Sparbüchern entsprachen.

Das eingezahlte Geld wurde in einem eisernen, manchmal auf dem Boden verschraubten Kasten aufbewahrt, der nur mit zwei oder sogar drei verschiedenen Schlüsseln geöffnet werden konnte, die vom Kassierer und den jeweiligen amtierenden Administratoren getrennt aufbewahrt wurden. Im Regelfall wurde das Geld nicht vom ersten Tag an verzinst, sondern der Zinslauf begann generell erst nach 14 Tagen oder zu Quartalsbeginn. Einige Sparkassen verzinsten noch das volle Quartal, wenn das Geld nicht mehr als eine Woche nach dem eigentlich gültigen Termin eingezahlt wurde. Diese Maßnahme sollte ebenso der leichteren Zinsberechnung dienen wie die Bestimmung, daß nur Beträge angenommen wurden, die mindestens mit 1 ß pro Jahr verzinst werden konnten. Doch bei Belegung des Geldes auf Zinseszinsen fiel der Vorteil der leichten Berechnung schon im nächsten Jahr weg. Manche Kassen nahmen zwar kleinste Münzen an, aber verzinsten sie erst, wenn sie sich zu einem höheren Betrag angesammelt hatten. In der Zwischenzeit hatte der Sparer schon die Gewißheit, daß sein Geld sicher verwahrt war. Der Zinssatz betrug 3 bis 4 % für Einlagen, änderte sich aber bei einigen Sparkassen mehrmals im Lauf der Zeit, wenn die Einzahlung von zu großen Einzelbeträgen, die nicht von „kleinen Leuten" stammen konnten, verhindert werden sollte oder wenn man im umgekehrten Fall zur Einzahlung ermuntern wollte.

Für die Rückzahlung der Sparsummen mußten je nach Höhe des zurückgeforderten Kapitals gestaffelte Kündigungsfristen von einer Woche bis zu sechs Monaten eingehalten werden, damit nicht mehr Bargeld als unbedingt nötig unverzinst in der Kasse lag. Da die Sparkassen aber ausdrücklich auch Hilfe für Notfälle gewähren wollten, die sich nicht unbedingt vorhersehen ließen, zahlten die Administratoren das Geld gegebenenfalls vorzeitig aus.

Bei den wöchentlichen oder monatlichen Versammlungen der Administratoren wurde über die Vergabe der *Darlehen* entschieden. Dazu fand sich der Anleihesuchende, eventuell mit einem oder zwei unbescholtenen Bürgen, bei der Sparkasse ein und trug sein Anliegen vor. Die Administratoren konnten jedes Gesuch ohne Angabe von Gründen ablehnen. Personalkredite, deren Sicherheit sich allein auf die Zuverlässigkeit des Schuldners und seiner Bürgen stützte und die auch Personen ohne eigenen Besitz in Anspruch nehmen konnten, waren in

---

31 Die Kieler Spar- und Leihkasse behielt dieses Verfahren als eine der letzten Sparkassen bis 1875 bei. Geschichte der Kieler Spar- und Leihkasse, S. 43.

Schleswig-Holstein im Gegensatz zu anderen deutschen Gebieten sehr verbreitet. Der Bericht der Gewerbekammer spricht ihnen eine besondere soziale Funktion zu:

Es ist wohl nicht zu viel behauptet, wenn gesagt wird, daß die Entwicklung eines gesunden Klein- und Mittelbesitzstandes in derselben [= der Landwirtschaft, die Verf.] zum nicht geringen Theile durch die Thätigkeit der zahlreichen Sparkassen im Lande als Kreditanstalten der weitesten Kreise gefördert und ermöglicht worden ist[32].

Einige Sparkassen berechneten für den Personalkredit jedoch etwas höhere Zinsen als für Realkredite, deren Sicherheit in Hypotheken bestand. Im allgemeinen lag der Zinssatz etwa 1 % über dem für Spareinlagen, also etwa bei 4–5 %. Nur wenige Sparkassen schrieben die Darlehnshöhe oder -dauer statuarisch vor, sondern überließen sie der Entscheidung der Administration.

32 Bericht der Gewerbekammer, S. 57.

8 Sparkassen und Staat

Im Vergleich zu den übrigen deutschen Staaten weist das schleswig-holsteinische Sparkassenwesen zwei Besonderheiten auf, die in einem gewissen Zusammenhang stehen. Es gibt bis zum Ende des Untersuchungszeitraums fast keine auf kommunaler Basis errichteten Sparkassen, und die staatlichen Institutionen haben in den Herzogtümern nicht in Gründung und Ablauf der überwiegend privaten Sparkassen eingegriffen.

8.1 Die fehlende Gesetzgebung in Schleswig-Holstein

Anders als in Preußen und einigen süddeutschen Staaten (Bayern, Baden und Württemberg) hat es im dänischen Gesamtstaat – und damit auch in Schleswig-Holstein – keine Sparkassengesetzgebung gegeben. In Bayern konnte das Sparkassenvermögen von 1823 bis 1848 zu günstigen Bedingungen bei der Staatsschuldentilgungskasse angelegt werden, und in einer königlichen Verordnung von 1843 wurden kommunale Haftung sowie Überwachung der Sparkassen durch die Kreisregierungen festgelegt[1]. Das preußische Sparkassenreglement von 1838 bestimmte, daß Oberpräsident und Provinzialbeirat über die Statuten neuer Sparkassen sowie über die Verwendung der Überschüsse zu einem anderen Zweck als für den Reservefonds zu entscheiden hatten[2]. Bis 1850 hielt die preußische Regierung die städtischen Sparkassen für die beste Form, danach jedoch strebte man Kreissparkassen an[3].

In den Herzogtümern dagegen bestanden keinerlei Normativbestimmungen, was die Statuten einer Sparkasse zu enthalten hatten, welche Sicherheit sie den Einlegern bieten mußten oder welche Organisationsform sie wählen sollten. Anfangs mag diese auffällige Zurückhaltung der Obrigkeit ihre Ursache darin gehabt haben, daß die dänische Staatsführung, bedingt durch die Nachwirkungen der Bernstorff-Ära, sich vergleichsweise liberal verhielt. Offenbar behielt die Obrigkeit diese Haltung auch nach den Napoleonischen Kriegen bei, denn die „Gründerzeit" des schleswig-holsteinischen Sparkassenwesens in den zwanziger Jahren des 19. Jahrhunderts blieb gleichfalls von staatlichen Eingriffen unbehelligt. Die meisten Sparkassen konnten recht bald einen hohen Einlagenbestand verzeichnen, der selbst die Gründer völlig überraschte. Mit den wachsenden Sparsummen vergrößerte sich der Reservefonds und damit die Sicher-

---

1 Vgl. Wolfgang Hoffmann: Sparkassen, in: Handwörterbuch der Staatswissenschaften, Bd. 7, 4. gänzlich umgearbeitete Aufl., Jena 1926, S. 668–706, hier S. 688.
2 Vgl. dazu ausführlich Esser, Entwicklung des Sparkassenwesens und Sievers, Geschichte des Sparkassenverbandes, S. 11–21.
3 Sievers, Geschichte des Sparkassenverbandes, S. 29.

heit für die Sparer[4], so daß der Sicherheitsaspekt eine staatliche Regelung nicht erforderte. Es kam sehr selten vor, daß Sparkassen in Konkurs gingen und eventuell dadurch einige Sparer ihr Geld verloren. Der Bericht der Gewerbekammer über das Sparkassenwesen in Schleswig-Holstein führt für den gesamten Zeitraum bis 1889 nur sechs aufgelöste Sparkassen in sehr kleinen Orten auf und nennt als Ursachen schlechte Verwaltung, unredliche Kassierer oder die Schwierigkeit, die Spargelder gewinnbringend und sicher anzulegen[5].

Die in Kiel als Sparkassengründer auftretende Gesellschaft freiwilliger Armenfreunde ließ durch ihren Namen und zusätzlich durch ihre Verbindung mit dem Kieler Armendirektorium erkennen, daß es sich um eine Anstalt im Zuge der Neuordnung des Kieler Armenwesens handelte. Auch einige andere Sparkassen standen im Zusammenhang mit örtlichen Armenhilfseinrichtungen, zum Beispiel Friedrichsberg und Hohenwestedt. Da die Deutsche Kanzlei jedoch für die Armenversorgung nur grobe Richtlinien gegeben hatte und alles weitere der freien Verfügungsgewalt der Gemeinden überließ[6], sah sie wohl aus diesem Grunde keine Notwendigkeit, eine spezielle Regelung für die Spar- und Leihkassen zu schaffen. In § 13 einer Instruktion für die Provinzialregierung vom 15. Mai 1834 heißt es nur ganz allgemein:

Die aus Privatvereinen hervorgegangenen Einrichtungen der Spar- und Leihcassen, deren Zweckmäßigkeit, als Mittel der Verarmung vorzubeugen, sich bereits ergeben hat, sind von der Regierung, so viel an ihr liegt, möglichst zu fördern, und etwanige Veranlassungen zur größeren Verbreitung und Belebung solcher Einrichtungen zu benutzen[7].

Es werden jedoch weder hier noch an anderer Stelle genauere Angaben gemacht, auf welche Weise die Sparkassen als Einrichtungen zur Armutsbekämpfung öffentliche Unterstützung erhalten sollten. An eine direkte, gesetzliche Einflußnahme ist dabei wohl nicht gedacht worden, wie ein zeitgenössischer Bericht bestätigt, der die Verbindung einiger Sparkassen mit Armenanstalten schon als eine Art öffentlicher Kontrolle wertet, gleich im Anschluß daran aber betont:

---

4 Vgl. NSTM Bd. VI, 1837, S. 723.
5 Bericht der Gewerbekammer, S. 20–21. Es handelt sich um Roest, Grünholz, Dänischenhagen, Sülfeld, Seedorf und eine nicht näher bezeichnete Gutssparkasse. Gründungs- und Auflösungsdaten sind leider nicht vermerkt, könnten also auch im Zeitraum nach 1864 liegen. Diese Liste scheint nach neueren Erkenntnissen allerdings nicht vollständig zu sein, denn wie bereits in Kap. 4 erwähnt, lösten sich die meisten Gutssparkassen in den 70er Jahren auf (Stölting, 50 Jahre Kreissparkasse Plön, S. 33). Trotzdem kann die Zahl der Liquidationen als gering betrachtet werden.
6 Vgl. Kap. 3.2.4.
7 Verfügung, betr. eine der Provinzialregierung für die Herzogthümer Schleswig und Holstein auf Gottorf ertheilte provisorische Instruction, für die Herzogthümer Schleswig und Holstein vom 15. 5. 1834, in: Chronologische Sammlung der im Jahre 1834 ergangenen Verordnungen und Verfügungen für die Herzogthümer Schleswig und Holstein, Kiel 1835, S. 267.

Zur Einrichtung von Spar- und Leihkassen bedarf es nach dem bestehenden Rechte keiner höheren Autorisation und die Abfassung der Statute ist ganz dem Ermessen und dem freien Beschlusse derer überlassen, welche solche Anstalten gründen[8].

In der Folgezeit wandelte sich der Charakter der Sparkassen, die mehr und mehr auch von wohlhabenderen Bürgern benutzt wurden. Deshalb zogen die staatlichen Stellen ihre Leistungen auf dem Gebiet der Armenversorgung immer mehr in Zweifel, und eine Einflußnahme des Gesetzgebers zugunsten der Sparkassen, wie anläßlich der neuen Armenordnung 1841 gefordert, wurde wiederholt abgelehnt[9].

Trotz seiner spätmerkantilistischen Züge befolgte Dänemark, wie erwähnt, im Bereich des Sparkassenwesens weitgehend das bürgerlich-liberale Prinzip der Nicht-Einmischung des Staates. Erst Ende der vierziger Jahre änderte sich diese Haltung. So wurde im Jahre 1848 endlich ein Projekt in Angriff genommen, das in den „Provinzialberichten"[10] schon seit den zwanziger Jahren wiederholt angeregt und in Ansätzen verwirklicht worden war, nämlich statistisches Material zu sammeln und herauszugeben. Unter dem Titel „Die Sparkassen in der dänischen Monarchie" veröffentlichte das Statistische Büro in Kopenhagen bis 1863 jährlich die Berichte, die aufgrund des „Circulairs" der Gottorfschen Regierung vom 22. Januar 1848[11] eingegangen waren, aber kein vollständiges Bild der Sparkassen bieten können, da einige Institute darin fehlen[12].

Welchen Zweck man mit diesen Statistiken verfolgte, ist nicht ganz eindeutig. In anderen deutschen Staaten, die gesetzgeberischen Einfluß auf die Sparkassen nahmen, wurden sie meist schon längere Zeit erstellt und konnten zur öffentlichen Kontrolle der Sparkassenarbeit dienen. Wurden Tendenzen erkennbar, die der staatlichen Auffassung von der Funktion und den Zielen der Sparkassen nicht entsprachen – etwa daß zu wenig Kapital bei den Kommunen, die häufig als sicherste Anlageform galten, belegt wurde oder umgekehrt, daß zu wenig Personalkredite zur Förderung der kleinen Gewerbetreibenden vergeben wurden – so konnte durch entsprechende Verordnungen lenkend eingegriffen werden.

Es läge nun die Vermutung nahe, daß auch die dänische Regierung sich in dieser Zeit mit dem Gedanken trug, sich die wirtschaftliche Kraft der Sparkassen besser zunutze zu machen und als Vorarbeit für ein vielleicht geplantes, aber dann doch nie zustande gekommenes Gesetzeswerk die Sparkassenstatistiken erstellen ließ. In ihnen finden wir unter anderem nach den drei Herzogtümern und dem Königreich Dänemark getrennte Tabellen über die Ein- und Auszahlungen, den prozentualen Einlagenzuwachs – auch im Vergleich mit den Ersparnissen der vorangehenden Jahre – sowie Angaben über neue und aufgelö-

---

8 NSTM, Bd. VI, 1837, S. 722–723.
9 Stern, Beschlossen und vollzogen, S. 122.
10 Vgl. Kap. 4.1.1.
11 Abgedruckt in: Hansen, Die Privatsparkassen in Schleswig-Holstein, S. 94, Anm. 2.
12 Ebd., S. 95.

ste Sparbücher ebenso wie Einzahlungen und Gesamteinlagen nach verschiedenen Kontengrößen neben der sozialen Aufteilung der Einzahlungen.

Aber da nur die sich in Zahlen niederschlagenden Angaben über die Sparkassen erfaßt sind, eignete sich die dänische Statistik im Gegensatz zu den „Provinzialberichten" und dem „Neuen Staatsbürgerlichen Magazin" nicht zum Austausch von Erfahrungen zwischen den schon bestehenden Sparkassen über den Nutzen verschiedener Satzungen und Geschäftspraktiken. Daneben wollten die sozialreformerisch-aufgeklärten Zeitschriften auch zur Gründung weiterer Institute anregen, ein Motiv, das in den fünfziger Jahren bei der dänischen Sparkassenstatistik nicht mehr maßgebend gewesen sein dürfte, da in allen größeren Orten und ebenso schon in einer Reihe kleinerer Landgemeinden Sparkassen bestanden.

In der Diskussion, die über das Problem des staatlichen Eingreifens im Sparkassenwesen von Bürgern, die sich in diesen Einrichtungen engagierten, geführt wurde, herrschte immer wieder die Meinung vor, die Entwicklung der Spar- und Leihkassen verlaufe ohne alle obrigkeitlichen Vorschriften und Kontrollen am besten[13]. Vehement trat beispielsweise Müllenhoff, Administrator der Marner Sparkasse, für Privatsparkassen ohne staatliche Bevormundung ein:

Als ein Institut, das im Vertrauen des Volkes wurzeln muß, um zu gedeihen, muß dasselbe zuvörderst ganz aus dem Volke selbst hervorgehen. Keine Staats-, selbst keine Communal-Behörde, als solche, darf die Grundlegung decretiren ... Nicht gegen die, die es *über* sich, nur gegen die, die es neben und bey sich sieht, glaubt das Volk sich im gleichen Recht, und vertraut diesem Recht ... Wo aber aus der freien Thätigkeit seiner Bürger keine Gefahr droht, da enthalte der Staat sich ja des Regierens! Haben wir dessen wohl ohnehin schon mehr als genug: viel zu viel den Beamten übergeben, all zu wenig der freien Selbstthätigkeit der Bürger anheimgestellt[14].

Die Müllenhoff über alles gehende Freiheit und Unabhängigkeit einer Sparkasse sah er bereits gefährdet, wenn die Gemeinde einen Teil der Sicherheitsleistung für die Sparkassen übernahm, wie es in Marne der Fall war. Allerdings schien ihm „jener Fehlgriff entschuldbar", da „die Marner Sparkasse schon vor fast 19 Jahren gestiftet wurde, als noch kaum eine klare Idee von dem Wesen einer solchen im Volke lebte." Erst als diese Bestimmung 1829 zurückgenommen wurde, haftete der Marner Sparkasse nach Müllenhoffs Meinung „in dieser Hinsicht kein Makel mehr an"[15]. Seine Äußerungen zeigen die für die aufgeklärten Reformer und den Liberalismus typische Ansicht, der Staat könne und dürfe nicht für jede Angelegenheit allein zuständig sein.

Daß es auch Gegenstimmen gab, die aber in Schleswig-Holstein, das sich im allgemeinen viel auf seine Privatsparkassen zugute hielt, nicht sehr zahlreich

---

13 Vgl. Müllenhoff in der DZ, Nr. 14 v. 4. 4. 1840 und Nr. 15 v. 11. 4. 1840; NSTM Bd. VI, 1837, S. 723 (hier wird allerdings eine gesetzliche Bestimmung über die Verwendung der Überschüsse zugunsten der Kommunen erwogen).
14 DZ, Nr. 14 v. 4. 4. 1840.
15 Ebd.

waren, beweist die direkte Erwiderung auf Müllenhoffs Artikel vom Herausgeber der „Dithmarsischen Zeitung":

Wir sind nur darin mit dem patriotischen und gemeinthätigen Verfasser nicht einver-
standen, daß er die Verbindung des Instituts mit einer Commune als ganz verwerflich
darstellt. Sollten unsere Kirchspielsadministrationen und Revisionen kein Vertrauen
verdienen? Und sollte es überhaupt richtig sein, vor dem edelsten Theil der Bevölkerung,
vor den Beamten, das Land zu warnen[16]?

8.2 Die Vergabe von Privilegien an Sparkassen

Am Beispiel der Kieler Spar- und Leihkasse läßt sich darlegen, daß die Gründer von sich aus Wert darauf legten, das Placet und die Unterstützung der staatlichen Behörden zu erhalten. Die Bestimmungen für die Sparkasse traten in
Kiel ohne weitere obrigkeitliche Bestätigung am 1. Juli 1796 in Kraft, aber das
finanzielle Risiko, das mit einer Leihkasse immer verbunden war, sollte durch
königliche Privilegien gemindert werden. Man dachte an die Befreiung von der
Stempelpapierabgabe, sofortige Pfändung bei säumigen Schuldnern und Verkauf der Pfänder zugunsten der Leihkasse sowie an die Gleichstellung mit from-
men Stiftungen in Konkursangelegenheiten[17].

Exemplarisch soll hier anhand der beantragten Privilegien der Kieler Sparkasse einmal gezeigt werden, wie umständlich und langwierig der Behördenweg
im spätmerkantilistischen Dänemark ablief[18]:

Juli 1796   Die Gesellschaft freiwilliger Armenfreunde erstellt ein Pro me-
               moria: Antrag auf Privilegien.
30. 11. 1796   Das Kieler Armendirektorium nimmt Änderungen am Pro me-
               moria vor und schickt es an die Deutsche Kanzlei in Kopenha-
               gen.
20. 12. 1796   Die Deutsche Kanzlei fordert eine Stellungnahme der Glück-
               städter Regierung zum Pro memoria.
20. 4. 1797   Die Glückstädter Regierung antwortet der Deutschen Kanzlei in
               Kopenhagen.
13. 5. 1797   Kopenhagen antwortet dem Armendirektorium: Regierung und
               Deutsche Kanzlei stimmen darin überein, daß die Leihkasse
               sich durch Hypotheken sichern, aber keinen Vorrang vor ande-
               ren Gläubigern in Konkursverfahren haben solle.
20. 5. 1797   Die Glückstädter Regierung schreibt an das Armendirektorium
               mit Abschrift an die Gesellschaft freiwilliger Armenfreunde: der

---

16 DZ, Nr. 18 v. 2. 5. 1840.
17 Geschichte der Kieler Spar- und Leihkasse, S. 44–45.
18 Zusammengestellt aus LAS, Abt. 49.20, Nr. 71, Fasc. 8, Quellenband der Kieler Spar-
   und Leihkasse, S. 67–75 und Graber, Die Gründung der Kieler Spar- und Leihkasse,
   S. 16–19.

wohltätige Zweck der Leihkasse wird anerkannt, aber die Sparer dürften keine Nachteile durch die Privilegien der Leihkasse haben. Man erbittet eine Stellungnahme dazu.

22. 8. 1797   Die Deutsche Kanzlei gewährt der Kieler Spar- und Leihkasse die Stempelpapierfreiheit.

20. 9. 1797   Die Gesellschaft freiwilliger Armenfreunde übergibt das Schreiben vom 20. 5. 1797 zur Beratung an die Spar- und Leihkassen-Kommission.

15. 11. 1797   Prof. Ehlers als Beauftragter der Sparkassenkommission legt der Gesellschaft einen Antwortsentwurf an die Glückstädter Regierung vor, in dem am Pro memoria vom Juli 1796 festgehalten wird.

30. 12. 1797   Die Gesellschaft freiwilliger Armenfreunde schickt die Antwort nach Glückstadt.

19. 2. 1798   Der Bericht der Glückstädter Regierung über die Kieler Antwort geht nach Kopenhagen.

24. 3. 1798   Die Deutsche Kanzlei verschickt ein Reskript.

22. 5. 1798   Eine königliche Resolution wird erlassen.

4. 6. 1798   Die Glückstädter Regierung gibt aufgrund der königlichen Resolution die endgültige Genehmigung für die Leihkasse: die sofortige, unentgeltliche Auspfändung und der Verkauf der Pfänder werden gestattet.

4. 6. 1798   Die Glückstädter Regierung erstellt ein Publicandum: Die Sparkasse hat wegen ihres „wohltätigen Endzwecks" das besondere Wohlwollen der Regierung. Androhung von Strafe für diejenigen, die der Sparkasse Schaden zufügen.

7. 9. 1798   Das Armendirektorium leitet die beiden Schreiben der Glückstädter Regierung an die Gesellschaft freiwilliger Armenfreunde weiter.

4. 3. 1799   Die Leihkasse wird eröffnet.

Bis zur Eröffnung der Leihkasse vergingen so fast drei Jahre, weil keine Instanz selbstverantwortlich entscheiden konnte, sondern sich durch Stellungnahmen anderer Behörden nach allen Seiten abzusichern suchte. Dieses Hin und Her vollzog sich nicht nur auf übergeordneter, sondern auch auf lokaler Ebene, denn die Schreiben der Regierungsbehörden wurden dem Kieler Armendirektorium zugestellt statt gleich der Gesellschaft freiwilliger Armenfreunde, die sie ihrerseits der Spar- und Leihkassen-Kommission zur Beratung weiterleitete. Zwar bestand der Zweck dieses ganzen umständlichen Verfahrens darin, die neuartige Anstalt möglichst vor Verlusten zu schützen, aber ein Ausschuß der Sparkassen-Kommission hatte schon im Dezember 1797 festgestellt, daß die beantragten Vergünstigungen für die Eröffnung der Leihkasse nicht unbedingt notwendig seien[19]. Es hat sich in der Folgezeit erwiesen, daß die ge-

19 Graber, Die Gründung der Kieler Spar- und Leihkasse, S. 18.

währten Vorrechte in der Praxis kaum zur Anwendung kamen, da die Kasse sich gut entwickelte.

Der Kieler Spar- und Leihkasse wurde von der Regierung in ihrem Publicandum vom 4. Juni 1798 bestätigt, daß sie

... Sr. Königl. Majestät wegen ihres wohlthätigen Endzwecks zu besonderm Wohlgefallen gereichet, und selbige daher alle Aufmunterung und Unterstützung verdient ... Also wird ... Namens Sr. Majestät hiedurch denjenigen, welche etwa gedachte Kasse durch falsche Vorspiegelungen zu einer Anleihe verleiten, oder nachmals die erhaltene Unterstützung muthwillig mißbrauchen sollten, eine ernstliche Strafe angedrohet[20].

Das sind noch recht allgemein gehaltene Worte, was die Anerkennung als gemeinnütziges Institut anbelangt. An der Gewährung des königlichen Schutzes läßt sich aber schon ablesen, daß man sich an höherer Stelle durchaus vorstellen konnte, mit der neuartigen Leihkasse ein wirksames Instrument auf dem Gebiet der Wohltätigkeit zu unterstützen.

Im Gegensatz zur Kieler Sparkasse bemühten sich später gegründete Sparkassen erst gar nicht um die genannten Privilegien mit Ausnahme der Stempelpapierfreiheit[21], die ja einen direkten finanziellen Vorteil für die Benutzer selbst und nicht nur für den Fall von Verlusten für das gesamte Institut bedeutete. Nur in Itzehoe wurde 1821 noch einmal versucht, neben der Befreiung vom Stempelpapierzwang, die als Voraussetzung für ein gemeinnütziges Wirken der Leihkasse angesehen wurde, auch ein schnelles Pfändungsrecht gegenüber säumigen Schuldnern zu erwirken, das aber von der Regierung – anders als noch in Kiel – nicht zugestanden wurde[22].

In Segeberg wurde selbst die Stempelpapierfreiheit von der Regierung verweigert. Als zu der seit 1827 bestehenden Spar- und Leihkasse eine Konkurrenzgründung im Jahre 1855 entstand, bemühte sich diese vergeblich um die Vergünstigung, ohne daß die Gründe für die Ablehnung ermittelt werden konnten[23]. Jedoch wäre es möglich, daß die Behörden eine einzige Sparkasse am Ort als Einrichtung der Armenfürsorge für ausreichend hielten und deshalb nicht auf weitere Einnahmen aus der Stempelpapierabgabe verzichten wollten.

Die Vorgänge in Itzehoe und Segeberg belegen, daß die Regierung besondere Vorrechte sowohl im wirtschaftlichen Bereich als auch im Fall der Sparkassen nicht in Bausch und Bogen vergab, sondern daß von Einzelfall zu Einzelfall

20 Quellenband zur Geschichte der Kieler Spar- und Leihkasse, S. 67.
21 Vgl. NSTM Bd. VI, 1837, S. 723. Für Sparkassengeschäfte brauchte kein gestempeltes Papier benutzt zu werden. Damit entfiel die einprozentige Gebühr, die gerade bei Kleinkrediten als besonders drückend empfunden wurde.
22 Irmisch, 150 Jahre Sparkasse Itzehoe, S. 16–17. Da die Spar- und Leihkasse schon 1819 eröffnet wurde, muß die Leihkasse bis 1821 bereits schlechte Erfahrungen mit Schuldnern gemacht haben.
23 Tschentscher, 150 Jahre Sparkassengeschichte Segeberg, S. 28. Da es fast kein Aktenmaterial über diese Sparkassen gibt, ist auch unklar, ob die ältere Sparkasse die Stempelpapierfreiheit besaß.

entschieden wurde[24]. Nach welchen Kriterien dabei allerdings vorgegangen wurde, bleibt unklar.

Wenn nun trotz aller staatlichen Zurückhaltung und trotz der Vehemenz, mit der die Unabhängigkeit der Privatsparkassen in mehreren Publikationen vertreten wurde, viele der Sparkassengründer ihre Statuten unaufgefordert bei den unteren regionalen Verwaltungsinstanzen[25] zur Genehmigung vorlegten, selbst wenn sie keine Stempelpapierfreiheit dadurch erlangen wollten[26], so gibt es dafür sicher zwei Gründe. Zwar war Dänemark bis in die dreißiger Jahre recht liberal, was Pressefreiheit und freie Meinungsäußerung anging, aber es galt noch immer der aufgeklärte Absolutismus als leitendes Staatsprinzip. Das heißt die Bürger waren so sehr daran gewöhnt, keine Unternehmungen und Initiativen ohne obrigkeitliche Einwilligung durchzuführen, daß sie sich wohl auch bei der Einrichtung einer Spar- und Leihkasse nur sicher fühlten, wenn die Behörden ihr Vorhaben gut geheißen hatten. So erhoffte sich die Tellingstedter Sparkasse die Genehmigung „zur moralischen und, wenn möglich, zur rechtlichen Unterstützung des nützlichen Instituts"[27], wobei es, wie ausgeführt, eine rechtliche Unterstützung wegen fehlender Gesetze nicht geben konnte.

Entscheidend scheint aber der zweite Grund, der mit dem ersten eng zusammenhängt, zu sein. Zwar genossen die Sparkassengründer in ihren Heimatorten alle hohes Ansehen, weil sie durchweg zu den ortsansässigen Honoratioren gehörten, doch die Autorität der ranghöheren königlichen Beamten wog schwerer und konnte von den Sparkassenadministratoren als Vertrauenswerbung bei den anfangs noch mißtrauisch um die Sicherheit ihrer Spargroschen besorgten Einlegern eingesetzt werden. Wenn auch die amtlichen Stellen keine Haftung im Falle eines Konkurses übernahmen, so bekam das Unternehmen Sparkasse durch ihre Zustimmung doch einen offizielleren Charakter.

Daß die zuständigen Behörden keine gesetzlichen Richtlinien hatten, führte nun aber nicht dazu, daß sie die völlig freiwillig eingereichten Statuten blindlings genehmigten, wie es schon anhand der Privilegienvergabe gezeigt wurde.

---

24 Das gilt auch auf anderen Gebieten, mit denen der Staat sich am Anfang des 19. Jahrhunderts auseinandersetzen mußte, zum Beispiel dem Aufbau von Industrieunternehmungen, die anfangs ebenfalls keinen staatlichen Regelungen unterworfen wurden. Aber anders als die Sparkassen, die trotz ihrer beachtlichen wirtschaftlichen Erfolge weiterhin zum Armenwesen gerechnet wurden, gerieten die jungen Fabriken bald unter staatliche Einschränkungen, wenn sie mit alten Strukturen kollidierten und dabei bisher wichtige Erwerbszweige, wie Handwerk und Heimgewerbe, in ihrer Existenz bedrohten. Dieser Gefahr versuchte der spätmerkantilistische Staat entgegenzusteuern. Wulf, Holler und die Anfänge der Carlshütte, S. 271–275.

25 Je nach Landschaft königliches Amtshaus, Landdrostei, Kirchspiels- oder Landvogtei.

26 Als Beispiel sei nur das Statut der Spar- und Leihkasse zu Neumünster von 1835 genannt.

27 Schreiben der Tellingstedter Sparkassenadministration vom 5. 1. 1863, zit. n. Stern, Beschlossen und vollzogen, S. 138.

Bei einigen Sparkassen wurde die amtliche Unterschrift an eine Bedingung geknüpft, wie im Fall der Spar- und Leihkasse der Herrschaft Pinneberg, wo die Landdrostei verlangte, die Belegung von Mündelgeldern dürfe nur nach vorheriger Erlaubnis der Regierung erfolgen[28].

Auch bei der Tellingstedter Sparkasse von 1861 finden wir den Fall vor, daß von offizieller Seite Änderungen im Statut gefordert wurden, welche die Sicherheit für die Sparenden erhöhen sollten. Sie betrafen den Sicherheitsfonds, den die Landvogtei „nach den anderswo gemachten Erfahrungen"[29] mit 400 Rtlr. Dänischer Reichsmünze für zu niedrig hielt und der auf 2000 Rtlr. aufgestockt werden sollte, bevor die Administration die Überschüsse für andere Zwecke nutzen durfte.

Die angeführte Stellungnahme zeigt, daß die Landvogtei sich tatsächlich über die Entwicklung schon bestehender Institute informiert hatte[30] und deren Erfahrungen an neue Sparkassen weiterzugeben versuchte. Doch trotz dieser detaillierten Vorschläge versuchte der Landvogt zunächst, seine Behörde aus dieser Angelegenheit herauszuhalten, als er zu dem Antrag der Tellingstedter Sparkasse anmerkte: „Keine anderen Statuten der Sparkassen in hiesiger Landschaft sind confirmirt u. hat die Regierung solches wiederholt abgelehnt[31]."

28 Statut der Spar- und Leihkasse Pinneberg, in: Sonntag, 150 Jahre Kreissparkasse Pinneberg, S. 16–19, hier S. 19.
29 Schreiben der Norderdithmarscher Landvogtei vom April 1861, zit. n. Stern, Beschlossen und vollzogen, S. 136.
30 Explizit wird in einem Schreiben der Landvogtei vom 14. 6. 1861 an die Kirchspielvogtei in Tellingstedt auf die Heider Spar- und Leihkasse verwiesen. Vgl. Stern, Beschlossen und vollzogen, S. 137–138.
31 Archiv der Kirchengemeinde Tellingstedt, zit. n. Stern, Beschlossen und vollzogen, S. 134.

9 Zusammenfassung und Ausblick

Das schleswig-holsteinische Sparkassenwesen hat bereits eine sehr frühe und im Vergleich zu seiner Randlage und wirtschaftlichen Bedeutung erstaunlich große Verbreitung gefunden, die ihm auf diesem Gebiet eine hervorragende Stellung im deutschen Raum sicherte. Dabei ist zu bedenken, daß in der Anfangsphase außer der Hamburger Ersparungskasse nur eine ganz geringe Zahl anderer Vorbilder existierte und auch eine theoretische Entwicklung der Sparkassenidee des Franzosen Delestre aus dem 17. Jahrhundert nachweislich in Deutschland unbekannt war.

Zumindest die ersten Sparkassen der Herzogtümer sind also als eigenständige Innovationen anzusehen. Sie entwickelten sich, als alle dazu nötigen Voraussetzungen im genannten Gebiet gegeben waren. Hervorzuheben ist vor allem die schlechte wirtschaftliche Lage, in der sich ein Großteil der unteren Bevölkerungsschichten befand, hervorgerufen durch ein zwar langsames, aber stetiges Anwachsen der Einwohnerzahl, die in dem agrarwirtschaftlich strukturierten Land nicht in ausreichendem Maße Arbeit fand. Als um die Wende vom 18. zum 19. Jahrhundert in Dobersdorf, Kiel und Altona die ersten Sparkassen Schleswig-Holsteins entstanden, war die Zahl der Armen und Bettler stark angestiegen, bedingt durch zyklische Wirtschaftskrisen, in denen nach Mißernten die Preise in die Höhe schnellten und auch Handel und Gewerbe in Mitleidenschaft zogen.

Daneben bildete das Vorhandensein eines reformwilligen Bürgertums die wichtigste Voraussetzung für das Entstehen des Sparkassenwesens. Beeinflußt von den Ideen der Aufklärung, die als bürgerliche Ideologie aufgefaßt werden muß, und ausgehend von einem neuen Verständnis des Menschen als selbstverantwortlichem Individuum, äußerten die Bürger ihr Unbehagen an der Lage breiter Unterschichten sowie den unzureichenden und die Allgemeinheit belastenden Gegenmaßnahmen der konventionellen Armenversorgung. Durch Kontakte untereinander, vor allem aber in theoretischen Beiträgen der unter dem Einfluß der Aufklärung entstandenen „Provinzialberichte" entwickelten sie Lösungsvorschläge, die immer wieder die Erziehung der Unterschichten zur Selbsthilfe in den Vordergrund stellten.

In diesem Zusammenhang erkannten in der kommunalen Verwaltung engagierte, geistig und wirtschaftlich führende Bürger, daß für die von der Verarmung am meisten bedrohten Gesellschaftsschichten wie Tagelöhner, Handwerksgesellen und zum Teil Gesinde keine Einrichtung zur Verfügung stand, die das Sparen kleiner, nicht für sich selbst anlagefähiger Kapitalien zinstragend und sicher vor Verlusten ermöglichte. Da aber dem Sparen als einer typisch bürgerlichen Tugend, aus der sich weitgehend das auf wirtschaftlichem Erfolg beruhende Selbstbewußtsein dieser Klasse herleitete, eine zentrale Position in der Vorbeugung vor dem Abgleiten in die Armut zugesprochen wurde, konzipierten bürgerliche Führungsschichten besonders nach dem Einschnitt der Napoleonischen Kriege in einer ständig wachsenden Zahl von großen und kleinen Orten Sparkasseneinrichtungen.

Dabei kam der Privatinitiative in den drei behandelten Herzogtümern entscheidende Bedeutung zu, einmal in Form von philanthropisch-aufgeklärten Gesellschaften, auf die die ersten Sparkassengründungen zurückgingen, zum anderen durch die von Privatleuten gegründeten Sparkassenvereine sowie durch Einzelpersonen, darunter auch Gutsherren, deren patriarchalisches Verhältnis zur einfachen Bevölkerung trotz der aufgehobenen Leibeigenschaft weiterbestand und deren Verhaltensweisen in dieser Hinsicht vom Bürgertum übernommen wurden. Auf privater Grundlage entwickelte sich das schleswigholsteinische Sparkassenwesen in erstaunlich gutem Maße, ohne daß der Staat Anlaß oder Interesse an einem Eingreifen auf diesem Gebiet gesehen hätte, da die Sparkassen als Einrichtungen der den Kommunen überlassenen Armenfürsorge galten. In anderen deutschen Gebieten dagegen ergriffen sowohl die Gemeinden als auch der Staat selbst die Initiative zur Errichtung von Sparkassen oder zu deren Reglementierung.

Den Sparkassen wurden in den Satzungen und in der dazu geführten theoretischen Diskussion drei Funktionen zugesprochen. *Sozialpolitisch* sollten sie den kleinen Leuten eine Rücklage für periodische oder schicksalhafte Notlagen, erreicht durch deren eigene Anstrengungen, bilden helfen. Dabei erwies sich die Vorstellung einer frühen Sozialversicherung aufgrund des vorhandenen, nicht allzu reichlichen Zahlenmaterials über die Sparguthaben verschiedener Gesellschaftsklassen vor allem in Dithmarschen als realistisches Ziel, soweit sie kurzfristige Krisensituationen wie Krankheit und vorübergehende Arbeitslosigkeit betrafen. Allerdings konnten sie die Funktion einer Invaliditäts- oder Altersversicherung, die nur mit staatlicher Unterstützung und solidarischer Haftung denkbar ist, nicht erfüllen. Dazu war die Sparfähigkeit, die außerdem zwischen den verschiedenen Unterschichtgruppen stark schwankte, viel zu gering, selbst wenn festgestellt wurde, daß in Schleswig-Holstein in größerem Ausmaß gespart werden konnte als in anderen deutschen Gebieten. Die Sparkassengründer versprachen sich aber nicht nur Vorteile für die Unterschichten selbst, sondern durch die erhoffte wirtschaftliche Unabhängigkeit dieser Klasse auch eine Entlastung der Armenfürsorge und gleichzeitig eine Verringerung der vom Bürgertum aufzubringenden Armengeldlasten. Dabei verkannten sie, daß Sparfähigkeit nur einem kleinen Teil der von ihnen angesprochenen Gruppe zukam.

Mit Hilfe von Sparkapital sollte zum einen der vorhandene Lebensstandard erhalten, zum anderen konstruktiv die Förderung des selbständigen Handwerks und Gewerbes betrieben werden. Damit konnte ein gesellschaftlicher Aufstieg des einzelnen verbunden sein, aber gleichzeitig sollten die Sparkassen auf diese Weise die *wirtschaftspolitische Funktion* der Stärkung der gesamten Wirtschaftskraft erfüllen. Dieses Ziel erstrebten auch die als zweite Seite der Sparkassen einzustufenden Leihkassen, die durch die Vergabe von Krediten an kleine und mittelständische Gewerbetreibende zu sehr mäßigen Zinsen ebenfalls dem Gemeinwohl dienen wollten.

Wenn in dieser Arbeit die Praxis der Kreditvergabe und die soziale Gliederung der Darlehensnehmer nicht in dem Maße berücksichtigt werden konnten, wie es eigentlich wünschenswert wäre, so ist das als eine notwendige Folge der Quellenlage zu betrachten. Sie gibt über die Schuldner wegen des auch bei den

Leihkassen praktizierten Bankgeheimnisses so gut wie keine Auskunft. So ist ebenfalls zu erklären, daß der in der Forschung durchgängig konstatierte Wandel im Benutzerkreis des Passivgeschäfts in den hier herangezogenen Quellen nicht deutlich zum Ausdruck kommt. Die allerdings nicht als repräsentativ für ganz Schleswig-Holstein zu bezeichnenden Berechnungen zu einigen Dithmarscher Sparkassen zeigen im Gegenteil eher einen abnehmenden Anteil von mittelständischem Bürgertum und anderen, nicht zu den Unterschichten gehörenden Gruppen an der Zahl der belegten Posten und an der gesamten Sparsumme.

Als dritte Funktion der Sparkassen stellten sich die Initiatoren ganz nach ihrem bürgerlichen Verständnis die *Förderung von Moralität und Sittlichkeit* durch das Sparen vor. Wer sein Geld spart, gerät nicht mehr so leicht in die Gefahr, es für angeblichen Luxus und kurzzeitige Vergnügungen auszugeben, sondern strebt in „Ruhe und Ordnung" nach weiterer Verbesserung seines Besitzstandes, um sich dann auch der Verwirklichung bürgerlich-aufgeklärter Werte zuwenden zu können.

Obgleich die Sparkassen in mehrfacher Hinsicht als wohltätige Anstalten konzipiert waren und das Anfangskapital von den nicht mit den Sparern identischen Sparkassenmitgliedern stammte, sollten sich diese Einrichtungen doch in der Folgezeit finanziell selbst tragen und konnten dies auch mittels der Zinsdifferenz zwischen Aktiv- und Passivgeschäft. Die so vom kleinen und mittleren Gewerbestand und indirekt von den Unterschichten erwirtschafteten Überschüsse mußten nicht vollständig in den Reservefonds zur Absicherung des Sparkapitals fließen. Vielmehr dienten sie vielfältigen gemeinnützigen, aber nicht unbedingt karitativen Zwecken, die sonst aus den Abgaben der kapitalkräftigeren Bürger hätten finanziert werden müssen oder die überhaupt nicht realisiert worden wären.

Die in der Einleitung angesprochene Form der Sparkassen, wie sie uns heute vertraut ist, entwickelte sich erst nach dem hier untersuchten Zeitraum. Zwar wurde in den achtziger Jahren des vorigen Jahrhunderts mit den Pfennig- und Schulsparkassen noch einmal der Versuch unternommen, die Annahme kleinerer Summen als Sparkassenziel wiederzubeleben. Aber diese Kleinsparform, die hauptsächlich auf Kinder zugeschnitten war und zur Sparsamkeit erziehen sollte, wurde bald wieder trotz teilweise guter Erfolge aufgegeben, weil der Verwaltungsaufwand viel zu groß war[1]. Die Vorsorgefunktion für besondere Notlagen oder Lebensabschnite übernahm in dieser Zeit die Bismarcksche Sozialversicherung, während sich die Sparkassen insgesamt in Richtung einer immer weiterer Ausdehnung des Geschäftsumfanges entwickelten, sowohl was die nun fehlenden Einlagenbeschränkungen und damit die primäre soziale Zielsetzung als auch den Geschäftsbereich der einzelnen Sparkassen anbetraf. Obwohl in den siebziger und achtziger Jahren noch eine Reihe kleinerer Sparkassen auf dem Land entstanden, verstärkte sich die Tendenz zur Zusammenlegung kleinerer Institute zu ortsübergreifenden Einheiten, etwa in Form von Kreis- und

---

1 Vgl. ausführlich den Bericht der Gewerbekammer.

Zweckverbandssparkassen. Ehemals kleine selbständige Sparkassen wurden im Zuge dieser Entwicklung zu Zweigstellen.

Schon Mitte der fünfziger Jahre waren in ländlichen Regionen die genossenschaftlichen Spar- und Darlehnskassen als Konkurrenz der Sparkassen im Bereich der Kreditvergabe für den gewerbetreibenden und bäuerlichen Mittelstand errichtet worden, so daß häufig beide Einrichtungen an einem Ort nebeneinander bestanden. Die Sparkassen selbst betätigten sich dagegen zunehmend auf Gebieten, die bankartigen Charakter hatten, so als sie Anfang des 20. Jahrhunderts die Scheckfähigkeit erhielten und den Giroverkehr einführten.

Aber auch in rechtlicher Form gab es nach 1864 starke Änderungen, die vor allem Schleswig-Holstein betrafen. Da in Preußen die Privatsparkassen seit 1875 keine Mündelgelder mehr annehmen durften, wandelten sich viele in eine öffentliche Sparkasse um. Das endgültige „Aus" kam für die Privatsparkassen im Jahre 1900 mit der Einführung des Bürgerlichen Gesetzbuches. Nach diesem Zeitpunkt gab es in ganz Deutschland nur noch sehr wenige Privatsparkassen, von denen die meisten auch heute noch in Schleswig-Holstein zu finden sind.

Anhang

Statut der Kieler Spar- und Leihkasse

aus: Quellenband zur Geschichte der Kieler Spar- und Leihkasse, Kiel 1941, S. 35–40.

Ankündigung

der Gesellschaft freiwilliger Armenfreunde,

die Errichtung einer Spar- und Leihkasse

betreffend.

Es war immer der Wunsch der Gesellschaft freiwilliger Armenfreunde, durch ihre Verwaltung der hiesigen Armenpflege die Zahl der wirklichen Nothfälle, in welchen sie Hülfe biethet, zu vermindern, und dadurch selbst diese Hülfe mit der Zeit immer mehr entbehrlich zu machen. Die Gesellschaft durfte es nie aus der Acht lassen, daß auf der einen Seite das öffentliche Almosen, durch die Beiträge der Fleißigen, der Sparsamen, der Bemittelten zusammengebracht, für Viele immer eine Abgabe von ihrem mühsamen Erwerbe ist; eine Abgabe, die, mehr oder weniger fühlbar, einzelnen, und besonders den Mittelbürgern, doch zuweilen beschwerlich werden kan; und daß es auf der andern Seite eine Pflicht jedes Menschen ist, die ihm keine bürgerliche Einrichtung erlassen darf, dahin zu streben, daß er mit seinem Unterhalte seit den Nächsten nicht beschwerlich werde. Die Gesellschaft musste es besonders auch erwägen, daß die Armenpflege, auch bei der besten Verwaltung, ihre Pfleglinge doch immer in einem Stande der Unmündigkeit und der Abhängigkeit erhalte; daß sie den ihr obliegenden Theil der öffentlichen Sicherheit vielleicht nie ganz, ohne alle Zwangsmittel handhaben könne, und daß also, eben um der bürgerlichen Freiheit, die Armenversorger jen, eben um die bürgerliche Freiheit, die gegen

— 2 —

wärtigen Genossen des öffentlichen Almosens zur Selbstständigkeit zurück zu führen, und denjenigen, welche am häufigsten der Verarmung ausgesetzt sind, die Mittel und Wege zur unabhängigen und selbst eigenen Versorgung zu erleichtern.

Die Nothfälle, welchen die öffentliche Almosenpflege abhilft, werden freilich, bei aller Vorsicht der Einzelnen, und so gerecht und weise auch eine bürgerliche Ordnung gegründet sein mag, vielleicht nie ganz von den menschlichen Schiksalen zu trennen sein. Auch der Weisere und Bessere bleibt zu kurzsichtig, um vor allen Begegnissen, die ihm fremde Hülfe nöthig machen können, immer genug auf seiner Hut zu sein. Darum ist es unser Aller Beruf, ist Bedürfniß und Wohlthat für Alle, daß wir uns, nach dem höchsten Geboste unserer Religion, menschenfreundlich und mitbürgerliche Hand reichen.

Allein es gibt doch manche Begegnisse, die wir, zu sorglos, Zufall und Schiksal nennen, welche menschliche Vorsicht theils abwenden, theils erleichtern kan, und es ist in jeder Gemeinde die Sache der Einsichtigern, der Erfahrneren und Wohlwollenden, ihren Ursachen nachzuforschen und sie zu vermeiden zu lehren.

— 3 —

Wer erkennet es nicht, daß diese Pflicht allen, die sich die Verständigern und Gebildeteren nennen wollen, obliegt? Wir Mitglieder dieser Gesellschaft müssen uns jedoch zu ihrer Erfüllung noch näher berufen fühlen. Je bereitwilliger Ihr, wohlthätige Mitbürger, unsere Armenpflege unterstützt, desto sorgfältiger müssen wir Euch Eure freiwillige Gabe zu erleichtern suchen, je ernstlicher Ihr wollt, daß Euren armen Miteinwohnern geholfen werde, desto ernstlicher und nachdrücklicher müssen wir ihnen helfen. So wird die pflichtmäßige Verwaltung der öffent

122

lichen Wildthätigkeit für beide Theile, für den Geber und für die Genossen des Almosens, in gleichem Grade wohlthätig; freerfüllt im Namen der Geber die Pflichten der Geselligkeit; sie sorgt für das gegenwärtige Bedürfnis der Empfänger, und lehrt sie zugleich, als Mitglieder der bürgerlichen Gesellschaft, der Pflichten eingedenk sein, von welchen keine Armenpflege sie freisprechen darf. Die Uebung in diesen Pflichten macht sie der jetzigen Hülfe würdiger, von fremder Willkühr unabhängiger und dadurch sittlich und bürgerlich freier und glücklicher.

Unsere Fürsorge für die Selbstständigkeit und Freiheit der Almosengenossen wird freilich nicht immer mit dem erwünschten Erfolge belohnt. Aber der minderbelohnende Erfolg spricht uns nicht von der Pflicht frei. Auch ist unsere Mühe nicht immer ohne allen Erfolg geblieben, und er wird öfterer unserm Wünschen angemessen sein, wenn wir selbst ihn nur ernstlicher und aufrichtiger wollen.

Doch gesetzt auch, es ließe sich den einmal Verarmten in einem gewissen Alter sehr selten nur wieder aufhelfen; so ist es desto dringender, daß wie die Zahl der schon Verarmten, wenigstens wie sie jetzt ist, zu begränzen suchen. Können wir nur wenige unserer Pfleglinge in den Stand der bürgerlichen Selbstständigkeit zurück führen; so müssen wir desto emsiger diejenigen unsrer unbemittelten Miteinwohner, die sich noch in demselben befinden, darin zu erhalten suchen. Eine solche Fürsorge für die unbemittelte und dienende Klasse ist gewiß noch nicht überflüssig. Nirgend ist die bürgerliche Gesellschaft noch so gerecht und weise geordnet; überall ist der Unwissenheit und Sorglosigkeit in dieser Klasse noch zu viel, als daß es schon Zeit wäre, jedem sein Haus-

wesen ohne Unterricht und Leitung anheim zu stellen. Wahrlich, es sind der vermeidlichen Nothfälle, welche Armuth herbeiführen, auch in unsrer Stadt noch manche. Unerfahrenheit und Leichtsinn auf der einen, theuer erkaufte, oft nur scheinbare Hülfe und blutgieriger Wuchergeist auf der andern Seite, untergraben das Auskommen. Auch in unserm Wohnorte, wir bekennen es mit Wehmuth, in unsrer guten Stadt, deren Einwohner wir, der ungleich größeren Zahl nach, als unsre Wohlthäter verehren, werden leider noch manche wucherische Bedrückungen kundbar, und mancher ehrliche Geldverlegene wird ihr geheimes Opfer.

Mitbürger, es ist Zeit, daß eine mehr angemessene, wirksamere Hülfe geboten werde; daß das vernünftig geleitete Wohlwollen der Guten jenen schändlichen Ränken entgegen arbeite, und wenigstens den Unerfahrenen, denjenigen, die am meisten der Verarmung ausgesetzt sind, Mittel und Weg gezeigt und auch der verborgenen Noth eine milzbürgerliche Hand gereicht werde.

Diese Betrachtungen, zu welchen wir oft durch traurige Erfahrungen geleitet werden, haben ohne Zweifel auch manche unsrer Mitbürger schon zu gleichen Wünschen mit uns veranlasst. Ihnen, wie uns, wird daher der von einem unsrer Mitarbeiter gemachte Vorschlag einer Spar- und Leihkasse, den wir hiemit bekannt machen, herzlich willkommen sein.

Dankbar hat ihn unsre Gesellschaft angenommen und sieht sich im Stande, ihr jetzt als einen ausführbaren Plan nach seinen ersten Grundlinien ihren Mitbürgern vorzulegen. Die bessere Ausbildung und Vervollkommnung desselben kan nur das Werk der eigenen ewilichen Erfahrung sein.

5

I.

Die wesentliche Einrichtung der Sparkasse ist in der Kürze folgende:

1) Alle und jede, welche von ihrem Lohne oder sonstigen ehrlichen Erwerbe erübrigen und zurücklegen wollen, können das Erübrigte in diese Sparkasse einlegen.

2) Zu diesem Behufe ist durch Niederlegung einer Kielischen Stadtobligation die reelle Sicherheit von Eintausend Rthlr. schleswig-holsteinisch grob Species Courant bei unserer Kasse beschaffet worden.

3) Jede Summe von 5 Schill. an bis zu 100 Mk. wird angenommen.

4) Auch Summen über 100 Mark werden entweder von der Kasse selbst angewandt oder es wird doch zu ihrer Unterbringung zuverlässige Anleitung gegeben.

5) Die kleineren Summen bis zu 5 fl. herunter werden zur Bequemlichkeit der Sparenden einzeln angenommen, und so lange aufbewahrt, bis die Summe eines Darbringers 3 Mk. 2 fl. oder 50 Schilling ausmacht; sobald jemand eine Summe von 50 fl. zusammen gebracht hat, aber auch dann erst und nicht eher, wird sie ihm mit 4 Procent jährlich verzinset.

6) Um eine mühsame Ausrechnung zu vermeiden, ist jedoch zur Regel angenommen, daß die Zinsen jedesmal erst mit dem ersten Tage des Quartals zu laufen anfangen; für jede Summe also, welche nicht an ersten, des

Januar, April, Julius und Oktobermonats bis zu einer zinsbaren Summe eingelegt ist, können auch mit dem nächsten Quartal erst die Zinsen zahlbar werden. Doch soll ein Unterschied von acht Tagen, welche das Darlehn später gebracht wird, dem Darbringer nicht zum Nachtheil gerechnet werden, sondern dennoch die Zinsen mit dem Anfange desselben Quartals für ihn zu laufen anfangen.

7) Gegen jede eingelegte Summe wird ein gedruckter mit dem Namen und der Summe ausgefüllter und von der Administration dieser Kasse unterschriebener Schein ausgehändigt.

8) Dieser Schein ist nur für den Eigenthümer und seine Erben gültig.

9) Das eingelegte Geld kan beliebig, nach einer vier Wochen vor dem Ablauf des Quartals geschehenen Anzeige, zurückgenommen werden.

10) Auch können von den bereits zinsbaren Summen an jedem Quartal, an den vorher bekannt gemachten Tagen die fälligen Zinsen erhoben werden.

11) Wer hingegen lieber die Zinsen mit der eingelegten Summe zugleich aufheben will, dem werden Zinsen auf Zinsen berechnet.

Aus einer Tabelle, welche dem ausgestellten Schuldscheine zu solcher Absicht beigelegt wird, kan jeder den Betrag seines Kapitals mit Zinsen und Aufzinsen aufs genaueste berechnen.

Diese sind die Hauptbedingungen, unter welchen die von der Gesellschaft bestellten Verwalter der Sparkasse: Amtsschreiber Cosperßen, Dr. Christiani,

Kanzeleirath Cirsovius, Prof. Ebiles, Binngieser Ge, Obefrath, Dr. Meyer, Kaufmann Schwesfel und Kaufmann Thomsen, vorläufig an jedem Mittwoch von 11 bis 12 Uhr bereit sind, die einzulegenden Sparsummen in Empfang zu nehmen, und den Empfang zu bescheinigen.

Die Gesellschaft glaubt, es werde dieses Anerbiethen besonders allen guten Brodherrschaften und Lehrherren, allen fleißigen Dienstbothen, Gesellen und Lehrburschen, überhaupt jedem, der in Tagen des Erwerbes für künftiges Bedürfnis zurück legen mag, willkommen sein.

Die bereits erwähnte gedruckte Tabelle setzt, wie gesagt, jeden in den Stand, den künftigen Betrag seines Sparpfennigs nach viertel, halben und ganzen Jahren auf das genaueste selbst zu berechnen. Die Tabelle zeigt z. B. wie eine Sparsumme von 12 Mk. 8 fl. in zehn Jahren schon 18 Mk. 8 fl. beträgt und sich in 18 Jahren verdoppelt; wie 6 Mk. 4 fl. nach 12 Jahren schon 10 Mk. beträgt u. s. w.

Außer den eben zuvor genannten Bedingungen, unter denen die Verwalter der Sparkasse kleine Summen empfangen, werden sie auch noch zu bestimmten Zeiten, als wöchentlich, monatlich oder vierteljährlich kleinere oder größere, aber jedesmal gleiche Summen, annehmen, welche sie dem Darbringer mit Zins und Zinseszins aufsparen, und ihm dafür, wenn er es verlangt, eine wöchentliche, oder monatliche, Beihülfe auf gewisse Jahre geben. Diese Beihülfe, so wie die Zeit ihrer Dauer, bestimt sich nach der Größe des in bestimmten Fristen eingelegten Geldes, und nach der Länge der Zeit, während welcher der Einschuß geschehen ist.

Auch hierüber werden nächstens Tabellen gedruckt und bekannt gemacht werden, die es jedem deutlich machen, wie groß, und wie lange er eine solche Beihülfe für einen gewissen wöchentlichen, monatlichen oder vierteljährlichen Einschuß erhalte. Diese Tabellen zeigen z. B. wie ein einziger wöchentlich ersparter Schilling vom 30sten Jahre an eingelegt, nach dem 60sten Jahre eine wöchentliche Beihülfe von 8 fl. auf 10 Jahre gewähret u. s. w.

Jeder kan sich also selbst belehren, wie vielt ihm frühe Sparsamkeit für sein Alter werth ist; wie er sich durch eigene Kräfte vom Ertrage seines eigenen Erwerbes eine mildige selbststeigende Versorgung für seine alten Tage sichern kan. Ein braves Dienstmädchen kan in unserer Sparkasse zu einem bette oder andern nutzbaren Hausrothe, ein fleißiger Geselle zu seiner ersten Einrichtung als Meister, ein guter Lehrbursche zu einem Gesellenkleide, den ersparten Pfennig samlen, und sich durch Zinsen und Zinseszinsen nutzbar machen. Auch auf kürzere Zeit, von Sommer zu Sommer, in den Monaten des besten Erwerbes, kan jeder für die arbeitslose Zeit des nächsten Winters, da sein Gewerbe stille steht, einlegen, und das Eingelegte bis zur Zeit des Bedürfnisses stehn lassen machen. Der Tagelöhner und Gehülfe, zum Beispiel beim Maurerhandwerke, kan als ein guter Haushalter von seinem reichlichen Wochenlohne vielleicht einen nicht geringen Theil in die Sparkasse einlegen, gegen den Winter ihn durch Zinsen vergrößert zurücknehmen und zum Wintervorrathe für seine kleine Wirthschaft anwenden.

Diese und andre Vortheile, wozu unsere Sparkasse die annehmliche Gelegenheit biethet, werden gute Brodherren und Lehrherren ihren Haus- und Gewerbegenossen fleißig und zu rechter Zeit vorhalten, für ihre ausserordentlichen Geschäfte und Trinkgelder ihnen diese Anwendung empfehlen und überhaupt das Gute, das wir durch vernünftige Sparsamkeit beabsichtigen, pflichtmässig befördern helfen.

II.

Mit der bisher beschriebenen Sparkasse haben wir, wie gesagt, als eine zweite gleich wichtige Hülfsanstalt zur Verminderung der Verarmung eine Leihkasse verbunden, deren Einrichtung und wesentliche Bedingungen wir ebenfalls kürzlich anzeigen wollen. Wir eröffnen diese Leihkasse gleichzeitig, mit der Sparkasse, um unsern Mitbürgern in der gewerbsamen Klasse in der Betreibung ihres Handwerkes oder ihrer Kunst den Ankauf von Materialien, Geräthschaften, oder sonst eine erhebliche Auslage durch mässigen Kredit oder Vorschuss ohne Unterpfand, jedoch unter der Verpflichtung, zur unausbleiblichen rechtzeitigen Wiedererstattung in kurzen bequemen Fristen, zu erleichtern.

Diese unsre Absicht macht uns also nachfolgende Bedingungen zu unabweichlichen Regeln:

1) Nur Gewerbetreibende Bürger in der Stadt Kiel können eine Unterstützung aus dieser Leihkasse erhalten.

2) Wer eine Unterstützung begehrt, muss vorher hinlänglich darthun, dass er dadurch in den Stand gesetzt werde, sein Gewerbe, das er zu seinem Unterhalte erlernt oder gewählt hat, vortheilhafter als sonst zu betreiben; oder dass ein unvermuteter Umstand ihm jetzt eben eine ausserordentliche Ausgabe noth-

wendig oder nützlich mache, die ihm jetzt unerschwinglich, oder doch drückend werden, und den Betrieb seines Gewerbes stöhren würde.

3) Er muss nachweisen können, dass er in gewissen kurzen Fristen, die Schuld zu tilgen im Stande sei.

4) Er muss sich alle diejenigen Vorkehrungen gefallen lassen, welche die Verwalter der Leihkasse zu ihrer Sicherheit nöthig finden.

5) Es hängt blos von diesen Verwaltern, unter der Autorität der Gesellschaft, ab, ob sie, nach unterschiednen Umständen, die Bewilligung einer Unterstützung zulässig finden, und es sind dieselben keinem sonst darüber Rede und Antwort schuldig.

6) Wer eine solche Unterstützung erhält, unterwirft sich, im Falle säumiger, nicht prompt in den verabredeten Fristen erfolgender, Zahlung den sogleich erfolgenden bereitesten Exekutionsmitteln.

7) Eine unter diesen Bedingungen begehrte und bewilligte Unterstützung kan auf folgende Weise geschehen:

a. durch Beyhülfe mit Materialien und Geräthschaften selbst in Natura, oder durch baren gemachten Kredit;

b. durch baren Geldvorschuss, doch nur in ausserordentlichen Fällen und wenn derjenige, welcher Unterstützung sucht, sichtbar dieser Hülfe zu seinem Betriebe bedarf;

c. durch Einlösung versetzter Sachen aus dem Lombard, wenn solche in gewissem Geräthe, das zum Gewerbe erforderlich ist, bestehen; doch müssen die Eigenthümer solcher Sachen durch unverschuldete Umstände zum Versetzen genöthigt gewesen sein, und es sich gefallen lassen, daß die eingelösten Sachen zur Sicherheit der Gesellschaft mit dem Stempel derselben bezeichnet werden.

8) Die geringste Summe eines baren Geldvorschusses darf nicht unter 5, und die höchste nicht über 100 Mk. betragen. Nur in besondern Fällen kan eine Ausnahme gemacht werden, welche die Verwalter sich vorbehalten.

Diese sind die Vorschriften, deren genaue Beobachtung die Gesellschaft für nothwendig hält, und worauf sie die von ihr bestellten Verwalter verpflichtet hat. Zugleich hat sie denselben aufgetragen, die vorkommenden Erfahrungen fleißig zu sammeln, und mit Sorgfalt zur Abfassung immer zweckmäßigerer Vorsichtsregeln zu benutzen. Diese werden also nach Verlauf des ersten Probejahrs die während desselben aufgezeichneten Beobachtungen der Gesellschaft zur Prüfung vorlegen.

Durch solche Vorsicht und eine pflichtmäßige Strenge gegen diejenigen, welche Unterstützung aus der Leihkasse erhalten, in Ansehung der rechtzeitigen unfehlbaren Wiederbezahlung, wird einem bedeutenden Verluste vorgebeugt werden können. Doch ist nicht jede Art des Verlustes gänzlich vermeidlich. Einiger Verlust also und so auch ein Theil der Geschäftsführung machen einigen Zuschuß nöthig. Wir meinen die Rechnungsführung, die nicht gleich

den übrigen bei dieser Anstalt vorkommenden Arbeiter umsonst gethan werden kan, sondern einen besoldeten Mann erfordert.

Um jenen Zuschuß und diese Ausgabe bestreiten zu können, kommen der Leihanstalt einmal die von den Empfängern einer Anleihe mit vier vom hundert zu erhebenden Zinsen; es komt ihr ferner das Vermächtniß unsers verewigten Wohlthäters, des seligen Conrad Christiani, von 500 Rthlr. zu gute. Die Gesellschaft wird jene nutzen, und dieses nach der Absicht des Stifters, in Uebereinstimmung mit desselben Testamentsvollziehern, dazu dankbar anwenden, und, mit diesen vereinigt, für seine Erhaltung Sorge tragen.

Zugleich aber musste man, bei der Erweiterung des Plans, über die erste Absicht des sel. Christiani hinaus, auch auf eine mehr befriedigende Beihülfe bedacht nehmen, um einerseits die Hülfsquellen der Leihkasse zu vergrößern, andererseits jeden Verlust, der bei gehöriger Vorsicht sich denkbar ist, desto sicherer zu decken.

Dieser Wunsch, welchen einige Mitglieder eines seinen unserer Mitbürger und auch Fremden, die unserer Stadt wohlwollen, mittheilten, hat, wie fast jedes Gute, das man aufrichtig will, bereits seine Beförderer gefunden. Wir dürfen daher nicht zwei feln, auf folgendem bereits von manchem Einheimischen und Nachbaren thätig begünstigten Wege unserm Zwecke gemäß unterstützt zu werden.

Wir haben nämlich den Einschuß zur Leihkasse in Aktien oder Portionen getheilt. Es bleibt der Willkühr eines jeden Beförderers überlassen, ob er

a) die Portionen, welche zu 10 Rthlr. die Aktie bestimt sind, auf Einmal und als ein

Kapital, welches zu dem Zwecke dieser Kasse angewandt wird, baar einlegen, oder

b) bloß durch Unterzeichnung zu einer oder mehrern solcher Aktien sich auf immer, ohne sie kündigen zu können, anheischig machen wolle, den Betrag der Leibkasse verhältnismäßig zu tragen;

c) oder ob er sich für Aktien von dem nämlichen Werthe nur auf ein Jahr mit dem Vorbehalte jährlicher Kündigung unterzeichnen wolle. In diesem Falle muß man jedoch nothwendig ein halbes Jahr vorher von der Aufkündigung unterrichtet seyn, um darnach seine Maasregeln nehmen zu können.

Allen diesen Beförderern wird jährlich eine Berechnung vorgelegt; diese gemäß die Verlustsumme über die einzelnen Aktien vertheilt; denen, welche baare Beiträge zugeschossen haben, abgeschrieben, und von denjenigen, die durch Unterzeichnung sich verbindlich gemacht haben, der verhältnismäßige Beitrag jährlich an die Kasse berichtigt.

Es ergiebt sich aus dem Bisherigen von selbst, daß derjenige, der zur Leibkasse unterzeichnet hat, auf jeden Fall nur für so viel, als er Aktien übernommen, und nie für eine größere Summe könne in Anspruch genommen werden.

Die Verwaltung beider bisher beschriebenen Hülfsanstalten, der Sparkasse und der Leibkasse vereinigt, hat die Gesellschaft freiwilliger Armenfreunde der vorhin genannten Verwaltungskommission anvertraut. Sie hat derselben, besonders in Rücksicht

der letztbedachten, der Leibkasse, die strengste Verschwiegenheit und die gewissenhafte Geheimhaltung der Personen, welche Unterstützung erhalten, zur Pflicht gemacht.

Um von dem Zustande und den Geschäften beider Kassen unterrichtet zu werden, wählt die Gesellschaft jährlich zwei Revisoren, welche, ebenfalls zur strengsten Verschwiegenheit vorher verpflichtet, die Rechnungen nachsehen, gut heissen, und ihr auszugsweise einen Bericht darüber abstatten müssen.

Diese sind in der Kürze die Hauptpunkte der zwiefachen Anstalt, die wir in diesem vierten Jahre unserer Armenpflege mit unserer bisherigen Geschäftsführung vereinigen. Die Vorsehung, die alles, was Menschen zum Wohl ihrer Mitmenschen pflichtmäßig beginnen, segnet, walte auch über dieses Unternehmen, und lasse es zur Vermehrung des Guten unter uns besonderlich werden!

Wir machen den Anfang mit dieser neuen Hülfsanstalt mit dem Vertrauen auf die Mitwirkung unserer Mitbürger. Sie werden uns die Hand bieten, um Sparsamkeit und Wirthschaftlichkeit in unserer Stadt zu befördern, dem ehrlichen Fleisse aufzuhelfen, und durch beiderlei Mittel, der Berarmung und den zahlreichen Uebeln, die sie begleiten, zu steuern.

Wir, so viel unsrer zusammengetreten sind, wollen nach dem wahren Sinne unsrer Verbindung, es uns nur zur Pflicht machen, alle, die in unserm Dienste und Lohne arbeiten, den Weg zu führen, auf welchem sie die Mithelfer ihrer eigenen Versorgung werden können.

15

Wir wollen ihnen diejenige Anwendung ihres Erübrigten empfehlen, die ihnen selbst die wohlthätigste ist, und durch richtigere Schätzung ihres Erworbenen sie von dem ungeziemenden Aufwande, der zum Verderben des Gesindes neuerlich so sehr überhand genommen hat, zu entwöhnen suchen.

Wir erwarten von Euch, Ihr fleißigen und getreuen Dienstboten, von Euch, Ihr jungen Lehrbursche, von Euch allen, unsre Miteinwohner in der dienenden und arbeitenden Klasse, daß Ihr Euch durch Einlegen Eures Sparpfennigs eine Freude bereiten werdet, die würdiger und bleibender ist, als die Ihr Euch im eitlen Flitterstaat, in lärmenden Gelagen, in unmäßigem Genusse, oft zum Nachtheil Eurer Gesundheit, Eurer Ehre, Eurer Sittsamkeit, immer zum Verluste für Euer künftiges Auskommen Euch erkaufet. Die wohlthätigen Folgen, welche vernünftige Sparsamkeit selbst wieder auf Euren Fleiß, auf Eure Treue, auf Euer besseres Verhalten gegen Eure Brod- und Lehrherren, gegen die Eurigen, in allen Euren Verhältnissen verbreiten wird, werden Euch hundertfältig die kleine Summe vergünzen, die Ihr einleget. So wird unsre Anstalt, die bisher unmittelbar und zunächst nur der Armuth diente, für alle segenreich werden. Bessere und treuere Gesinde, bessere und treuere Arbeiter, und, wenn Brod- und Lehrherrschaften selbst pflichtmäßig mitwirken wollen, mehr häuslicher Frieden, ein glücklicheres Zusammenwirken Dienstfertiger und Dienender, der Erfahrneren und Unerfahrnen, der Häuslinge und Hausherren, wird aus dieser Anstalt hervorgehen.

Selbst Verführung und Unzucht, und die Menge körperlicher und moralischer Krankheiten, die sie begleiten, sind weniger furchtbar in einem Orte, wo

16

Sparsamkeit früh gewöhnt wird, wo die Jugend redlichen Fleiß für künftiges Auskommen lieb gewonnen hat, und die Alten dazu gefällige Hand biethen.

Wir Mitglieder der Gesellschaft freiwilliger Armenfreunde versprechen hiermit, was, nach den Grundsätzen unserer Armenpflege, freilich unsere Pflicht ist, daß wir solch redliches Gesinde und so emsige Handwerksleute und Arbeiter in Zeiten des Bedürfnisses, so viel wir vermögen, vorzüglich die werkthätige Hülfe und Unterstützung wollen erfahren lassen.

Euch, Ihr ehrlichen Handwerker, die Ihr, nach gewissenhafter Selbstprüfung, der Hülfe aus unsrer Leihkasse bedürft, Euch laden wir ein; kommt zu uns ohne Scheu, wenn Ihr mit dem Vorsatze kommt, unsre Anleihe pünktlich zu erstatten. Wir wollen euch gerne eure schwere Arbeit erleichtern helfen. Wir wollen treu seyn in unsrer Zusage, und strenge in der Beobachtung unsrer Bedingungen. Diese Strenge ist keine Härte. Nur sie kann uns in dem Stande erhalten, Euch jene Treue zu beweisen. Es soll uns ein froher Tag seyn, an dem wir Euch Hülfe reichen, und ein noch froherer Tag, an dem wir es aus Eurem eigenem Munde erfahren, daß Euch wirklich geholfen worden.

Kiel den 27sten May 1796.

Die Gesellschaft freiwilliger
Armenfreunde.

aus: Helmut Arnaschus: 1828–1978. Verbandssparkasse Meldorf 150 Jahre (Heide 1978), ▷
S. 21.

Ansprache
an das Publikum in Meldorf und Umgegend gedruckt und bekanntgegeben:

Alles mit Gott und nichts ohne Ihn!

Nach dem segensreichen Vorgange in vielen Gegenden unseres Vaterlandes wird mit dem 1. November ds. Js., dem für unser Land so höchsterfreulichen Tage, hieselbst eine „Sparkasse" eröffnet.

Ihr Bestehen ist durch die Teilnahme und Aktien wackerer Männer unter uns gesichert; ihre Benutzung und Empfehlung legen wir zutrauensvoll und überzeugt von dem wohltätigen Zweck, unsern lieben Mitbürgern ans Herz.

Insonderheit richten wir unsere Bitte an Euch, Ihr arbeitsamen Hausväter und Hausmütter, Ihr fleißigen Handwerker, Meister, Gesellen und Lehrburschen, Ihr treuen Arbeitsleute und Dienstboten, daß Ihr, Eures eigenen Besten wegen, diese Gelegenheit willkommen heißen möget, um die von Eurem sauren Erwerbe, Eurem Dienst- und Tage-Lohn ersparten Schillingen oder Thaler aufzubewahren, um sie Euch selbst und für Euch selbst zu sichern.

Die Sparkasse, indem sie jede von Euch eingelegte Summe, sobald diese 2 M𝔹 beträgt, mit 3¹⁄₂ p. Ct. jährlich verzinst und dadurch zu einem kleinen zinsentragenden, sich jährlich vermehrenden Kapital erhöht, gibt Euch den anschaulichen Beweis, wie reichlich Ordnung und Sparsamkeit sich durch sich selbst belohnen.

Euch, Ihr Hausväter und Hausmütter, die Ihr von Eurem Verdienst wöchentlich oder monatlich etwas in die Sparkasse setzt, sichert sie zur Zeit des Mangels oder in traurigen und frohen Fällen, wo ein größerer Aufwand, denn gewöhnlich, unvermeidlich ist, einen Noth-, Tod- und Ehrenpfennig, den Ihr, nächst Gott, Euch selbst zu danken habt.

Euch Gesellen, die Ihr Meister zu werden gedenkt, Euch, Ihr Lehrburschen, die Ihr Gesellen werden oder in die Fremde wandern sollt, bietet die Sparkasse das von Euch in dieselbe niedergelegte Ersparnis vermehrt und in einer Summe und zur rechten Zeit dar.

Euch, Ihr Dienstboten, die Ihr dereinst die eigene Haushaltung anzufangen hoffet und oft nicht wisset, woher Ihr nur das Nothwendigste zusammenbringen sollet, oder die Ihr an die Tage des hülflosen Alters denkt und für dieselben eine Erquickung wünscht, erübrigt von Eurem Lohn und Trinkgelde, jetzt da Ihr es noch könnt, jährlich oder halbjährlich etwas und belegt es bei der Sparkasse, so werdet Ihr die frohe Erfahrung machen, wie die ersparten Schillinge und Thaler mit der Zeit zu einer Summe anwachsen, die Euch mancher bittern Sorge entreißen kann.

Ihr Eltern, die ihr nach alter, guter Gewohnheit für Eure Kinder Sparbüchsen habt, legt ihren Inhalt in die Sparkasse nieder, wo das Geld Frucht schafft, ihnen gesichert bleibt und in den Jahren ihrer Mündigkeit als eine bedeutende Summe ihnen zu Statten kommt. — Ihr Alle, sammelt in der Zeit, so habt Ihr in der Noth!

Von so vielen und so häufig wird das Erworbene für Eitelkeiten, für flüchtige, verderbliche oder mindestens ganz entbehrliche Genüsse, für sinnliche, leere Zerstreuungen, die weder nötig noch nützlich sind, hingegeben, versplittert, verthan — und Mancher hätt es später, zur Zeit der Noth, gar gerne wieder gehabt -- nur das wieder gehabt, wofür er nicht einmal eine heitere Erinnerung eingetauscht hat — und muß bitter bereuen, es also vergeudet zu haben.

Um Euch vor solcher Reue, vor solchen schmerzlichen Erfahrungen zu schützen, trägt die Sparkasse Euch ihre Dienste an. Wie Ihr wöchentlich Euer Erspartes und Ueberflüssiges bei ihr belegen, so könnet Ihr auch zur bestimmten Zeit das Eurige aus derselben zurückempfangen, — jedoch mit dem Vortheil, daß es unterdessen Zinsen getragen hat und Euch dann zur Hand ist, wenn Ihr es gebrauchen wollet oder sollet.

Uneigennützigkeit ist der Grundsatz aller Sparkassen im Lande; — sie sind ein Werk der Liebe, die nicht das Ihre sucht (1. Cor. 13) und nicht nach Schaden trachtet, sondern sich freuet, wenn es recht zugehet, und dem Verarmen und dem Verzagen gewehret, dagegen das Wohl und die Zufriedenheit der Mitbürger gefördert wird. —

Und so stellen wir diese Anstalt und ihren Erfolg zuversichtlich und getrost in die Obhut dessen, der, ob wir auch pflanzen und begießen, doch allein das Gedeihen geben muß, soll's anders wohl gelingen! (1. Cor. 3).

Meldorf, den 26. Oktober 1828.

Die Vorsteher der Meldorfer Sparkasse.

Tabellen

Erläuterungen zu den Tabellen

In den Tabellen werden die nach den sozialen Gruppen geordneten Einzahlungen (Sp. 1) einander gegenübergestellt und diese mit der Gesamteinlage aller Sparer (Sp. 4) verglichen. Daraus ergibt sich Sp. 2. Ferner wurde aus der Zahl der Posten, d. h. der Häufigkeit der Einzahlungen, und der Einlagensumme je Sparergruppe (Sp. 1) die durchschnittliche Einzahlungssumme pro Einlage (Sp. 3) ermittelt. Aus der Gesamtzahl aller eingezahlten Posten (Sp. 7) im Vergleich zur Postenzahl der sozialen Gruppe (Sp. 5) errechnet sich der Anteil der Einzahlungen für die jeweilige Gruppe (Sp. 6).

Die Spalten 1, 4, 5, und 7 stammen aus den im Nachweis (Sp. 8) angegebenen Quellen. Die übrigen Spalten wurden von der Verfasserin daraus errechnet.

Tabelle 1

Marne

| Jahr | Dienstboten, Arbeitsleute | | | Kinder | | | Mündelgelder | | | verschiedene Gruppen | | | 4 |
	1 eingezahlte Summe in Mk.	2 Anteil an Gesamtsumme in %	3 Einlage pro Person in Mk.	1 eingezahlte Summe in Mk.	2 Anteil an Gesamtsumme in %	3 Einlage pro Person in Mk.	1 eingezahlte Summe in Mk.	2 Anteil an Gesamtsumme in %	3 Einlage pro Person in Mk.	1 eingezahlte Summe in Mk.	2 Anteil an Gesamtsumme in %	3 Einlage pro Person in Mk.	Gesamteinlage
1822/23	1034	59,5	64,6	303	17,4	25,3	300	17,3	150,0	100	5,8	100,0	1737
1823/24	1211	40,9	71,2	1221	41,2	67,8	530	17,9	66,3	–	–	–	2962
1824/25	1904	51,1	146,5	450	12,1	20,5	542	14,6	77,4	827	22,2	165,4	3723
1825/26	559	15,0	43,0	655	17,6	22,6	1614	43,3	230,6	900	24,1	450,0	3728
1826/27	2333	27,3	89,7	337	3,9	16,9	1264	14,8	126,4	4606	53,9	307,1	8540
1827/28	3831	37,7	–	742	7,3	–	1954	19,2	–	3626	35,7	–	10153
1828/29	–	–	–	–	–	–	–	–	–	–	–	–	–
1829/30	–	–	–	–	–	–	–	–	–	–	–	–	–
1830/31	–	–	–	–	–	–	–	–	–	–	–	–	–
1831/32	4397	28,8	61,9	1100	7,2	29,7	3255	21,3	148,0	6514	42,7	283,2	15266
1832/33	6304	33,1	76,0	1502	7,9	23,8	2009	10,5	95,7	9252	48,5	355,8	19067
1833/34	8135	42,1	75,3	2114	10,9	30,6	5248	27,2	201,8	3811	19,7	181,5	19308
1834/35	6600	36,9	67,3	1926	10,8	31,6	2050	11,5	97,6	7314	40,9	430,2	17890
1835/36	12896	48,6	80,1	1980	7,5	28,7	4818	18,6	209,5	6851	25,8	311,4	26545
1836/37	17296	48,7	112,3	2750	7,7	37,7	4854	13,7	211,0	10599	29,9	331,2	35499
1837/38	11537	34,4	73,0	3908	11,6	42,9	8128	24,2	239,1	10010	29,8	357,5	33583
1838/39	–	–	–	–	–	–	–	–	–	–	–	–	–
1839/40	–	–	–	–	–	–	–	–	–	–	–	–	–
1840/41	–	–	–	–	–	–	–	–	–	–	–	–	–
1841/42	17973	40,0	80,2	5418	12,1	52,1	8502	18,9	314,9	12977	28,9	324,4	44870
1842/43	23377	51,7	100,3	6221	13,7	82,9	4671	10,3	141,5	10989	24,3	289,2	45258

Marne (Forts.)

Jahr	Dienstboten, Arbeitsl. 5 Anzahl der Posten	6 Einzahlungen in %	Kinder 5 Anzahl der Posten	6 Einzahlungen in %	Mündelgelder 5 Anzahl der Posten	6 Einzahlungen in %	verschiedene Gruppen 5 Anzahl der Posten	6 Einzahlungen in %	7 Gesamtzahl der Posten	8 Nachweis
1822/23	16	51,6	12	38,7	2	6,5	1	3,2	31	PB 1824,3,130
1823/24	17	39,5	18	41,9	8	18,6	–	–	43	PB 1824,3,131–132
1824/25	13	27,7	22	46,8	7	14,9	5	10,6	47	PB 1827,1,225
1825/26	13	25,5	29	56,9	7	13,7	2	3,9	51	PB 1827,1,225
1826/27	26	36,6	20	28,2	10	14,1	15	21,1	71	PB 1829,2/3, 359
1827/28	–	–	–	–	–	–	–	–	153	PB 1829,2/3,360
1828/29	–	–	–	–	–	–	–	–	–	–
1829/30	–	–	–	–	–	–	–	–	–	–
1830/31	–	–	–	–	–	–	–	–	–	–
1831/32	71	46,4	37	24,2	22	14,4	23	15,0	153	DZ 9/23.6.1832
1832/33	83	43,0	63	32,6	21	10,9	26	13,5	198	DZ 24/15.6.1832
1833/34	108	48,2	69	30,8	26	11,6	21	9,3	224	PB 1834,4,624
1834/35	98	49,7	61	31,0	21	10,7	17	8,6	197	DZ 24/11.6.1836
1835/36	161	58,5	69	25,1	23	8,4	22	8,0	275	DZ 24/11.6.1836
1836/37	154	54,6	73	25,9	23	8,2	32	11,3	282	DZ 33/18.8.1838
1837/38	158	50,8	91	29,3	34	10,9	28	9,0	311	DZ 33/18.8.1838
1838/39	–	–	–	–	–	–	–	–	–	–
1839/40	–	–	–	–	–	–	–	–	–	–
1840/41	–	–	–	–	–	–	–	–	–	–
1841/42	224	56,7	104	26,3	27	6,8	40	10,1	395	IW 28/14.7.1843
1842/43	233	61,5	75	19,8	33	8,7	38	10,0	379	IW 28/14.7.1843

Tabelle 2

Meldorf

Jahr	Dienstboten, Arbeitsleute			Kinder			verschiedene Gruppen			4 Gesamt-einlage
	1 eingezahl-te Summe in Mk.	2 Anteil an Gesamt-summe in %	3 Einlage pro Person in Mk.	1 eingezahl-te Summe in Mk.	2 Anteil an Gesamt-summe in %	3 Einlage pro Person in Mk.	1 eingezahl-te Summe in Mk.	2 Anteil an Gesamt-summe in %	3 Einlage pro Person in Mk.	
1830	2249	17,6	34,0	514	4,0	5,0	9984	78,3	256,0	12747
1831	–	–	–	–	–	–	–	–	–	5010
1832	2478	22,4	34,4	303	2,7	4,9	8274	74,8	188,0	11055
1833	3344	86,4	44,0	524	13,5	6,7	–	–	–	3868
1834	3093	33,2	40,6	592	6,4	7,1	5633	60,5	67,9	9318
1835	4959	35,2	52,2	927	6,6	9,7	8213	58,3	152,1	14099
1836	5231	38,2	54,5	1153	8,5	10,0	7310	53,4	103,0	13694
1837	5844	38,5	53,1	928	6,1	9,4	8398	55,4	125,3	15170
1838	7604	39,4	55,9	1047	5,4	10,7	10659	55,2	100,6	19310
1839	7908	48,7	66,5	993	6,1	9,9	7348	45,2	118,5	16249
1840	10617	62,2	85,6	1257	7,4	12,8	5000	29,6	67,6	16874
1841	–	–	–	–	–	–	–	–	–	–
1842	10359	47,4	55,1	1095	5,0	7,8	10400	47,6	118,2	21854
1843	11426	41,7	49,9	1544	5,6	10,2	14401	52,6	153,2	27371

Meldorf (Forts.)

Jahr	Dienstboten, Arbeitsleute		Kinder		verschiedene Gruppen		7 Gesamtzahl der Posten	8 Nachweis
	5 Anzahl der Posten	6 Einzahlungen in %	5 Anzahl der Posten	6 Einzahlungen in %	5 Anzahl der Posten	6 Einzahlungen in %		
1830	66	31,9	102	49,3	39	18,8	207	PB 1831,4,615–617
1831	–	–	–	–	–	–	–	PB 1832,4,546–547
1832	72	40,4	62	34,8	44	24,7	178	PB 1834,4,625–626
1833	76	49,3	78	50,7	–	–	154	DZ 9/ 1.3.1834
1834	76	31,4	83	34,3	83	34,3	242	DZ 9/28.2.1835
1835	95	38,8	96	39,2	54	22,0	245	DZ 9/27.2.1836
1836	96	34,0	115	40,8	71	25,2	282	IW 9/ 3.3.1837
1837	110	39,9	99	35,9	67	24,3	276	DZ 5/ 3.2.1838
1838	136	40,0	98	28,8	106	31,2	340	DZ 16/18.4.1840
1839	119	42,3	100	35,6	62	22,1	281	DZ 16/18.4.1840
1840	124	41,9	98	33,1	74	25,0	296	DZ 35/28.8.1841
1841	–	–	–	–	–	–	–	–
1842	188	45,2	140	33,7	88	22,2	416	DZ 31/ 3.8.1844
1843	229	48,2	152	32,0	94	19,8	475	DZ 32/10.8.1844

Tabelle 3

Krempe

Jahr	Dienstboten, Arbeitsleute			Kinder			Mündelgelder			verschiedene Gruppen			4 Gesamteinlage
	1 eingezahlte Summe in Mk.	2 Anteil an Gesamtsumme in %	3 Einlage pro Posten in Mk.	1 eingezahlte Summe in Mk.	2 Anteil an Gesamtsumme in %	3 Einlage pro Posten in Mk.	1 eingezahlte Summe in Mk.	2 Anteil an Gesamtsumme in %	3 Einlage pro Posten in Mk.	1 eingezahlte Summe in Mk.	2 Anteil an Gesamtsumme in %	3 Einlage pro Posten in Mk.	
1832/33	7548	52,6	142,4	760	5,3	40,0	2873	20,0	143,7	3168	22,1	243,7	14349
1833/34	-	-	-	-	-	-	-	-	-	-	-	-	-
1834/35	14230	53,3	177,9	1877	7,0	60,5	2214	8,3	110,7	8380	31,4	364,3	26701
1835/36	17906	63,1	188,5	1718	6,1	45,2	2639	9,3	105,6	6092	21,5	304,6	28355
1836/37	-	-	-	-	-	-	-	-	-	-	-	-	-
1837/38	-	-	-	-	-	-	-	-	-	-	-	-	-
1838/39	30593	63,0	220,1	3564	7,3	89,1	3424	7,1	163,1	10943	22,6	353,0	48524
1839/40	-	-	-	-	-	-	-	-	-	-	-	-	-
1840/41	-	-	-	-	-	-	-	-	-	-	-	-	-
1841/42	-	-	-	-	-	-	-	-	-	-	-	-	-
1842/43	-	-	-	-	-	-	-	-	-	-	-	-	-
1843/44	63795	60,9	242,6	4400	4,2	91,7	6033	5,8	177,4	30516	29,1	565,1	104744
1844/45	72188	60,0	264,4	5814	4,8	98,5	5689	4,7	167,3	36715	30,5	496,1	120406
1845/46	73859	61,5	257,3	6190	5,2	112,5	5231	4,4	174,4	34829	29,0	483,7	120109
1846/47	79593	61,2	250,3	5639	4,3	97,2	5746	4,4	174,1	39029	30,0	500,4	130007
1847/48	87661	63,0	284,6	5994	4,3	99,9	4572	3,3	157,7	40896	29,4	498,7	139123
1848/49	87287	65,7	282,5	6385	4,8	104,7	4524	3,4	150,8	34595	26,1	473,9	132791
1849/50	89551	65,3	272,2	6380	4,6	102,9	4700	3,4	146,9	36609	26,7	481,7	137240
1850/51	-	-	-	-	-	-	-	-	-	-	-	-	-
1851/52	-	-	-	-	-	-	-	-	-	-	-	-	-
1852/53	118643	74,9	271,5	6967	4,4	95,4	6127	3,9	211,3	26583	16,8	443,1	158320
1853/54	-	-	-	-	-	-	-	-	-	-	-	-	-
1854/55	-	-	-	-	-	-	-	-	-	-	-	-	-
1855/56	-	-	-	-	-	-	-	-	-	-	-	-	-
1856/57	-	-	-	-	-	-	-	-	-	-	-	-	-
1857/58	-	-	-	-	-	-	-	-	-	-	-	-	-
1858/59	96397	74,4	181,9	5028	3,9	62,1	3759	2,9	113,9	24345	18,8	296,9	129529
1859/60	103706	71,7	194,6	5340	3,7	63,6	3785	2,6	114,7	31765	22,0	291,4	144596

Krempe (Forts.)

Jahr	Dienstboten, Arbeitsl. 5 Anzahl der Posten	Dienstboten, Arbeitsl. 6 Einzahlungen in %	Kinder 5 Anzahl der Posten	Kinder 6 Einzahlungen in %	Mündelgelder 5 Anzahl der Posten	Mündelgelder 6 Einzahlungen in %	verschiedene Gruppen 5 Anzahl der Posten	verschiedene Gruppen 6 Einzahlungen in %	7 Gesamtzahl der Posten	8 Nachweis
1832/33	53	50,5	19	18,1	20	19,0	13	12,4	105	PB 1833/34,4,573
1833/34	–	–	–	–	–	–	–	–	–	–
1834/35	80	51,9	31	20,1	20	13,0	23	14,9	154	IW 46/13.11.1835
1835/36	95	53,4	38	21,3	25	14,0	20	11,2	178	IW 46/11.11.1836
1836/37	–	–	–	–	–	–	–	–	–	–
1837/38	–	–	–	–	–	–	–	–	–	–
1838/39	139	60,2	40	17,3	21	9,1	31	13,4	231	IW 45/ 8.11.1839
1839/40	–	–	–	–	–	–	–	–	–	–
1840/41	–	–	–	–	–	–	–	–	–	–
1841/42	–	–	–	–	–	–	–	–	–	–
1842/43	–	–	–	–	–	–	–	–	–	–
1843/44	263	65,9	48	12,0	34	8,5	54	13,5	399	IW 45/ 7.11.1844
1844/45	273	62,0	59	13,4	34	7,7	74	16,8	440	IW 45/ 6.11.1845
1845/46	287	55,2	55	12,5	30	6,8	72	16,4	440	IW 29/16. 7.1846
1846/47	218	56,3	58	15,0	33	8,5	78	20,2	387	IW 28/15. 7.1847
1847/48	308	64,3	60	12,5	29	6,1	82	17,1	479	IW 44/19. 7.1848
1848/49	309	65,3	61	12,9	30	6,3	73	15,4	473	IW 57/18. 7.1849
1849/50	329	65,9	62	12,4	32	6,4	76	15,2	492	IW 57/17. 7.1850
1850/51	–	–	–	–	–	–	–	–	–	–
1851/52	–	–	–	–	–	–	–	–	–	–
1852/53	437	73,0	73	12,2	29	4,8	60	10,0	599	IW 56/13. 7.1853
1853/54	–	–	–	–	–	–	–	–	–	–
1854/55	–	–	–	–	–	–	–	–	–	–
1855/56	–	–	–	–	–	–	–	–	–	–
1856/57	–	–	–	–	–	–	–	–	–	–
1857/58	–	–	–	–	–	–	–	–	–	–
1858/59	530	73,0	81	11,2	33	4,5	82	11,3	726	IW 58/20. 7.1859
1859/60	533	70,2	84	11,0	33	4,3	109	14,4	759	IW 57/18. 6.1860

Burg/Dithmarschen

Tabelle 4

| Jahr | Dienstboten, Arbeitsleute | | | Kinder | | | Mündelgelder | | | verschiedene Gruppen | | | 4 |
	1 eingezahlte Summe in Mk.	2 Anteil an Gesamtsumme in %	3 Einlage pro Posten in Mk.	1 eingezahlte Summe in Mk.	2 Anteil an Gesamtsumme in %	3 Einlage pro Posten in Mk.	1 eingezahlte Summe in Mk.	2 Anteil an Gesamtsumme in %	3 Einlage pro Posten in Mk.	1 eingezahlte Summe in Mk.	2 Anteil an Gesamtsumme in %	3 Einlage pro Posten in Mk.	Gesamteinlage
1833	2548	59,8	101,9	760	17,8	36,2	956	22,4	478,0	–	–	–	4264
1834	1384	45,0	60,2	48	1,6	6,0	450	14,6	150,0	1195	38,8	132,8	3077
1835	1020	18,1	53,7	151	2,7	75,5	777	13,8	25,9	3695	65,5	194,5	5643
1836	1909	32,6	46,6	1022	17,4	17,6	1200	20,5	400,0	1733	29,6	133,3	5864
1837	2859	62,4	53,9	462	10,1	19,3	900	19,6	128,6	362	7,9	90,5	4583
1838	2226	48,8	44,5	300	6,6	13,7	450	9,9	225,0	1587	34,8	226,7	4563
1839	7494	88,0	108,6	720	8,5	15,7	302	3,5	75,5	–	–	–	8516
1840	4706	56,1	58,1	2257	26,9	39,6	994	11,8	165,7	438	5,2	146,0	8395
1841	9202	51,1	105,8	899	5,0	15,5	3340	18,5	668,0	4573	25,4	653,3	18014
1842	12769	82,0	115,0	314	2,0	10,5	1282	8,2	320,5	1201	7,7	300,3	15566
1843	6577	56,5	58,2	1621	13,9	23,2	2019	17,6	512,3	1388	11,9	198,3	11635
1844	10496	68,6	82,0	928	6,1	14,5	2861	18,7	220,1	1011	6,6	202,2	15296
1845	7622	52,2	60,5	2743	18,8	28,3	3711	25,4	247,4	521	3,6	130,3	14597
1846	9407	51,1	65,8	4022	21,8	49,0	4260	23,1	236,7	727	3,9	103,9	18416
1847	–	–	–	–	–	–	–	–	–	–	–	–	–
1848	9822	59,5	73,3	3950	23,9	54,1	780	4,7	70,9	1969	11,9	196,9	16521
1849	9194	63,6	65,7	2278	15,7	27,4	–	–	–	2993	20,7	332,6	14465
1850	11450	87,9	67,8	638	4,9	10,8	–	–	–	936	7,2	117,0	13024
1851	–	–	–	–	–	–	–	–	–	–	–	–	–
1852	–	–	–	–	–	–	–	–	–	–	–	–	–
1853	10019	46,7	87,1	2419	11,3	22,2	3112	14,5	148,2	5923	27,6	219,4	21473

Burg (Forts.)

Jahr	Dienstboten, Arbeitsl.		Kinder		Mündelgelder		verschiedene Gruppen		Gesamtzahl der Posten	Nachweis
	5 Anzahl der Posten	6 Einzahlungen in %	5 Anzahl der Posten	6 Einzahlungen in %	5 Anzahl der Posten	6 Einzahlungen in %	5 Anzahl der Posten	6 Einzahlungen in %	7	8
1833	25	52,1	21	43,8	2	4,7	–	–	45	DZ 8/22.2.1834
1834	23	53,5	8	18,6	3	7,0	9	20,9	43	DZ 9/28.2.1835
1835	19	27,1	2	2,9	30	42,9	19	27,1	70	DZ 11/12.3.1836
1836	41	35,7	58	50,4	3	2,6	13	11,3	115	DZ 11/18.3.1837
1837	53	60,2	24	27,3	7	8,0	4	4,5	88	DZ 8/24.2.1838
1838	50	61,7	22	27,1	2	2,5	7	8,6	81	DZ 7/16.2.1839
1839	69	58,0	46	38,7	4	3,4	–	–	119	DZ 12/21.3.1840
1840	81	55,1	57	38,8	6	4,1	3	2,0	147	DZ 11/13.3.1841
1841	87	55,4	58	36,9	5	3,2	7	4,5	157	DZ 11/12.3.1842
1842	111	74,5	30	20,1	4	2,7	4	2,7	149	DZ 11/18.3.1843
1843	113	58,2	70	36,1	4	2,1	7	3,6	194	DZ 8/24.2.1844
1844	128	61,0	64	33,0	13	6,7	5	2,6	210	IW 9/27.2.1845
1845	126	52,1	97	40,1	15	6,2	4	1,7	242	IW 11/12.3.1846
1846	143	57,2	82	32,8	18	7,2	7	2,8	250	IW 7/18.2.1847
1847	–	–	–	–	–	–	–	–	–	–
1848	134	58,8	73	32,0	11	4,8	10	4,4	228	IW 19/ 7.3.1849
1849	140	60,3	83	35,8	–	–	9	3,9	232	IW 15/20.2.1850
1850	169	71,6	59	25,0	–	–	8	3,4	236	IW 17/26.2.1851
1851	–	–	–	–	–	–	–	–	–	–
1852	–	–	–	–	–	–	–	–	–	–
1853	115	42,3	109	40,1	21	7,7	27	9,9	272	IW 16/25.2.1854

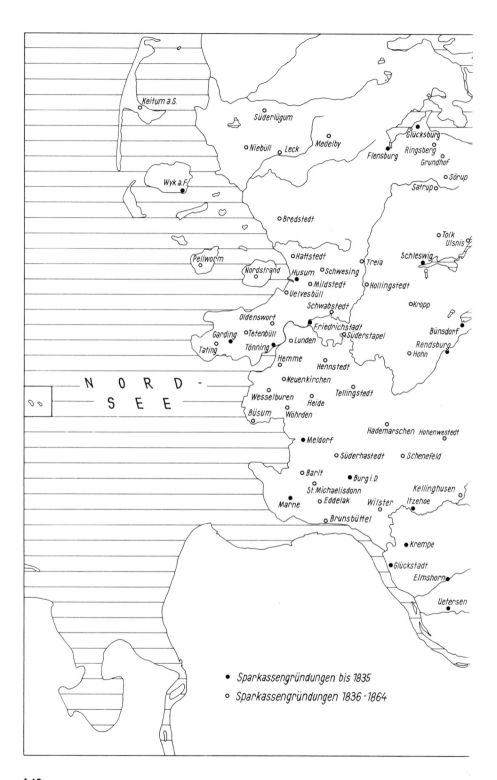

Keitum a.S.

Süderlügum

Niebüll   Leck   Medelby

Glücksburg
Flensburg   Ringsberg
Grundhof

Sörup
Satrup

Wyk a.F.

Bredstedt

Tolk
Ulsnis

Pellworm

Hattstedt   Treia   Schleswig

Nordstrand   Husum   Schwesing

Mildstedt   Hollingstedt

Uelvesbüll

Schwabstedt   Kropp

Oldenswort   Friedrichstadt   Bünsdorf

Garding   Tetenbüll   Süderstapel   Rendsburg

Tating   Tönning   Lunden   Hohn

Hemme

Hennstedt

Neuenkirchen

N O R D -
S E E

Wesselburen   Tellingstedt
Heide
Büsum   Wöhrden

Hademarschen   Hohenwestedt

Meldorf

Süderhastedt   Schenefeld

Barlt   Burg i.D.
Kellinghusen
St.Michaelisdonn   Itzehoe
Marne   Eddelak   Wilster

Brunsbüttel

Krempe

Glückstadt
Elmshorn

Uetersen

• Sparkassengründungen bis 1835
○ Sparkassengründungen 1836-1864

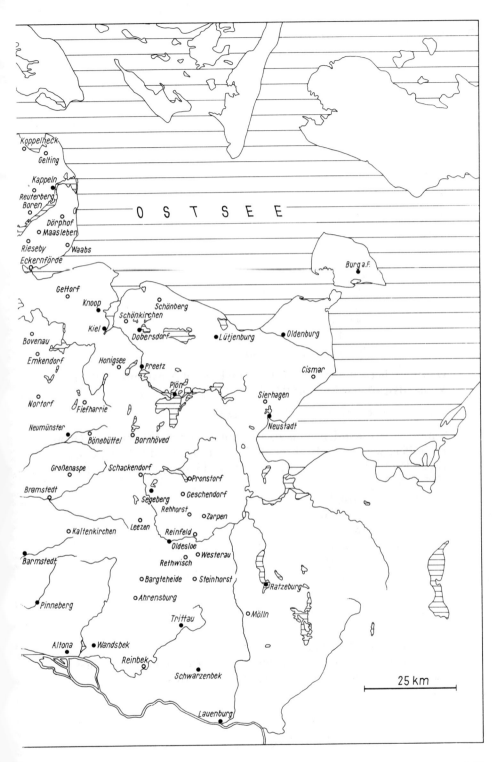

Koppelheck
Gelting
Kappeln
Reuterberg
Boren
Dörphof
Maasleben
Rieseby
Waabs
Eckernförde

O S T S E E

Burg a.F.

Gettorf
Knoop
Schönberg
Schönkirchen
Kiel
Bovenau
Dobersdorf
Lütjenburg
Oldenburg
Emkendorf
Honigsee
Preetz
Cismar
Plön
Sierhagen
Nortorf
Fiefharrie
Neumünster
Bönebüttel
Bornhöved
Neustadt
Großenaspe
Schackendorf
Pronstorf
Bramstedt
Segeberg
Geschendorf
Rehhorst
Zarpen
Kaltenkirchen
Leezen
Reinfeld
Oldesloe
Westerau
Barmstedt
Rethwisch
Bargteheide
Steinhorst
Ratzeburg
Pinneberg
Ahrensburg
Mölln
Trittau
Altona
Wandsbek
Reinbek
Schwarzenbek
Lauenburg

25 km

143

Quellen- und Literaturverzeichnis

I. Quellen

1. Ungedruckte Quellen (Landesarchiv Schleswig)

   LAS Abt. 49. 20, Nr. 71, Fasc. 8 u. Fasc. 33

   LAS Abt. 309, Nr. 07332

2. Gedruckte Quellen

   a) Zeitungen und Zeitschriften (vgl. auch im Anhang die Nachweisspalte der Tabellen)

   Dithmarsische Zeitung, hrsg. v. F. Pauly, Heide
   darin: Nr. 7 v. 9. 6. 1832
                  Nr. 33 v. 17. 11. 1832
                  Nr. 5 v. 2. 2. 1833
                  Nr. 14 v. 4. 4. 1840
                  Nr. 15 v. 11. 4. 1840
                  Nr. 18 v. 2. 5. 1840

   Dithmarscher Zeitung v. 17. 7. 1847, in: Helmut Arnaschus: 1828–1978, Verbandssparkasse Meldorf (Heide 1978), S. 21

   Itzehoer Wochenblatt, Nr. 22 v. 3. 6. 1847

   Schleswig-Holstein-Lauenburgische Provinzialberichte, hrsg. v. Georg Peter Petersen, Jg. 7–10, Kiel 1817–1821. Jg. 11–12, Lübeck/Altona 1822–1823. Jg. 13–15, Altona 1824–1826. Jg. 16–19, Lübeck 1827–1830
   darin: 1818, H. 6
                  1820, H. 5
                  1821, H. 1–5
                  1822, H. 1 und H. 4
                  1824, H. 4
                  1825, H. 4
                  1827, H. 3
                  1828, H. 2
                  1829, H. 2/3

   fortgesetzt unter dem Titel:
   Neue Schleswig-Holstein-Lauenburgische Provinzialberichte, hrsg. v. Hartwig Peters, Jg. 1831–1834, Altona (1831–1834)
   darin: 1831, H. 4
                  1832, H. 4
                  1833, H. 4
                  1834, H. 3 und H. 4

Staatsbürgerliches Magazin, mit besonderer Rücksicht auf die Herzogthümer Schleswig, Holstein und Lauenburg, hrsg. v. Carl Friedrich Carstens und Nikolaus Falck, Bd. III, Schleswig 1823

fortgesetzt unter dem Titel:
Neues Staatsbürgerliches Magazin, hrsg. v. Nikolaus Falck, Bd. VI,
Schleswig 1837

b) Sparkassenstatuten

Ankündigung der Gesellschaft freiwilliger Armenfreunde, die Errichtung
einer Spar- und Leihkasse betreffend, in: Quellenband zur Geschichte der
Kieler Spar- und Leihkasse. Städtische Sparkasse zu Kiel, Kiel 1941,
S. 35–40

Ansprache an das Publikum in Meldorf und Umgegend, in: Helmut Arnaschus: 1828–1978. Verbandssparkasse Meldorf (Heide 1978), S. 21

Ansprache an Rendsburgs Einwohner, in: Friedrich Schmidt: 125 Jahre
Spar- und Leihkasse in Rendsburg 1823–1948, Rendsburg 1948,
S. 10–12

Bekanntmachung des Friedrichsberger Armen-Collegii wegen einer für
Friedrichsberg errichteten Spar- und Leihkasse, Schleswig 1815

Bekanntmachung einer mit Genehmigung hoher Königlicher Regierung
zu Ratzeburg unter Autorität der Gesellschaft freywilliger Armen-Freunde zu Lauenburg etablierten Spar- und Leihkasse, Lauenburg 1822 (LAS
Abt. 309, Nr. 07332)

Bekanntmachung wegen einer für Itzehoe errichteten Spar- und Leihkasse, Itzehoe 1819

Fundations-Acte des am 28sten Januar 1799 errichteten Altonaischen
Unterstützungs-Instituts, in: Hans Poeschel: Die Statuten der Banken,
Sparkassen und Kreditgenossenschaften in Hamburg und Altona von
1710 bis 1889, Frankfurt/Bern/Las Vegas 1978, S. 191–208

Plan der für das Amt Schwarzenbek errichteten Sparkasse, Hamburg
1829, in: Werner Möller/Torsten Doll: 1829–1979. 150 Jahre Verbands-
Sparkasse Schwarzenbek (Schwarzenbek 1979), S. 14–15

Plan der Spar- und Leihkasse in Rendsburg, in: Karl-Heinz Freiwald: 150
Jahre Spar- und Leihkasse in Rendsburg, Rendsburg o. J., S. 22–25

Plan zu einer, für die Herrschaft Pinneberg einzurichtenden Spar- und
Leihkasse, in: Hartmut Sonntag: Einhundertfünfzig Jahre. 1827–1977
Kreissparkasse Pinneberg, Pinneberg 1977, S. 16–19

Provisorische Instruction für die Kieler Spar- und Leih-Casse-Commis-
sion, nebst provisorischer Instruction für den Cassirer der Kieler Spar-
und Leih-Casse, Kiel 1841

Revidirte Statuten der Sparkasse der Stadt Flensburg vom 25sten Juny 1829, in: NSTM Bd. VI, 1837, S. 735–744

Statut der Allgemeinen Versorgungsanstalt (Hamburg), in: Poeschel (s. Fundations-Acte), S. 147

Statut der im Jahre 1864 errichteten Spar- und Leihcasse für den Landdistrict des Amts und Kirchspiels Neumünster, Neumünster 1864

Statut der Spar- und Leihkasse Preetz, Preetz 1821

c) Andere Quellen

Brockhaus' Allgemeine deutsche Real-Encyklopädie für die gebildeten Stände in 12 Bänden, Bd. 10, Leipzig [7]1830, Art. „Sparbanken, Sparcassen", S. 470–472

Chronologische Sammlung der im Jahre 1834 ergangenen Verordnungen und Verfügungen für die Herzogthümer Schleswig und Holstein, Kiel 1835

Das Sparkassenwesen in Schleswig-Holstein. Bericht der von der Gewerbekammer für die Provinz Schleswig-Holstein am 27. Februar 1889 eingesetzten Kommission, Kiel 1890

David, C. N.: Die Sparkassen in der dänischen Monarchie im Jahre 1859, o. O., 1860

Malchus, C. A. Frhr. v.: Die Sparkassen in Europa, Heidelberg/Leipzig 1838

Quellenband zur Geschichte der Kieler Spar- und Leihkasse. Städtische Sparkasse zu Kiel, Kiel 1941

Verzeichnis sämtlicher Mitglieder der Schleswig-Holsteinischen patriotischen Gesellschaft, o. O., o. J.

II. Festschriften

28. Jan. 1799–1939. Altonaer Sparkasse von 1799 (Altonaer Unterstützungsinstitut), Text: E. Kolumbe und M. Bestmann, (Altona 1939)

100 Jahre Spar- und Leihkasse der Stadt Eckernförde 1838–1938, hrsg. v. Vorstand der Spar- und Leihkasse der Stadt Eckernförde, (Eckernförde) 1938

150 Jahre Stadtsparkasse Flensburg, Text: Hans-Friedrich Schütt, hrsg. von der Stadtsparkasse Flensburg, Flensburg 1969

Die Friedrichsberger Spar- und Leihkasse in Schleswig. Ein Rückblick zum 100jährigen Bestehen der Kasse am 7. Januar 1916, Text: Otto Meißler, Schleswig (1916)

1862–1962. Festschrift zum 100jährigen Bestehen der Hademarscher Spar- und Leihkasse AG Hanerau-Hademarschen, Text: Hans-Wilhelm Schwarz, Hademarschen 1962

Denkschrift zum 100jährigen Bestehen der Spar- und Leihkasse der Stadt Husum 1830–1930, Text: J. Henningsen, (Husum 1930)

150 Jahre Sparkasse Itzehoe, Text: Rudolf Irmisch, hrsg. von der Stadt- und Landsparkasse Itzehoe, Itzehoe 1970

Geschichte der Kieler Spar- und Leihkasse 1796–1936, bearb. von Bruno Pfeffer, hrsg. vom Vorstand der Kieler Spar- und Leihkasse, 2 Bde, Kiel 1941/42

1821–1971. 150 Jahre Alte Marner Sparkasse, Text: Wilhelm Stock, hrsg. von der Alten Marner Sparkasse, Heide (1971)

1828–1978. Verbandssparkasse Meldorf. 150 Jahre, Text: Helmut Arnaschus, (Heide 1978)

100 Jahre Meldorfer Sparkasse, Text: W. Peters, o. O., (1928)

100 Jahre Sparkasse. Gedenkschrift zur 100-Jahr-Feier der Stadtsparkasse Neumünster, Neumünster o. J.

1835–1960. 125 Jahre Stadtsparkasse Neumünster, Text: Paul Sieck, hrsg. von der Stadtsparkasse Neumünster, Neumünster (1960)

„Beschlossen und vollzogen". 125 Jahre Sparkassenarbeit in der Norderdithmarscher Geest. 1857–1982. Text: Franz Stern, hrsg. von der Norderdithmarscher Geestsparkasse, Hennstedt/Dithm. (1983)

125 Jahre Spar- und Leihkasse Nortorf 1. Mai 1972, hrsg. von der Spar- und Leihkasse Nortorf, (Nortorf 1972)

Einhundertfünfundzwanzig Jahre, 1827–1977, Kreissparkasse Pinneberg, Text: Hartmut Sonntag, hrsg. vom Vorstand der Kreissparkasse Pinneberg, Pinneberg 1977

Festschrift zur Feier des 100jährigen Bestehens der Plöner Städtischen Spar- und Leihkasse, o. O. (1925)

50 Jahre Kreissparkasse Plön. Geschichte der Sparkassen im Kreise Plön, Text: Wilhelm Stölting, Plön 1967

Die Preetzer Spar- und Leihkasse, ihre Entstehung und Entwicklung. Aus Anlaß des 100jährigen Bestehens im Jahre 1921, o. O., o. J.

150 Jahre Spar- und Leihkasse in Rendsburg, Text: Karl-Heinz Freiwald, hrsg. von der Spar- und Leihkasse in Rendsburg, Rendsburg o. J.

125 Jahre Spar- und Leihkasse in Rendsburg 1823–1948, Text: Friedrich Schmidt, Rendsburg 1948

1829–1979. 150 Jahre Verbandssparkasse Schwarzenbek, Text: Werner Möller und Torsten Doll, hrsg. von der Verbandssparkasse Schwarzenbek, (Schwarzenbek 1979)

150 Jahre Gemeinde-Sparkasse in Schenefeld, Mittelholstein, Itzehoe (1952)

150 Jahre Sparkassengeschichte in Stadt und Kreis Segeberg, 1827–1977, Text: Horst Tschentscher, hrsg. vom Vorstand der Kreissparkasse Segeberg, Segeberg 1977

Jubiläums- und Geschäftsbericht für das 125. Geschäftsjahr, hrsg. von der Norderdithmarscher Marsch-Sparkasse, (Wesselburen 1963)

III. Literatur

Beiträge zur historischen Statistik Schleswig-Holstein, hrsg. v. Statistischen Landesamt, Kiel 1967

Brockhaus-Enzyklopädie in zwanzig Bänden, Bd. 17, 17. völlig neu bearbeitete Auflage, Wiesbaden 1973, S. 687–688

Brockstedt, Jürgen: Frühindustrialisierung in den Herzogtümern Schleswig und Holstein. Ein Überblick, in: ders. (Hrsg.): Frühindustrialisierung in Schleswig-Holstein, anderen norddeutschen Ländern und Dänemark, Neumünster 1983 (= Studien zur Wirtschafts- und Sozialgeschichte Schleswig-Holsteins Bd. 5), S. 20–77

Büxenstein, Ilse: Vorschläge zeitgenössischer Publizisten zur Verbesserung der Armenversorgung in den Herzogtümern Schleswig und Holstein 1815–1842, Magisterarbeit masch., Kiel 1983

Domela-Nieuvenhuis, A. J.: Das Sparen, ein ökonomischer und sozialer Grundsatz, Halle/Saale 1889

Elias, Norbert: Die höfische Gesellschaft. Untersuchungen zur Soziologie des Königtums und der höfischen Aristokratie, Darmstadt/Neuwied [2]1975

Erhardt-Lucht, Renate: Die Ideen der Französischen Revolution in Schleswig-Holstein, Neumünster 1969 (= QuFGSH Bd. 56)

Erichsen, Ernst: Das Bettel- und Armenwesen in Schleswig-Holstein während der 1. Hälfte des 19. Jahrhunderts, in: ZSHG 79 (1955), S. 217–256 und 80 (1956), S. 93–148

Esser, Wilfried: Die Entwicklung des Sparkassenwesens in Preußen bis zum Beginn des 20. Jahrhunderts, Bonn 1979

Göttsch, Silke: Beiträge zum Gesindewesen in Schleswig-Holstein zwischen 1740 und 1840, Neumünster 1978 (= Studien zur Volkskunde und Kulturgeschichte Schleswig-Holsteins Bd. 3)

Graber, Erich: Die Gründung der Kieler Spar- und Leihkasse in den Jahren 1796 bis 1799 durch die Gesellschaft freiwilliger Armenfreunde in Kiel. Beilage zum Tätigkeitsbericht der Gesellschaft freiwilliger Armenfreunde für das Jahr 1938, Kiel 1939 ders.: Kiel und die Gesellschaft freiwilliger Armenfreunde 1793–1953. Ihr soziales, kulturelles und wirtschaftliches Wirken, Kiel 1953

Haller, Heinz: Art. „Sparen", in: Handwörterbuch der Sozialwissenschaften, Bd. 9, Stuttgart/Tübingen/Göttingen 1956, S. 661–665

Hansen, Albert: Die Privatsparkassen in Schleswig-Holstein, Diss. masch. Kiel 1922 (Nachdruck Plön 1966)

Hansen, P. Chr.: Das Sparkassenwesen, in: ders. (Hrsg.): Schleswig-Holstein, seine Wohlfahrtsbestrebungen und gemeinnützigen Einrichtungen, Kiel 1882, S. 523–539

Hoffmann, Wolfgang: Art. „Sparkassen" in: Handwörterbuch der Staatswissenschaften, Bd. 7, 4. gänzlich umgearbeitete Aufl., Jena 1926, S. 668–706

Kopitzsch, Franklin: Die Aufklärung in Flensburg, in: Grenzfriedenshefte 3/4 (1984), S. 215–227

ders.: Grundzüge einer Sozialgeschichte der Aufklärung in Hamburg und Altona, Hamburg 1982 (=Beiträge zur Geschichte Hamburgs Bd. 21)

ders.: Sparkassenrealität und Sozietätsbewegung im Zeitalter der Aufklärung, in: Manfred Pix/Josef Wysocki (Hrsgg.): Sparkassen in der Geschichte, H. 2, Neustadt/Aisch 1984, S. 123–155

Kraus, Antje: Die Unterschichten Hamburgs in der 1. Hälfte des 19. Jahrhunderts, Entstehung, Struktur und Lebensverhältnisse. Eine historisch-statistische Untersuchung, Stuttgart 1965 (= Sozialwissenschaftliche Studien Bd. 9)

Pfeiffer, Werner: Geschichte des Geldes in Schleswig-Holstein, Heide/Holstein 1977

Pix, Manfred: Arbeitskreis für Sparkassengeschichte, in: Pix/Wysocki (Hrsgg.): Sparkassen in der Geschichte, H. 2, Neustadt/Aisch 1984, S. 9–25

Poeschel, Hans: Die Statuten der Banken, Sparkassen und Kreditgenossenschaften in Hamburg und Altona von 1710 bis 1889, Frankfurt/Bern/Las Vegas 1978 (= Rechtshistorische Reihe Bd. 2)

Schleswig-Holsteinisches Biographisches Lexikon, Bd. 1–6, Neumünster 1970 ff.

Schmidt-Wellbrock, Wolfgang: Freie Sparkassen und Regionalprinzip. Zugleich ein Beitrag zur Rechtsstellung der Freien Sparkassen als freigemeinwirtschaftliche Unternehmungen, Berlin 1979 (=Untersuchungen über das Spar-, Giro- und Kreditwesen Bd. 20)

Schulz, Günther: „Der konnte freilich ganz anders sparen als ich." Untersuchungen zum Sparverhalten industrieller Arbeiter im 19. Jahrhundert, in: Werner Conze/Ulrich Engelhardt (Hrsgg.): Arbeiterexistenz im 19. Jahrhundert. Lebensstandard und Lebensgestaltung deutscher Arbeiter und Handwerker, Stuttgart 1981 (=Industrielle Welt Bd. 33), S. 497–515

Sievers, Helmut: Die Geschichte des Sparkassen- und Giroverbandes für Schleswig-Holstein unter Einbeziehung der wichtigsten Phasen der Entwicklung der schleswig-holsteinischen Sparkassen, Kiel 1977

Sievers, Kai Detlev: Patriotische Gesellschaften in Schleswig-Holstein zwischen 1786 und 1829, in: Rudolf Vierhaus (Hrsg.): Deutsche patriotische und gemeinnützige Gesellschaften, München 1980 (=Wolfenbütteler Forschungen Bd. 8), S. 119–141

ders.: Professor Niemann und der Sparkassengedanke, in: Pix/Wysocki (Hrsgg.): Sparkassen in der Geschichte, H. 2, Neustadt/Aisch 1984, S. 157–171

ders.: Volkskultur und Aufklärung im Spiegel der schleswig-holsteinischen Provinzialberichte, Neumünster 1970 (= QuFGSH Bd. 58)

Sommer, Albrecht: Geistesgeschichte der deutschen Sparkassen, Berlin 1935

Tilly, Richard H.: Kapital, Staat und sozialer Protest in der deutschen Industrialisierung. Gesammelte Aufsätze, Göttingen 1980 (=Kritische Studien zur Geschichtswissenschaft Bd. 41)

Trende, Adolf: Geschichte der deutschen Sparkassen bis zum Anfang des 20. Jahrhunderts, Stuttgart 1957

Vaagt, Gerd: Die Anfänge einer Eisenindustrie in Flensburg, in: Jürgen Brockstedt (Hrsg.): Frühindustrialisierung in Schleswig-Holstein, anderen norddeutschen Ländern und Dänemark, Neumünster 1983, S. 179–201

Vollbehr, Friedrich: Die Gesellschaft freiwilliger Armenfreunde in Kiel, in: P. Chr. Hansen (Hrsg.): Schleswig-Holstein, seine Wohlfahrtsbestrebungen und gemeinnützigen Einrichtungen, Kiel 1882, S. 540–546

Waschinski, Emil: Währung, Preisentwicklung und Kaufkraft des Geldes in Schleswig-Holstein von 1226–1864, Neumünster 1952 (=QuFGSH Bd. 26)

Wulf, Peter: Marcus Hartwig Holler und die Anfänge der Carlshütte, in: Jürgen Brockstedt (Hrsg.): Frühindustrialisierung in Schleswig-Holstein, anderen norddeutschen Ländern und Dänemark, Neumünster 1983, S. 227–275

Wysocki, Josef: Eine utopische Sparkassenidee aus dem Zeitalter des frühen Absolutismus, in: Pix/Wysocki (Hrsgg.): Sparkassen in der Geschichte, H. 2, Neustadt/Aisch 1984, S. 95–117

ders.: Untersuchungen zur Wirtschafts- und Sozialgeschichte der deutschen Sparkassen im 19. Jahrhundert, Stuttgart 1980 (=Forschungsberichte Bd. 11)

Abkürzungen

DZ   = Dithmarsische/Dithmarscher Zeitung
IW   = Itzehoer Wochenblatt
LAS   = Landesarchiv Schleswig
Mk. (Crt.) = Mark (Courant)
NSTM   = Neues Staatsbürgerliches Magazin
PB   = Schleswig-Holstein-(Lauenburgische) Provinzialberichte
QuFGSH = Quellen und Forschungen zur Geschichte Schleswig-Holsteins
Rtlr. (Crt.) = Reichstaler (Courant)
ß   = Schilling
STM   = Staatsbürgerliches Magazin
ZSHG   = Zeitschrift der Gesellschaft für schleswig-holsteinische Geschichte

Studien zur
Wirtschafts- und Sozialgeschichte Schleswig-Holsteins

Band 1   *Regionale Mobilität in Schleswig-Holstein 1600–1900.*
Herausgeber: Jürgen Brockstedt.
240 Seiten, 1979, broschiert 30,– DM   ISBN 3 529 02901 7

Band 2   *Erziehungs- und Bildungsgeschichte Schleswig-Holsteins von der Aufklärung bis zum Kaiserreich.* Herausgeber: Franklin Kopitzsch.
286 Seiten, 1981, broschiert 30,– DM   ISBN 3 529 02902 5

Band 3   *Die deutsche und skandinavische Amerikaauswanderung im 19. und 20. Jahrhundert.* Herausgeber: Kai Detlev Sievers.
204 Seiten, 1981, broschiert 30,– DM   ISBN 3 529 02903 3

Band 4   Rudolf Rietzler
Kampf in der Nordmark – Das Aufkommen des Nationalsozialismus in Schleswig-Holstein 1919–1928.
500 Seiten, 1982, broschiert 38,– DM   ISBN 3 529 02904 1

Band 5   *Frühindustrialisierung in Schleswig-Holstein, anderen norddeutschen Ländern und Dänemark.* Herausgeber: Jürgen Brockstedt.
368 Seiten, 1983, broschiert 35,– DM   ISBN 3 529 02905 X

Band 6   Gabriele Stüber
Der Kampf gegen den Hunger 1945–1950. Die Ernährungslage in der britischen Zone Deutschlands, insbesondere in Schleswig-Holstein und Hamburg.
935 Seiten, 1984, broschiert 65,– DM   ISBN 3 529 02906 8

Band 7   Rolf Gehrmann
Leezen 1720–1870. Ein historisch-demographischer Beitrag zur Sozialgeschichte des ländlichen Schleswig-Holstein.
368 Seiten, 1984, broschiert 50,– DM   ISBN 3 529 02907 6

Band 8   Claudius Helmut Riegler
Emigration und Arbeitswanderung aus Schweden nach Norddeutschland 1868–1914.
294 Seiten, 1985, broschiert 35,– DM   ISBN 3 529 02908 4

Band 9   Holger Rüdel
Landarbeiter und Sozialdemokratie in Ostholstein 1872–1878
584 Seiten, 1986, broschiert 60,– DM   ISBN 3 529 02909 2

Band 11   Harald Voigt
Die Nordfriesen auf den Hamburger Wal- und Robbenfängern 1669–1839
692 Seiten, 1987, broschiert 75,– DM   ISBN 3 529 02911 4